U0541357

宗教学新论

中国宗教论

卓新平 著

中国社会科学出版社

图书在版编目(CIP)数据

中国宗教论 / 卓新平著. —北京：中国社会科学出版社，2021.2
（宗教学新论）
ISBN 978-7-5203-6671-7

Ⅰ.①中… Ⅱ.①卓… Ⅲ.①宗教—研究—中国 Ⅳ.①B929.2

中国版本图书馆 CIP 数据核字（2020）第 226262 号

出 版 人	赵剑英
责任编辑	陈　彪
责任校对	郝阳洋
责任印制	张雪娇

出　　版	中国社会科学出版社
社　　址	北京鼓楼西大街甲 158 号
邮　　编	100720
网　　址	http://www.csspw.cn
发 行 部	010-84083685
门 市 部	010-84029450
经　　销	新华书店及其他书店

印刷装订	北京市十月印刷有限公司
版　　次	2021 年 2 月第 1 版
印　　次	2021 年 2 月第 1 次印刷
开　　本	710×1000　1/16
印　　张	23
插　　页	2
字　　数	358 千字
定　　价	138.00 元

凡购买中国社会科学出版社图书，如有质量问题请与本社营销中心联系调换
电话：010-84083683
版权所有　侵权必究

"宗教学新论"总序

宗教是人类社会及思想史上最为复杂和神秘的现象之一。人类自具有自我意识以来，就一直在体验着宗教、观察着宗教、思考着宗教。宗教乃人类多元现象的呈现，表现在社会、政治、经济、信仰、思想、文化、艺术、科学、语言、民族、习俗、传媒等方面，形成了相关人群的社会传统及精神传承，构成了人类文明和民族文化的重要部分，铸就了人之群体的独特结构和人之个体的心理气质。在人类可以追溯的漫长历程中，不难察觉人与宗教共存、与信仰共舞的史实，从而使宗教有着"人类学常数"之说。因此，对宗教的审视和研究就代表着对人之社会认识、对人之自我体悟的重要内容。从人本及其社会出发，对宗教奥秘的探究则扩展到对无限微观世界和无垠宏观宇宙的认知及思索。

于是，人类学术史上就出现了专门研究这一人之社会及灵性现象的学科，此即我们在本研究系列所关注的宗教学。对宗教的各种观察研究古已有之，留下了大量历史记载和珍贵的参考文献，但以一种专业学科的方式来对宗教展开系统的学理探究，迄今则只有不足150年的历史。1873年，西方学者麦克斯·缪勒（F. Max Müller）出版《宗教学导论》一书，"宗教学"遂成为一门新兴人文学科的名称。不过，关于宗教学的内涵与外延，学术界一直存有争议，目前对这一学科的标准表达也仍然没有达成共识。在宗教学的发展过程中，涌现出一大批著名学者，也形成了各种学术流派，并且由最初的个人研究发展成为体系复杂的学科建制，出现了众多研究机构和高校院系，使宗教学在现代社会科学及人文学科领域中脱颖而出，成绩斐然。20世纪初，宗教学在中国悄然诞生，一些文史哲专家率先将其研究视域扩大到宗教范围，以客观、中立、悬置信仰的立场和方法来重点对中国宗教历史问题进行探究，从而形成中国宗教学的基本理念及原则。随着中国现代学术的发展，宗教学不断壮大，已呈现出蔚为壮观之局面。

宗教学作为跨学科研究，其显著特点就是其研究视野开阔，方法多样，突出其跨宗教、跨文化、跨时代等跨学科比较的意趣。其在普遍关联的基础上深入探索，贯通时空，展示出其内向与外向发展的两大方向。这种"内向"趋势使宗教学成为"谋心"之学，关注人的内蕴世界及其精神特质，侧重点在于"以人为本"、直指人心，以人的"灵魂"理解达至"神明"关联，讨论"神圣""神秘"等精神信仰问题，有其内在的深蕴。而其"外向"关注则让宗教学有着"谋事"之学的亮相，与人的存在社会、自然环境、宇宙万象联系起来，成为染指政治、经济、法律、制度、社会、群体、国际关系等问题的现实学问，有其外在的广阔。而研究者自身的立足定位也会影响到其探索宗教的视角、立场和态度，这就势必涉及其国家、民族、地区、时代等处境关联。所以说，宗教学既体现出其超越性、跨越性、抽象性、客观性，也不可避免其主体存在和主观意识的复杂影响。在这种意义上，宗教学既是跨越国界的学问，也是具有国家、民族等担当的学科，有其各不相同的鲜明特色。除了政治立场、学术方法、时代背景的不同之外，甚至不同学派、不同学者所选用的研究材料、关注的研究对象也互不相同，差异颇大。由此而论，宗教学当然有着其继承与创新的使命，而我们中国学者发展出体现中国特色的宗教学自然也在情理之中。

基于上述考虑，笔者在此想以"宗教学新论"为题对之展开探讨，计划将这一项目作为对自己近四十年研究宗教学科之学术积累的整理、补充和提炼，其中会搜集自己已发表或尚未发表的学术论文，以及已收入相关论文集的论文和相关专著中的文论，加以较为周全的整合，形成相关研究著作出版，包括《经典与实践：论马克思主义宗教学》《唯真与求实：马克思主义宗教观中国化之探》《宗教学史论：宗教学的历史与体系》《宗教社会论》《宗教文明论》《宗教思想论》《世界宗教论》《中国宗教论》《基督教思想》《基督教文化》《中国基督教》《反思与会通》等；在马克思主义宗教观的指导下，梳理探究宗教学的历史和宗教学的体系，进而展开对世界宗教的全方位研究。其"新"之论，一在视野之新，以一种整体论的视域来纵观古今宗教研究的历史，横贯中外宗教学的范围；二在理论之新，即用中国特色社会主义理论的创新之举来重温马克思主义经典作家关于宗教之论，探究马克思主义宗教观在当代中国的新发展、新思路；三为方法之新，不仅批判性地沿用宗教学历史传统中比较科学、合理、行之有效的方法，而且对之加以新的考量，结合当代学术最新发展的成果来重新整合；四在反思之新，这就是重新审视自己以往的旧作，总结自己四十年之久宗教研究在理论与实践上的体悟、收获，以及经验和教训，在新的思考、新的形势下积极调适，增添新思和新言。当然，这一项目立足于思考、探索乃实情，而建构、创新则仅为尝试，且只代表自己一家之言，故此所谈"新论"乃是相对的、开放的、发展的，必须持有锲而不舍、止于至善的精神和毅力来继续往前开拓。由于这一研究项目涉及面广，研究难度较大，论述的内容也较多，需要充分的时间保证，也需要各方面的大力支持，故其进程本身就是不断得到合作、得到鼓励和支持的过程。

在此，作者还要衷心感谢文化名家暨"四个一批"人才工程领导小组将本课题列为"文化名家暨'四个一批'人才项目"计划！也特别感谢中国社会科学出版社在编辑出版本项目课题著作上的全力支持！

卓新平
2019 年 5 月

目　录

"宗教学新论"总序 …………………………………………… (1)
前言 ………………………………………………………………… (1)

导论：论中国人的宗教信仰理解 …………………………… (1)

第一编　"儒教"研究

第一章　如何理解"儒教" ………………………………… (23)
第二章　儒家与中国社会伦理的精神资源 ………………… (37)
第三章　耶儒和谐与世界大同 ……………………………… (50)
第四章　儒家的精神修养与基督教的精神超越 …………… (63)
第五章　儒学文化与中国知识分子精神 …………………… (72)
第六章　儒教研究的意义及必要 …………………………… (80)

第二编　佛教研究

第七章　佛教与世界
　　　　——关于宗教与文化战略关系的思考 ……………… (89)
第八章　佛教在中外文化交流中的意义与价值 …………… (93)
第九章　佛教与当代中国社会文化 ………………………… (102)
第十章　应该重视对佛教医药的研究 ……………………… (113)
第十一章　发掘观音文化　彰显遂宁印象 ………………… (116)

第十二章　佛教文化与"一带一路" …………………………（128）
第十三章　法显：海陆丝绸之路的漫游者
　　　　　——纪念法显西行取经海归1600周年 ………………（132）
第十四章　《心经》在"一带一路"沿线国家的流传 …………（136）
第十五章　西藏宗教文化的发展 …………………………………（140）
第十六章　纪念宗喀巴大师 ………………………………………（146）
第十七章　论禅文化 ………………………………………………（149）
第十八章　禅修茶道彰显中华智慧之光 …………………………（153）
第十九章　佛慈祖德茶道祈福　和谐之路同心同行 ……………（158）
第二十章　纪念弘一大师 …………………………………………（161）
第二十一章　纪念法舫大师 ………………………………………（165）
第二十二章　探究赵朴初的"人间佛教思想" …………………（171）
第二十三章　简论中国佛教教育及其关联 ………………………（175）

第三编　道教研究

第二十四章　中华之道　启迪世界 ………………………………（187）
第二十五章　学贯中西　道通天下
　　　　　　——祝贺道教与宗教文化研究所建所35周年 ………（197）
第二十六章　大道至简　春风化雨
　　　　　　——纪念卿希泰先生 …………………………………（202）
第二十七章　道教坚持中国化方向应发掘中华优秀传统
　　　　　　文化 ……………………………………………………（207）
第二十八章　道教天后信仰与中国信仰特色研究 ………………（212）
第二十九章　大道至简　上善若水
　　　　　　——关于长江上游道教文化的畅想 …………………（218）
第三十章　凝眸云水　研道修道 …………………………………（228）
第三十一章　《道德经》对宗教和谐的贡献
　　　　　　——《道德经》与《圣经》比较初探 ………………（232）

第三十二章　探索道之奥秘
　　——读安伦《老子指真》 …………………………（238）

第四编　中国伊斯兰教研究

第三十三章　伊斯兰教与文明交融 ………………………（249）
第三十四章　关注伊斯兰教与中国社会 …………………（253）
第三十五章　关于伊斯兰教中国化的思考 ………………（257）
第三十六章　伊斯兰教中国化再思考 ……………………（265）

第五编　宗教文化建设与"中国化"

第三十七章　中国家庭关系与传统宗教 …………………（277）
第三十八章　以教会友　以信通和
　　——论赵朴初先生、丁光训主教在对外交流上的贡献 ……（293）
第三十九章　坚持我国宗教中国化的现状、问题
　　　　　　及工作建议 ……………………………（298）
第四十章　　坚持我国宗教中国化应注意的问题及应对
　　　　　　举措 ……………………………………（315）
第四十一章　我国宗教坚持中国化方向的必要性 ………（326）
第四十二章　宗教中国化必须正确评价中华优秀传统文化 ……（335）
第四十三章　论宗教与中国当代文化建设 ………………（342）
第四十四章　当代中国宗教的回顾与思考 ………………（346）

前　言

讨论中国宗教问题、展开中国宗教研究，首先就会面对两大根本问题：一是"中国有无宗教"？这是20世纪初"新文化运动"中梁启超等人给我们留下的问题，至今余音缭绕、回响巨大，这直接影响到当今中国学界的宗教研究。二是"儒教是不是宗教"？这也直接涉及对中华传统文化有无"宗教性"的质疑和诘问，因此亦使中国当代学术界极为纠结。这些看法不只是限于学术界，而且还会影响到中国社会的广大民众。于是，中国人对宗教的看法在世界范围内遂明显地与众不同，这两个问题的解答将决定中国人的宗教理解，也会直接影响到中国宗教学研究的意向及走向。也正是在这种舆论氛围中，其巨大分歧导致中国宗教研究领域极为复杂，几乎处处是"雷区"，时时出"险象"。其发展的跌宕起伏也就属于极为自然的现象了。

就第一个问题"中国有无宗教"而言，梁启超等人认为中华民族是世界众民族中"唯一"一个没有宗教信仰、不存宗教传统的民族，而且这还体现出中华民族的独特"优杰"。于是，道教等中国原创、本土的传统信仰在他们眼里就根本不属于"宗教"，不过只是一些难登大雅之堂的"迷信""巫术"而已；至于佛教等明显具有"体系""建构"的宗教，则被认为是来自域外、不属中华文化之"本色"的外来宗教，其在本质上与中国文化的"非宗教"属性毫无关系。所以，这种观点认为中国现存的真正宗教乃"外来宗教"，故此有学者提出在佛教传入中国之前中国根本就不存在宗教之论，而且这一看法在社会上还颇有人认同,有着较强的共鸣及舆论场。这样,他们非常"骄傲"地宣称中国乃自立于世界民族之林中的"特例",其"无宗教性"与世界其他民族的"充满宗教性"形成鲜明对比和对照。但"骄傲"之余,是否也许考虑我们与世界其他国家、其他民族的信仰关系及精神沟通问题,也必须意识到故此而在我国与其他国家彼此之间会有着潜在且巨大的张力。而这种"骄傲"是否在深层次的交往中导致我们在世界存在中的"精神孤立"?或许我们站位很高,但要意识到"高处不胜寒"的道理。必须承认,这种"中国无宗教"的看法颇为普遍,在许多中国民众的心理中有着潜移默化甚至根深蒂固的存在。但在世界舆论中,中国则可能会被看作"没有宗教信仰",至少是轻看或贬低宗教的另类国家。甚至一些与我们走得较近、在其他领域与我们合作比较密切的国度,在涉及宗教问题时则要么有着明显分歧、要么以保持沉默来回避这一敏感话题。事实上,中国自远古以来就有宗教存在,而且宗教在国家大事中还被看得很高,有着非常重要的地位,否则《左传》中就不会有"国之大事,在祀与戎"这样的记载了。而祭祀恰好就是宗教中的重要活动,是最典型的宗教表达行为之一。所以,对第一个问题,我们应该有更广的视域、更多的思考。

就第二个问题"儒教是不是宗教"所论,自西方耶稣会传教士利玛窦开始就认为"儒教不是宗教",但他是觉得"儒教"还没有达到"宗教"的高度、与非常"成熟"的基督教相比故非宗教,而仅为与中国民众比较贴近的"人生观""社会伦理观"。这种否定儒教是宗教的外国人,基本上是以基督教的立场或标准来持一种居高临下的姿态,其对中国传统宗教甚至传统文化的态度有着明显的轻蔑,流露出不屑一顾的文化傲慢。只是在近代欧洲启蒙运动以后,尤其是宗教学兴起以来,西方学者在重新审视中国宗教传统中才出现把儒教视为"自然宗教"或"人文宗教"的看法,认为其"究天人之际"有着"普世主义"(Universalism,或称"普遍性")的关怀。然而,同样是在百年前的"新文化运动"中,也同样是梁启超那样的中国知识精英,曾坚决反对把"儒教"(孔教)视为宗教,但其理由则与利玛窦等外国传教士有着明显的区别，即认为"贵信"的宗教远不如"贵疑"的中国思想文化，故而把中国的精神思维看作远远"高出"外国宗教的"哲学"；这样，与黑格尔的观点截然相反，中国人乃是充满文化"自信"、有着高出外国宗教信仰而讲究哲理思维的民族。不过，从"新文化运动"到当代中国，对儒教、对孔子的评价一直没有找到准确且公认的定位，并没有出现"高看"中国传统文化与宗教的大势。与"新文化运动"相关联的"非基督教运动""非宗教运动"，也有着"打倒孔家店"的强大伴音。而现代中国社会的"批孔"亦余音不断，孔子思想如浮云游魂一般而不能踏实地回落故土。所以，中国传统思想精神实际上并没有梁启超等人所想象的那样高的地位。至于"儒教"是不是宗教，本以为任继愈先生的"儒教是教"论，及其弟子对之论证的大部头中国"儒教"史已经解决了这一思想史难题，没想到时隔不久就有了孔子及其儒家乃"无神论"的声音，而且在其音响场域甚至可以看到任先生弟子的身影。如果认同儒家的"无神论"思想及其历史定位，那中国还有"儒教史"吗？其变化之快让人匪夷所思、难以反应，也基本跟不上这种学术观点流变的速度。其结果，一百多年前的问题，仍然是我们今天还不得不面对的问题，甚至中国古代儒佛道"三教"并称时，大概没有人在意或做出区分，认为儒教是"教化"，佛道才是"宗教"吧？实际上，其事实本身在客观上并没有任何本质性变化，但人的认知、见解却可能、亦可以发生重大变化。于是，真实与观念的关系问题在此就值得我们仔细观察与认真思考。因此，不根本解决儒教是"教"非"教"的问题，我们也很难找到或宣称我们的文化自知、自觉和自信。

最近看到一位民间学术名家讲演的视频，他认为中国古代语言的最初、也是最典型的特征就是"单音""单意"，一个字就只有一个含义，将之复合起来则不成立且相互矛盾，故而为了表达复杂的思想则可"假借"。但中国文化的奇迹就是"对立统一""合二为一"，甚至"多元一体"！其后来的发展就正是把本来相互矛盾、根本对立或各不相干的词、意，竟然组合在了一起，而且天衣无缝、珠联璧合，看不到任何张力或不妥；如意义本来矛盾或毫不相干的单字"朋"与"友"组成了"朋友"一词,而"荣"与"华"、"富"与"贵"本来相互矛盾的词组则合成了"荣华富贵"的共在,这种组合被后人视为天衣无缝、理所当然,而且后人对之用得也极为自然、简直乃得心应手。这一思维奇迹也启发了笔者不得不来辩证地看待中国历史上的宗教存在。君不见,我们本来"无"宗教处境的文化空间,在历史上竟然充满了宗教的存在!故此成为笔者有勇气且可能讨论"中国宗教"这一敏感问题的理由。按照一些人的思维逻辑,中国本无宗教,那么就根本没有必要研究宗教;既然"无神"存在,故也没有必要研究"神学"!如果出现了这类研究,则自然就会被归入批判之列。所以近些年一些针对宗教和宗教学的批判似乎就"顺理成章"了。那么,中国历史上出现的多种多样且强大久远的信仰现象是否还值得探究呢?笔者认为这一回答必须是肯定的;至于这里涉及的精神现象究竟是否为"宗教",当然可以仁者见仁、智者见智,充分保留自己的见解和立场。其客观事实显然是一致的,但对其的体认、评说却明显是不一致的。显然,只要不以基督教或佛教等某一种宗教作为审视"宗教"的绝对标准,那么大家商榷、讨论的空间则自然会非常巨大,至少可以提出来对此加以科学研讨。其实,中国人精神生活的状况并不与世界其他民族在本质上根本迥异,其区别仍然是在主观认知上的,这就不由得让我们想起宗教现象学上的名言:所谓"现象"既是关涉主体的客体,亦是关涉客体的主体。中国社会对其"宗教现象"的认识和评价,恰好就是这种主体与客体的不解共构。

宗教学研究若要体现出特色,则值得我们在中国宗教研究上有所思考、有所开拓,在大家关心且存有分歧的问题上深入发掘,提出自己的见解,说清相关难题。笔者作为"世界宗教研究所"的一员,受同事的鼓励也经常"跨界",超出本人基督教研究的专业范围也会涉猎,甚至"客串"其他宗教研究领域,尤其是涉及许多中国宗教的研究,并时常被要求而不得不以相关领域的"局外人"身份来发言。这样,在中国宗教问题上,自己也遇到过一些碰撞,形成了自己的想法,因而在本卷中想尝试对此加以必要的梳理和反省。鉴于在本文丛中笔者对基督教已有很多专题论述，故在本卷不再专门讨论基督教问题，而仅在触及耶儒对话、宗教比较以及宗教中国化等问题时稍会谈到基督教的内容。本卷前四编会具体论及笔者对儒教、佛教、道教和中国伊斯兰教的见解，但因为对其历史发展的脉络及其信仰的特征在其他书卷中已经论及，故此这里主要是针对相关问题笔者的思考来展开，所展示的并非这些宗教的系统性知识，而是笔者对这些宗教观察的视域、对相关问题的思考。第五编则会讨论中国宗教的文化建设及其"中国化"发展方向问题。在不少中国人的潜意识中，"宗教"被习惯性地作为贬义词来对待或运用，且往往会在无意中不知不觉地用宗教来比喻某些不好的东西或现象；其对待宗教研究者也通常会带着一种似有"原罪"的鄙视感觉来接触，对此笔者及业内同仁深有感触也颇觉无奈。好在现在已有越来越多的人开始从文化及文明、习惯及习俗的视角来看待宗教，逐渐形成对宗教的文化意识和社会尊重。由此而概观，本卷只是笔者接触到中国宗教问题的一些断想，多有文化审视，仅为"一家之言"，希望能够在更大范围的讨论中碰出一些火花，梳理一下路径，以便能够顺利走出这一领域探究的"雷区"，达到"化险为夷"之效。

在今天人们强调要构建中国自己的学术体系、学科体系和话语体系时，笔者也常常思考中国宗教学的原端、"元典"是否在中国本土的问题。如果回答"是"，那么就需要组织学术力量寻根溯源，在中国古代宗教文献或无神论批判的资料中寻找中国宗教学的发轫及其研究模式和方法，勾勒出一条清晰的发展线索。显然这是一个非常大胆的构想，但任重而道远，不可在其探究的开端就轻易地下结论。宗教学作为其学科的开端在西方，习以"西方宗教学"为其"第一篇章"，这在业内似乎已成为"常识"，故而另辟蹊径谈何容易。但颇为奇特的发展是，在一些人否定中国有宗教存在的同时，却已有越来越多的人在探究、分析中外科学、哲学的发展后，认为东方尤其是中国古代智慧思维更能体现宗教信仰的本质，从根本上解答西方当代科学发展和哲学思辨传统所无法回答的一些最基本的问题，如宇宙、生命、意识、精神、信仰的意义及其来龙去脉等；由此，这些人认为中国古代思想反而更接近于宗教，可能中国人在宗教信仰问题上更有发言权。现在中国社会关于宗教、信仰、科学、哲学等各种思潮在会聚，不同观点在博弈，给人一种热闹却混乱的印象。当前这些思考也给笔者的认知及分析带来了许多困扰，自己迫切希望能够尽早抒出一些思路、走出认知困境。而其最佳办法，则是首先踏实研究好中国人自己的宗教，摸清中国传统信仰文化核心内容的底情。

导论：论中国人的宗教信仰理解

一　中国是有信仰的国度和民族

有人说中国人没有全民信仰，有人则说中国人信仰的是共产主义，对这些问题应该怎样来看，是非常值得探究的。

笔者个人认为，信仰是人类的普遍现象，人类肯定有信仰。但是信仰分成不同层面，有政治信仰、民族信仰、文化信仰、宗教信仰，还有哲学信仰、科学信仰、民俗信仰、大众信仰等。不同层面的信仰可能有交集，但不是完全等同的。分层来梳理复杂的信仰现象，对我们真正理解信仰是很有好处的。

作为以共产主义思想为指导的社会主义中国社会的成员，我们的主流信仰当然是共产主义、马克思主义。为什么说共产主义是信仰，因为马克思主义的核心是实现共产主义，而到目前还没有实现，但是大家坚信它在将来一定能实现，这就叫信仰。所以说，我们党的领导人强调"人民有信仰"，就是涵括这种政治信仰的内容的。

政治信仰是认为今生今世通过努力能够实现的信仰，宗教把其信仰的实现放在彼岸世界，而其能不能实现是有争议的，这是两种信仰之间最根本性的区别。有人认为中国人没有信仰，笔者不同意，因为一个民族没有信仰就没有希望，这种信仰是一种潜在的动力。

这个信仰能不能实现，对很多人来说是看不到的。1949年之前，很多人为了实现共产主义而牺牲了自己宝贵的生命，但是他们无怨无悔，他们虽然看不到共产主义实现的那一天，却坚信其能实现，这就是一种信仰的力量。到今天共产主义还是非常遥远的，因为我们已经搞了70年的中国社会主义建设，现在却仍然还处在社会主义的初级阶段。马克思主义说，共产主义的实现是人类共同的实现，不是说在哪一个国度里面实现的，这种表述就是信仰的表述，你不能拿它搞一个科学、数学的公式论证。

从这方面来讲，笔者认为中国是有信仰的国度，中华民族当然是有信仰的民族，共产党信奉的共产主义也是一种信仰，我们作为共产党员肯定有自己的信仰。实际上，这种信仰或者说对其信仰的认识也是不断提升的、发展的。例如，《国际歌》当时作词中有一句"英特那雄纳尔就一定要实现"，这个"英特那雄纳尔"（International）即"国际化"，而这种字面意义上的"国际化"其实已经实现。但"共产主义"在其理解上的升华则使之远远超越了现在意义上的"国际化"。

这种信仰同宗教信仰都是信仰，但是不同层面的信仰，在历史上也出现一些矛盾和冲突，这种矛盾、冲突和对话，随着时间地点变化不是绝对的，所以这就回到马克思主义的两个基本理论，历史唯物主义、辩证唯物主义。

现在中国对待宗教有两种态度。一种主张宗教是异己力量，把它推出去，认为宗教同无神论、共产主义观念是相对立的，不相关的，因而也就与我们今天的中国社会对立、不相干。另一种则认为要把宗教拉进来，拉进我们的思想理论体系，把宗教信众作为我们自己的群众来有效管理起来，笔者认为这是对待宗教唯一正确的态度。因为宗教的存在比政党、国家还久，要想将之推出去、打出去，是费力不讨好的，在这种推、打下，宗教充其量会转入地下，表面上看不见、摸不着而已，并非真正消亡了；而且由此会使之成为我们潜在的对立力量，可能将来出现的隐患、麻烦会更加多、非常大。从这方面讲，中国文化的奥秘就在于它的和谐，离开和谐则会失真。其实，我们既没有必要有一种"泛宗教"的理解，也不必把宗教看得过于"神秘"，因为在许多民族中宗教既是一种信仰观念，更是一种具有民族性、民俗性的生活习惯，而要想从这种有着久远历史的生活习惯中分清宗教、剥离宗教，则肯定会毫无效果，甚至适得其反。所以，真正正确的举措还应该是积极引导、因势利导。

我们对马克思的研究同样要遵循历史唯物主义的原则，不可用抽象的、虚空的方式来认识马克思，而应该根据马克思所处的时空背景来探索马克思的发展进程，评价马克思伟大而独特的贡献。马克思父母亲是犹太人，家里最早是信仰犹太教，马克思的父亲为了在德国生存，改信了基督教，马克思本人出生后也受洗入了基督教，马克思的母亲因为外公坚持犹太教信仰，没有变，一直到马克思外公去世他母亲才皈依基督教，这是我们研究马克思早期思想时所看到的事实，马克思本人就经历了这样的发展过程。可以说，马克思对于宗教、对于无神论等的认识，其发展是变化着的，甚至在他的思想成熟过程中也曾经受到黑格尔等人，尤其是青年黑格尔派的影响。所以，马克思是一个鲜活的人、是一个伟人，但是对其评价不能神化、绝对化。

我们现在进入 21 世纪，必须要更新发展，这是辩证唯物主义强调的一切都以时间、地点的变化而变化。对中国社会主义社会的宗教，不要简单、僵化地看待，要有历史唯物主义和辩证唯物主义的基本观念，这样才能看得透。

很多人反对宗教，且借着马克思主义之名来根本否定宗教或扩大其对宗教的批判；所谓不承认中国宗教的存在，实质上是与这种社会舆论对宗教的反对和否定心理相关联的。其实，彻底反宗教的一些做法本身却是违背马克思主义的。马克思主义揭露了宗教的问题，但其揭露和批评不是抽象的，而是与宗教的社会处境密切关联，其批评宗教的实质也是批判产生这些宗教问题的社会本身。因此，对待马克思主义，不能僵化和绝对化，尤其要充分考虑到马克思主义这种把宗教与社会紧密联系的考虑；尽管宗教存在有其问题，但首先就应该关注相关问题与其社会的关联。我们是否真正掌握马克思主义的关键，就在于对马克思主义活的灵魂、精神实质的把握，以及能否在今天的中国社会加以科学应用，这就是我们以马克思主义来理解宗教的基本态度。信仰问题涉及人类本真及其精神追求，这个问题不解决，把共产主义作为信仰来追求的话语就没有基础了，所以我们应该持守求是、创新这个基础。

二　从宗教学角度讲，儒教是一种非常典型的宗教

世界文化包括中国文化，都有浓厚的宗教文化色彩，或者说，都有非常浓厚的宗教文化积淀。这是不争的事实。谈文化发展，如果离开基督教、伊斯兰教、佛教等宗教，是讲不下去的。有人认为中国没有宗教，是无宗教的文化。笔者不同意这个看法。从远古的神话传说开始，中国就是有着非常丰富的宗教文化、具有宗教积淀的国家。

中国社会对宗教争论最大的就是儒教是不是宗教的问题。从宗教学的角度讲，儒教就是一种非常典型的宗教，其中宗教的各种要素都应有尽有。儒教作为宗教自然也有其问题，其对中国社会文化发展的积极与消极影响理应得到客观、全面、充分、辩证的分析；对中国历史文化及其儒教作用的评价，既不能全盘否定，也必须看到其缺陷和遗憾。所以，对历史传统及其传承不可无条件地全盘接受，而应该有所选择，有着"吸取精华、去除糟粕"的积极扬弃。

儒教是不是宗教，涉及对宗教的评价，这个问题最早不是中国人提出来的，最早是西方传教士利玛窦提出来的。当时为了适应中国文化，他意识到一个人不能同时有两种宗教信仰的问题，又希望能让有着中国传统文化信仰的士大夫加入天主教，所以就说儒家思想是中国的传统道德文化，不是宗教。后来的天主教内部关于"中国礼仪之争"就是针对儒家的宗教性而展开的，这个争论最早是一种宗教之争，后来则发展到政治之争。中国历史上的特点，政治从来是为主的，宗教是为辅的，同西方国家不一样。所以争论一旦上升到政治层面，则会发生质变。

比如说有人还问道教是不是宗教，因为佛教是外来宗教，是具有比较成熟形态的宗教，而远古中国的宗教形态看似不是很成熟，同一些神话、巫术搅在一起。实际上这个问题很复杂，如果把儒家作为一种宗教来看待，也是相当成熟的。道教思想作为其信仰的哲学思想也相当成熟，只是其宗教形态、社会形态模仿了当时刚传入中国的佛教，佛教因

积极适应中国文化而在中国也成为非常普遍的宗教，它的现状是二者双向互动的结果。

利玛窦认为儒教不是宗教，也在于他把宗教看得很高，觉得儒教还没有达到宗教的水平，这是西方的偏见。历史上第二次关于儒教是不是宗教的讨论，就是戊戌变法失败以后的康梁之争，他们师徒俩在变法失败后跑到国外去了。康有为在西方国家看到了基督教的影响，觉得国家如果有一种作为主流意识形态的宗教或国教，社会则会比较稳定，但是他认为中国不可能以基督教作为国教，所以就提出以孔教为国教的说法。

梁启超到了日本以后则受了共产主义传人的影响，他最早说有一个叫马克思的人把"共产主义的幽灵"传了出来，所以当年毛主席曾是梁启超的"粉丝"，曾模仿梁启超创办《新民丛报》而创立"新民学会"。只是后来梁启超走向改良而没有走向革命，但毛主席领导人民走上了革命道路。

梁启超为了反对康有为复古走回头路，于是宣称儒教不是宗教，并说中国连宗教都没有，哪有什么国教呢。梁启超认为中国文化、儒家思想要高于宗教，觉得宗教远远低于中国文化。所以我们今天对儒教是不是宗教的判断，显然受到对宗教如何评价的影响。西方利玛窦等人认为宗教高于儒家，故而儒教不是宗教，而我们的知识分子却认为儒家要高于宗教，所以我们中国文化是超越宗教的文化。梁启超否定中国存有宗教的看法显然有其缺陷，然其否定中对宗教本身问题的察觉却值得我们关注和思考。

中国舆论界到现在已经进入关于儒教是否是宗教的第三次讨论，从改革开放以来，有任继愈等学者提出儒教是宗教，但目前看来中国大部分学者不承认儒教是宗教，认为中国文化是一种世俗文化。这就是中国现在的处境，所以认为中国有宗教信仰的是少数派。

按照国务院新闻办 1997 年发布的白皮书，中国 13 亿人中信仰各种宗教的人只有 1 亿，剩下 12 亿是不信仰宗教的，好似全世界不信仰宗教的人全部都在中国。这当然不是如此简单。我们做过国情调研，按照相关科学方法分析得出的结论是中国信仰宗教的人数已远远超过 1 亿。

中国最新发布的宗教白皮书则已承认中国宗教信仰者已近2亿人。

基督教是世界第一大宗教，现在全世界已有22亿多基督教信徒，但它主要是西方国家的宗教。中国文化是个开放的体系，不可能排斥基督教，但是基督教在中国也必须适应中国文化，所以我们提出了基督教的"中国化"。对这个"中国化"的表述，相关部门起初并不完全同意，教会也不太理解其意义，但是通过沟通和解释，后来他们都接受了学者的这一观点。中国文化之"厚德载物"就是要保持好自身传统的积淀，而其"海纳百川"则是对外来文化包括外来宗教的基本态度。

基督教在中国是不争的事实，不可能回避它，也不可能排拒它，唯一有效的办法就是让它融入中国文化，适应中国文化，达到其和谐共存，这样也有助于我们了解西方文化，所以我们要加强基督教研究。

中国文化有两个非常值得欣赏之处，一个是和谐，一个是强调中庸之道，不走极端、不搞绝对。在我们对信仰、对宗教的认知中，基督教是我们回避不了的问题，所以一定要把它处理好，而且笔者认为在目前妥善处理好基督教问题应该是重中之重。在文化层面的有效处理，就必须关注和研究基督教与儒家（儒教）的关系问题以及其对话、沟通方面所取得的进展。

三 不处理好与伊斯兰教的关系，则不可能实现"一带一路"的合作发展

当前在处理与伊斯兰教的关系问题上出现了不少困惑。究竟应该如何看待当今伊斯兰复兴思潮？伊斯兰教为什么分成那么多的派别？如何看待我国伊斯兰教面临的逆本土化问题？今后世界及我国伊斯兰教未来发展趋势如何？以及我国一度出现伊斯兰极端化趋势的原因是什么？这些都是我们当前必须面对和正确回答的问题。此外，我们也应该学习和推动国际上防治伊斯兰极端化的成功经验。

伊斯兰教复兴思潮极为复杂，既有主张回归其传统理想模式的复兴，也有以改革来推动现代主义发展的复兴，还有民族主义、反对西方

化或世俗化趋向的复兴等,因此要具体分析,不能一刀切。最近处于边疆地区的相关地方政府出台了一些涉及维系公共社会秩序的规定,在一定意义上也是针对宗教极端主义的相关举措。我们主张宗教与我们的社会积极适应,但也要严防外来思潮与我们的主流文化相抗衡。至于在某些公共场所对服饰等的相关要求或规定,可能会有其特别的限定,这也不是中国第一个在这样做。欧洲如法国等也要求在一些特定的公共场所如中学等要穿校服,而不是可以随意衣着。

但在强调法治之后,教育也要跟上,要以理服人,特别是要尊重宗教信仰,了解信教群众的需求,包容其生活习俗,这样才能够达到和谐共构。所以在某些时期采取相应的法治措施,包括对暴恐势力的打击等,是很有必要的;但是这样做还很不够,还需要长期做群众工作、团结广大信教群众,使极少数暴恐分子彻底孤立。

对于伊斯兰教,一定要看到它作为世界第二大宗教的重要意义。目前,全世界有18亿穆斯林,比中国的人口还要多许多。尤其是在东南亚和南亚国家有当前世界上最大的穆斯林群体,如印度尼西亚、印度、巴基斯坦、孟加拉国,都有上亿穆斯林。这些信伊斯兰教国家在我们周边有很大影响。我们讲丝绸之路经济带、海上丝绸之路的合作共建,如果不和这些多数人信仰伊斯兰教的国家搞好关系,是不可能实现"一带一路"的理想发展的。所以,我们必须要有文化战略的眼光,要稳妥处理好伊斯兰教的问题,意识到其国内国际的关联,故在推动"一带一路"国际合作时也应有必要的风险意识。

像法国出现的《查理周刊》事件,一开始大家就站出来说"我是查理",反对宗教极端主义的暴恐行为。但是《查理周刊》有一些做法比较偏激,其实法国政府以前也不同意该刊的那些偏激言行,并对其有过相应治理,包括美国的一些大媒体也站出来说"我不是查理",对他们的那些极端做法也不认同。总之,基本的言论自由、出版自由要有,但对基本宗教信仰、对习俗的尊重也要有,不可"激"之"生乱"。

所以,我们一方面要坚决反对恐怖事件,另一方面也一定要尊重相应的宗教信仰和民族习俗。中国的伊斯兰教也受到国际上各种复杂趋势的影响，因此我们对其要积极引导。在民族、宗教方面，仅靠打压不能解决问题，思想教育工作一定要跟上。单纯打压的结果是煽动仇恨，积累矛盾，留下隐患，并不能从根本解决问题。在目前这种情况下，要努力把穆斯林群众团结到我们党和政府身边来，为此就要尊重他们的信仰，理解他们的信仰，同时也要在社会层面加强对这种信仰社会团体的管理。

笔者说过一个基本观点：在中国我们对宗教问题不能推出去乱，却一定要拉进来管，而且要管好，我们如果对宗教既不拉也不管，势必会出问题。

四　宗教要像宗教，不能因迷俗、流俗而异化

最近我们社会舆论对宗教卷入经济的议论比较多，对一些地方搞"宗教搭台、经济唱戏"多有批评。其中比较关注的就是佛教在中国社会的当代发展。佛教本来是外来宗教，但是因为它在中国的本土化做得比较好，现在已被承认为中国的宗教了。中国文化是包容性的，佛教进入中国实现其本土化之后，已经作为中国文化的重要部分而在发挥重要作用。但是我们要有文化自知和文化自觉，积极发掘中华精神本原。

佛教在中国的成功转化，一是政治上的中国化，二是文化上的中国化。政治上"依国主"、文化上"入华夏"。禅宗等宗派的出现，使佛教成为地地道道的中国宗教。从这个意义上讲，佛教的地位非常重要，但是必须从儒佛道三教并存来审视，如果只突出佛教的话，则难以完美表达中国文化的本真及整体。我们一方面要体现中国文化的海纳百川，另一方面则要突出中国元素。在当前经济社会的发展中，佛教被推到风口浪尖上，这里就必须认真思考宗教与经济究竟是什么关系，就应该正确处理好宗教涉及经济时的态度及做法。宗教的经济行为应该主要是为了社会慈善、公众服务的目的，而不可为了纯粹的经济"创收"。这一点对于当代中国佛教尤为重要。

对于儒家如何看待，儒学复兴应怎样发展，也是当代中国社会所关

注的。中国花了很多钱在海外办孔子学院，但现在西方却有一些国家开始对其加以抵制，如加拿大、美国等国在说我们的孔子学院是政治文化的渗透，对之遏制甚至关闭。这是为什么？是否有着潜在的文化冲突？其实，我们的孔子学院在海外只是教教汉语，最多有点较浅的中国文化介绍，而并没有实际的孔子精神，甚至其自身对孔子的研究都很少。孔子学院如果也无孔子，在文化意识上则会是很大的问题。西方社会对孔子学院的抵制，实际上反映出其维系本有文化的高度警惕，这种过分敏感的抵制暴露出其文化保护上未雨绸缪、防患于未然的复杂心态。

中国强调自己有五千年的文化，强调是人类文明中唯一没有中断而延续至今的，但我们这样悠久的文明如果没有我们自己文化的象征符号，没有我们文明的象征人物，那不是很虚吗？对这个问题当然要认真反省，尤其会触及对儒家的评价问题。随着中国国力的强大，我们的文化建设要跟上，甚至应该成为当务之急。

从时代发展来看，传统儒家不可能完全恢复，但要彻底把儒家思想丢弃也是不行的，儒家文化对中华文化的复兴是一个非常重要的因素，当然其自身发展也需要不断扬弃和创新。习近平主席在纪念孔子诞辰的时候亲自出席并发表重要讲话，对孔子思想的贡献也有非常高的评价。这使我们重新客观、正确地认识和评价儒家有了很好的平台和有利的舆论氛围。

道教本来是中国唯一土生土长的宗教，但它在五大宗教中又是最弱的，这很值得我们反思。其实，说到对中国宗教的理解，中国思想史上对表达宗教精神最为重要的一个字就是"道"。"道"是中国文化对世界的真正贡献，"道"之博大精深及丰富蕴涵使之好像很难说清，有许多神秘奥妙的地方，所以我们都知道老子论道的精神最为精辟之说就是"道可道，非常道"，对道的理解有神秘色彩。但是，它里面也有非常精深微妙的哲理精神、辩证逻辑，所以，我们应该意识到，中国的道文化，包括老子、庄子的经典及其思想是令人神往的。

我们对中国宗教的理解应回到宗教精神追求的本原，即一种超脱、超越的境界，而不是现在社会上出现的某些宗教流俗、迷俗、媚俗的乱象，如高价香、强迫捐、乱收费、不守教规等。宗教要像宗教，"向钱看"不是宗教的本质诉求。所以，今天中国的宗教也需要返璞归真、洁身自好、革新发展。与此同时，我们的社会也不能把宗教看作另类，冷眼相待或不屑一顾，如果社会不消除对宗教的误解，不让宗教脱敏使之正常化的话，我们这个社会永远不会真正进步、自信自强。文化建设是和社会建设、政治建设相结合的，如何在这些建设中正确面对宗教，这个坎儿我们非迈不可，绕不过去。

五　对基督教要积极引导，做好依法管理

如何依法管理宗教，这与我们当前针对宗教的一些举措直接相关。首当其冲的就是如何处理好涉及基督教的问题，这个问题的确很复杂。一些地方因为拆除基督教教堂或其十字架而引起了一些波动，海外亦有不少报道，甚至对之故意炒作、大造舆论，其负面效果不可低估。由于基督教的国际联系比较广，尤其是在历史演变中与西方各国形成了复杂而紧密的关系，因此其反响也就比较强烈。在对待基督教的态度上，有着鲜明的中西对比，这里显然就涉及基督教在中国如何生存的问题，我们应该冷静地看到基督教有着顽强的生命力，历史上对它的种种打压反而促进了它的发展，如罗马帝国对早期基督教的镇压有"十次大迫害"的经历，结果却使其由一个犹太教的弱小异端教派发展为罗马帝国的国教，中国清朝"礼仪之争"后全面禁止天主教，却使天主教从上层转向民间，其信众也迅速发展到几十万人。此外，基督教还有着强大的国际影响，特别是被西方各国所关注。所以，不可能不让基督教在华生存，而我们应重点考虑的则是基督教必须走中国化发展道路的问题。

今天中国信仰宗教的人中，佛教徒是最多的。而基督教走向了基层，形成其草根性发展，给人一种发展最快的印象。如果对其采取打压的方法反而会使我们脱离群众，所以，还是应该积极引导，"关键在导"。在对待思想、精神、信仰问题上，笔者还是强调那句话，即以攻心为上，表面上看可以强行把那些违规的教堂建筑等宗教场所拆了，却

不能真正使其宗教信徒心服，若处理不当反而会催发出离心力，甚至使本来在面上公开的宗教活动转入地下，导致对其无法有效管理，甚至根本失控的结局。而历史上教堂拆了又建的事例很多，不能解决根本问题。关键还是依法治国，在宗教问题上要落实依法管理宗教的有效举措，现在我们在依法管理宗教上法制还不是很健全，虽然已经颁布了新的《宗教事务条例》，但依法管理宗教还没有完全到位，故要继续努力。

六 关注宗教的正负功能，意识其"双刃剑"作用

我们的宪法保障宗教信仰自由，不只是对某几个较大的宗教，东正教等较小宗教也有信仰自由，像福建一些民间信仰如妈祖崇拜、三一教等在当地也有信仰自由。宗教信仰自由这是宪法所保障的，但其放开后不能乱，政府对宗教的治理能力就是放开而不乱，这就是智慧，所以管理要跟上。如果能从管理上积极因势利导，对社会的稳定是有好作用的。宗教在中国发展较快，如果让其处于地下状况而不能有效管理，还不如在法律允许的条件下让其公开存在，而公开之后我们则能够名正言顺地对其加以有效管理。

宗教管理应体现政府的权威，对于宗教作为合适的社会组织存在则要设立相关要求或条件，比如有些宗教基本资质还不到，建议政府可以让它先备案，门槛设高一点，其资质达不到的可以在备案后先整改，达到要求、整改好了再给登记。这样在管理上有章有法，有一个实践的尺度就好办了。

我们现在有一些事情仍还没有想透彻，这包括两个层面的问题：

一是理论认识层面。理论问题没解决，对宗教的基本认识没有达成共识，所以现在不可能讨论宗教立法问题，故而在理论上一定要在梳理、总结好以往思想的基础上继续往前走。二是社会实践层面。在管理基层社会的同时把基层宗教也管起来，按照我们政府治理的能力是完全可以做到的。我们现在搞城镇化发展，推动社会主义新农村建设，加强

基层文明社区管理，都可以提出一些宗教治理的有效方案，如有在近几年需要其达到什么标准的要求，过几年该怎么进一步推进的举措等。

由于其社会正负功能的存在，宗教在其现实作用上其实是一把双刃剑，管好了有利于社会稳定，起到正能量的积极作用，管不好则可能有负能量的消极作用，对社会造成破坏。为此，宗教管理要抓好外延式管理即从外部对宗教的法治、社会管理，以及内涵式管理，即从内部培养教内爱国爱教者，并通过他们来对宗教加以教义、教规方面的管理。这两种管理要齐头并进，一个都不能少，而且都要抓好。我们解决好民族宗教问题已经到了关键时刻，未来五年、十年至关重要，这个机会抓好了，民族宗教问题处理好了，我们会真正迎来中国社会和谐发展与全面复兴。

在民族宗教问题的交织上，以色列非常典型。中华民族是一个伟大的民族，还有一个伟大的民族就是犹太民族，它的宗教历史非常悠久，犹太教是目前世界上存在最久的绝对一神教。犹太民族是一个饱受磨难的民族，尤其是公元 70 年耶路撒冷被外族占领后，他们从中东跑到西欧、中欧、东欧，直至俄罗斯，但一直都遭受到打压、迫害，后来又不得不大量移民到了美国。但就是在这种打压下，犹太人以其宗教信仰为支撑而顽强地生存下来，成为一个将近两千年没有国度的民族。直到 1945 年"第二次世界大战"结束后，在中东原英国托管地建立了以色列国，而且其国家建立不到 24 小时就爆发了第一次中东战争，但以色列却越打越强。犹太民族就是靠其宗教的力量而顽强地存活下来的，以色列的民众基本上全民信教，尤其是犹太人认为宗教就是他们的民族之魂。这里民族信仰有时候同宗教信仰是混合的，所以说犹太民族就是其典型例证。但在许多地方、许多情况下民族、宗教二者有时候也并不一样，不可将之绝对等同。

有些人说信仰宗教就会愚昧、落后，不能很好地发展，但犹太民族就是一个反证，从这个方面来讲值得我们冷静反思，认清宗教对于有关民族究竟有什么意义。还有一个例子值得我们体悟，历史上四散迁徙的犹太教、犹太人唯独在中国的河南开封消失了。中国人对犹太教采取了不打压的宽容态度,允许其信教,保留其宗教传统,并让其修建犹太会堂,这些犹太人觉得中国人好,自己放弃了其民族界限,自觉与中国文化相交融,主动愿意跟中国人通婚,参加中国的科举考试,结果逐渐与中国人同化,到清朝末年时开封的犹太人已经消失了。此后犹太人谈起这段历史也感到很奇特,并且对中国颇有好感。

要想走宗教同化、民族同化之路,首先就要宽容、包容这些宗教或民族,使之主动、自愿地融合、同化,当然这也要有一个历史过程,是潜移默化、润物无声的结果。罗马帝国的基督教因被打压而成了世界第一大宗教,犹太教在中国获得包容、宽容而融入了中华文化,这种对比太有启迪意义了。当前社会好像特别关注基督教的问题,但在当代中国究竟应该如何对之加以稳妥处理,则是对我们政治智慧的一种检验。

宗教方面的说教,虽然看似虚无缥缈,但是它对人会起到一种心理安慰作用。像台湾地震以后,曾有台湾同胞告诉笔者说,宗教界当时做的精神安慰是最有效的。为什么呢?宗教把人的死只是看作生命的一种过渡,即换了一种生存方式来继续存在,这样就可能减少人们对疾病、死亡的恐惧心态,而且对死后生活有一种憧憬和向往。这虽然在认识论上会有争议,在理论上看似荒唐,却在实际生活中往往起到一定作用,而且这也不影响今天我们在政治上对宗教信众的团结。

当前社会上一个非常敏感的问题就是与宗教传统相关联的食品、饮料问题,因为其中有着民族问题和宗教问题的复杂交织,有些习惯看来虽然表面上主要是民族问题,但其根源却在宗教,如食品中主张吃素、不吃猪肉或不吃一些特别的动物,在饮料上禁喝酒,甚至禁茶、禁咖啡等。很多宗教习惯慢慢就变成了一些民族的习俗或传统,要想把它们截然区分开已是不可能的。笔者认为,如果在民族地区如相关民族密集生活的社会氛围中要入乡随俗,即尊重这个民族,在食品问题上也要保持与群众的联系,尊重他们的饮食传统。而在汉族或多民族聚集地区,相关的传统民族意识在淡化,其宗教信仰也在淡化,因而在饮食上可以随意一点,但这个淡化过程是自然而然的,包括对食品等生活习惯的舍取,都不能勉强。因此,在任何情况下,相关人士虽然可以保持自己的传统习惯，但不可强迫或制止他人的生活习惯。对有关食品问题就一定要慎之又慎，因为食品问题或其不当处理也已经引发过许多社会事件，我们一定要吸取其经验教训。各民族几百年甚至上千年传下来的食品等生活习惯，不是一朝一夕就能改变的，操之过急反而会生乱。因此，一方面要尊重相关民族的生活习惯，另一方面则也要提醒大家，这种特别习惯并不可以无限制地"跨界"去推行，不能形成违背他人意愿的强制。

在当代中国社会，笔者对民族宗教问题有两个观点：

一是在民族关系上不能一族独居，中华大家庭已经形成各民族同处共居的局面，我们要尊重这一现实，维系各族和谐共在的发展。这样会有利于各族之间的相互了解，积极促成中华民族共同体的完美构建。

二是在宗教关系上不能一教独大，各教平等互尊、和谐相处这是体现宗教宽容、平等的现代思想精神和社会共在的基本要求。因此，我们不能回到人类过去的国教传统，也不能扶某一宗教、打另一宗教。在宗教问题上很难做到扶本排外，而只能固本化外。所以要正视各种宗教的实际存在，积极引导所有这些宗教向我们的社会适应，坚持"中国化"方向，实现其中国特色的彰显。

七 国民教育可以引导宗教界发挥正能量

教育问题是一个非常重要的问题，我们强调宗教不能干涉教育，却并没有制止国民教育对宗教的影响。宗教界也有着接受国民教育、公共教育、通识教育的权利与义务。如果教育不跟上，宗教也可能会出问题的。在当代社会，西方比较发达的国家都有所谓邪教的出现，像美国发生了很多邪教害人事件，这的确值得人们深刻反思。美国政府对这种邪教及其破坏活动也是毫不留情地坚决镇压，但这种镇压是社会行政治理层面的，而不可将之混淆说是要打压宗教。因此，对邪教的处理应该是以其犯法而来治理它，包括"招远血案"，要多强调它是犯法犯罪的性质，而不要说它是宗教、信仰问题，更不要过分突出其与宗教的关联，否则容易给境外一些不好的口实。

对宗教的管理，由于我们的理论问题还没有根本理顺，有些复杂、敏感问题尚在探索、摸索之中，所以社会需要的正能量还没有完全进入宗教界，其留下的空白则会让极端势力钻进来。为此，国民教育尤其是我们社会的通识教育可以影响宗教界，积极引导宗教界发挥正能量。

因为种种历史原因，我国宗教界的教职人员整体来看文化素质还不是很高，相关宗教院校也比我们普通高校的通识教育差了不少。如果我们能通过国民教育来提高宗教教职人员的文化知识和理论水平，对他们进行正确引导，他们再在宗教团体内弘扬我们社会的主旋律、推动符合社会主流要求的正教、正信，就能把那些极端势力、邪歪说教和境外渗透堵住了。

所以说，社会公共教育及正规高校教育能够对宗教界人士起积极引导作用。笔者不理解为什么现在有很多人对于这种正面教育没有自信，却反而担心、害怕宗教会影响这个、影响那个。要记住，在今天社会主义的中国，我们共产党是执政党，政权在共产党手里，所以主动权也就掌握在共产党手里。对于这样的地位和权力，怎么能那么不自信呢？有些事情我们完全能够积极主动做好，而且我们也应该积极作为、依法作为，充分发挥我党统一战线理论实践的优势及群众工作的经验来积极引导宗教、做好宗教工作，而不应该总是被动地、缺乏自信地害怕宗教来渗透、影响我们。中国宗教界的绝大多数人都是服从党和政府的管理的，所谓过于害怕宗教影响的看法，其实是把这里面的关系完全弄颠倒了。

因此，我们有必要利用国民教育来增加宗教界的正能量，对宗教形成一个正面、积极的引导。例如，我们讲防范宗教极端势力，就可以通过爱国宗教领袖及教职人员宣传在宗教中正面兴起的中间主义，还可以与我们中国文化传统的中庸之道相结合而提倡中道思想，即通过我们对伊斯兰教阿訇以及对宗教界的其他教职人员、精英人士的思想引导和知识培养，使我国的宗教增强向心力，避免极端化发展。因此，这种教育的推进也是宗教内涵式管理所必要的。

八　网络上要有正面说教，加强管理宗教在互联网的传播

利用网络传播宗教是互联网时代出现的新问题。目前全世界有许多宗教网站，其中涉及伊斯兰教的网站有上百万个，在国际社会上宗教极端分子的网站也不少，它们的传播力量是非常强的。时代的发展与进步，已经不可能完全把网络关闭，而网络本来就是无孔不入的。在这一新的领域，我们只能想办法用正能量来压倒邪恶势力。

我们对网络安全要加强相应的掌控，但是仅仅这样还不够，故而还要有正能量的体现，就是在网络上要有正面的说教，要以对宗教积极引导的力量为主，对负面的东西仅靠堵是堵不住的，要让正面的声音来压倒负面的影响，在网络上以弘扬正气、坚持正道为主流，这才是长远之计。

由于我们现在对宗教的认知有问题，老是把它看成负面的、消极的，结果在谈宗教的正面意义时就往往理不直、气不壮，人们看宗教也不顺眼，而宗教界也颇为被动，几乎很难在社会上有其名正言顺、理直气壮的存在空间。其实宗教既有积极的，也有消极的因素，我们应该多弘扬其正直的、积极的内容，尽量消解其负面因素。如果我们在网络上没有宗教的正面声音，尤其是在西藏、新疆这些地方，敌对势力就可能利用网络来把宗教往不利于我们的方向拉，使之外化、异化，甚至敌化。对此，我们必须高度警惕、积极防范。

网络上靠堵、靠封是不行的，因为还有短信、微信，现在还有云计算等高端发展，可谓无孔不入。网络防火墙也是有限的，对相关信息不一定能防得住。所以，在网络上多有宗教理论、宗教舆论的正确引导、多有正能量的释放，这才是网络方面比较可行的办法。

在美国和其他一些国家可以看到，它们的宗教礼拜等活动现在也是可以通过电视、网络来传播的，人们在家里就可以参加宗教活

动，不一定需要到规定的宗教场所去，所以仅靠行政手段对宗教场所的管理非常有限，效果也不是很好。现在宗教的小范围聚会非常多，一些宗教团体到20人也就不再发展了，而是分成各种各样的小组，在很小的场所里聚会，并通过一些媒体和网络手段参加宗教活动礼拜，进行发展传播。因此，现在也有网络宗教之说。所以，靠防、堵等传统的管理方法来对待网络宗教，其效果很有限，我们在网络宗教的管理方面还得有新办法，而且不能仅靠技术手段，必须做好人的工作。

九　正确看待宗教中的理性及超理性认知

宗教与科学、理性与信仰的关系，应该有比较客观的衡量。宗教的思维固然有其问题，但也必须承认科学并不是万能的。为什么这么讲呢？全国人大原副委员长、中科院原院长路甬祥院士在一个讲座中曾说，在已知世界内，科学能说清楚的只占4%，而对于科学还说不清的那96%，科学、哲学、宗教却都想说说，因而其所说也都不是绝对的。

科学之说强调实验的证明，哲学之说强调理性的推断，而宗教之说则强调信仰的预设；在这说不清之处的科学、哲学和宗教之说，都会有信仰的因素。所以，笔者认为也有科学信仰和哲学信仰，如1964年比利时科学家恩格勒特和英国科学家希格斯发表论文宣称其相信有一种作为物质质量之源的粒子存在，这一预设作为科学信仰而称为希格斯粒子或希格斯玻色子（Higgs boson），1988年被诺贝尔物理奖得主莱德曼称为上帝粒子（God particle），直至2012年这一粒子才通过实验证明其确实存在，从而轰动世界并使二人获得2013年诺贝尔物理学奖。这是经过约50年从科学信仰到科学证实的典型事例。宗教认为理性能解决大部分问题，但不是所有的问题。宗教并不绝对反理性，但它认为理性是有限的，不能解决所有的问题。宗教中也有理性的东西，但它认为自己是超理性的，就是理性解决不了的问题，它也想去解决，至于其解决是不是具有真理性，则有很大的问号。

我们要看到宗教的个性、特点，对它有一个正确认识。我们所用主要还是哲学认知，但不要相信哲学就是万能的，康德就曾指出哲学中的纯粹理性所带来的"二律背反"之窘境，故而也应给宗教一个可被包容的空间，它所涉及的未知领域，可以留待将来人类智力的发展来解决。实际上，信仰在学理意义上属于未来学范畴，带有不确定性，却仍可为我们的研讨提供开放的可能性。宗教在认识外在世界及内在自我时，会由原来的好奇、惊异而转向对神奇绝妙的大千世界之敬佩、崇拜和依赖。这种神奇在认识上会经神秘体悟而获得一种神圣的高位，故而出现宗教中的"神明"问题。对"神"之有无之辩，则会反映出其辩论者的主体认知之境。

马克思、恩格斯之所以能够发展出科学的无神论，就是因为他们看到了无神论的局限，故而对一些无神论也持批评态度。鉴于无神论的类型太多、彼此关系错综复杂，笔者因此不同意把马克思主义简单地等同于泛指的无神论；可以说，马克思主义始于无神论，但却超越了无神论而形成了共产主义理论的科学体系，这一体系的基本点就是历史唯物主义和辩证唯物主义，其著作中所反映的无神论思想凝聚成了科学无神论体系。而泛指的无神论则包括原始无神论、朴素无神论、战斗无神论、唯心主义无神论、虚无主义无神论、存在主义无神论等等，这些理论并非科学理论体系，其局限性及错误也是很明显的。鉴于宗教社会存在的复杂性，我们关于无神论与有神论的讨论主要应在思想、认识领域展开，而不要扩大到社会、政治领域去纠缠。对于这一点，马克思主义经典作家已经说得很清楚。我们现在有些人把无神论绝对化，我担心这种绝对化会使我们对宗教的认知也绝对化，那对我们党当前的宗教工作是很不利的。学术界的基本定位，则要求宗教或无神论研究者都需要深究其话语体系，研讨其学术体系，由此而形成术业有专攻的学科体系。我们应该在研究上下功夫，而不能仅限于肤浅的批评。

对无神论也要相对地看，其认识本身就可能会发生转变。例如，基督教刚产生时，罗马的传统宗教就曾把基督教看作无神论，反对多神崇拜的绝对一神论起初也曾被视为无神论（Adevism）。现在有些人干脆把孔子甚至明代天主教士大夫徐光启也看作无神论者，这些做法丧失了学术、历史之基本常识和基本原则，故此也都很值得商榷。我们的认知是开放性的，可以长期讨论、争辩下去，但是没必要对这种学术讨论在政治立场上搞上纲上线，变成扣帽子、打棍子的做法，这种讨论一旦脱离学术规范也就毫无意义了。我们在科学院工作，工作底线一是要做学问，二是要讲科学。

从社会政治层面看，怎么更有利于团结大多数人，这就涉及我们的统战理论。面对今天开放的社会和不会穷尽的科学探究，我们在认识上也要持开放态度，对任何结论都不要绝对化，哲学如此、宗教依然，科学同样也是这个道理。从社会政治需求来看，我们要最大限度地团结广大信教群众，这样做才有利于社会和谐。

对宗教的积极引导，要有一定趋利避害的选择，不要太书呆子气，对宗教传统经典的选用要符合、适应我们的社会和谐、民族团结，这早在明清时期王岱舆、刘智等人伊斯兰教中国化的努力中，就已经注意到把诠释其宗教经文与中国主流文化有机结合。在政治层面，我们今天该制止的就必须坚决制止，该回避的地方就应该小心回避，该积极引导的也就要全力去积极引导。尤其在对待当代伊斯兰教的发展问题上，关键在导，如果不积极引导可能会出大事。

积极引导宗教至少会让大多数信教之人站在我们这边，增强凝聚力。如果消极、负面地对待宗教，则有可能使宗教界人士、民族人士的离心力量会越来越大，这是一种恶性循环即恶化的表现，是我们特别担心，也是我们一定要阻止、防范的。我们应该以耐心、长期的积极引导工作来慢慢地增大宗教信众对我们的向心力，只有朝这个方向来引导，才是正确的。

打压不能解决民族、宗教的根本问题，如果宗教反感、民族仇恨上升起来，可能以后很多年都很难抹平。尽管现在国际社会、国内局势出现了一些波折，我们仍然应该朝积极引导、争取人心的方向努力，而别无选择。

对民族、宗教问题我们要有长远的眼光，对于其民族感情、宗教情怀还是要积极引导，从内部解决问题。宗教界、民族界内部大多数是拥护我们党、拥护我们社会主义的人，也只有培养越来越多这样的人才能从根本上解决问题。真正处理好民族、宗教问题需要高智商，需要我们有执政的无限睿智。概言之，在如何正确对待中国宗教问题上，以上所论及的零散想法是笔者的一些基本思绪及思路。

［原标题为《谈中国人的宗教信仰理解》，载中央国家机关团工委编《与院士面对面》（二），中国社会科学出版社 2015 年版。］

第一编　"儒教"研究

第一章

如何理解"儒教"

一 对儒教超越性的理解

在中国文化语境中,儒教若与道教相比,则可视为一种颇为"阳刚"的"宗教"。孔子曾以老子为师,对老子还有"天龙"之喻。但孔子的风格与老子迥异,所强调的是个人之"仁"、社会之"礼",讲究秩序、正统、有为,所谓"格物、致知、诚意、正心、修身、齐家、治国、平天下",以"内圣"开出"外王"、"外王"体现"内圣",强调"天命之谓性,率性之谓道,修道之谓教"。这就是儒教的思维逻辑,表现出一种内在超越,以"仁""礼"来对待"家""国",主张"克己复礼",突出集体、秩序和有为。从这些表述则不难看出,儒教特别关注社会现实问题,其"现实性"极强乃儒教的一大特征。

儒教对中国文化的贡献,就在于其基本意识乃立足于中国本土文化精神的重建及其核心价值的提炼,使中国人对其文化核心精神及其基本要素能有比较清楚的认识。这种古今关联从"克己复礼"之"仁"与"敬天法祖"之"信",从太极共融之"和"与"美美与共"之"统",一直到今天核心价值的重提,形成了中国文化发展从古到今的一条连线。但在这种儒教的社会关怀中,我们却已体悟到一种超越的维度。而儒教对"敬天""法祖"之强调,其宗教性也就凸显出来。这里,其具有神圣的超越性之"天",就是宗教之中的"本体""本原"或"终极实在"；而其对"天"之"敬"则把宗教的崇拜、宗教的礼仪及宗教的活动比较清晰地表达出来。如果仅仅建基于"自然"之"天"的理解，则是不需要对其之"敬"的。所以，仅从"敬天"来看，就不可能根本否定儒教的宗教性。

这里，儒教思想铸就了以"士"为标识的中国知识分子，成为中国文化精神的重要代表。儒教文化有着浓厚的现实关切情结，以"天下"大事为己任，从而使儒教本有的"敬天"这一超越精神落在实处、接上地气。所谓儒教的这种"内在超越"如果没有一种"超越自我""洞观天地"的"天地境界"和博大情怀，即一种实质上的"外在超越"精神，则很难真正做到"内在超越"。因此，儒教文化的超越精神实际上也是内外打通的，在经历复杂历史变迁的现实社会中由中国知识分子以其精神、抱负、责任、使命及其身体力行而顽强展示出来。从宗教哲学的理解来看，"士"的这种内、外超越精神，也是可以用"宗教性"来解释的；当然，在中国当前的话语氛围中，以一种"信仰精神"来表达似乎更为稳妥。

尽管儒教文化有某种历史的局限，但从整个中华文化的历史进程来看，可以说儒教文化在两千多年的中国历史发展中，起到了最主要的"潜在的精神力量"之作用，使中华文明得以自立于世界文明之林，让中国历史没有中断地延续至今。今天，儒教思想文化仍是世界认识中国的最典型代表符号，孔子乃国际思想文化舞台上中华传统文化最突出的形象标志。而在世界范围的审视中，对儒教的这种认知及承认则是包括对其宗教意蕴的认可及认同的。

强调"内圣外王"的儒家精神一方面要求知识分子应有人格修养的功夫，这就使其注重内在的德性涵养和外在的琴棋书画、诗文赋词技能；另一方面，中国社会对政治忠诚的召唤则要求知识分子挺身而出，为国分忧，在治国安邦上有其作为。这样就铸就了以"士"为称谓的中国知识分子群体及其人格特性。这种"士"乃以"天下"为己任，将坚持真理视为"替天行道"，以及"士为知己者死"的气魄。由此，就有了中国知识分子"舍身成仁""精忠报国"这种可歌可泣的英雄壮举。

在儒教的梳理、总结中，中国文化精神及思想核心得以呈现。其实，中国传统文化核心观念在《周易》中已经形成基本架构：此即太极阴阳图所表达的"圆融统一"的整体观，和谐、共构、统一、美美与共的思想等。孔子及其门徒整理古代文献、自己著书立说，起到了继往开来的桥梁作用。这样，也就形成了如下一些基本观念：即"整体"观念，代表着中国典型的哲学思维，其中亦包含政治哲学所意喻的、体现国家意志的统一观念；"团结"思想，形成中华民族、社会民众最基本的人际关系之理想标准；"和谐"理念，西周思想家史伯提出"和实生物，同则不继"的思想，形成"大道和生"的观念，其所强调的"中和""整合"等观念乃中国"和合哲学"及"和谐思想"的最初萌芽；当然这种"和谐"乃包括宇宙结构的和谐，以及社会共构的和谐；此外还有目前已成为热门话题的"共同体"意识，包括其生命共同体、社会共同体、文化共同体等。

此外，儒教亦形成作为古代中国核心价值的"仁、义、礼、智、信"（五常）之道，由此引申出如下一些核心观念："忠"：即政治层面对于国家的态度；"孝"：即伦理层面对于家庭的态度；"诚"：即公共关系层面对于社会的态度；"仁"：即人际关系层面对待"他者"的态度，如博爱、慈悲、宽恕等，乃克己、利他的思维；"义"：即社会层面对社会正义、公义、公平、公正的呼唤，旨在"复礼"的法治诉求；"信"：即精神层面的宗教敬畏，对超越的向往和追求等，彰显一种升华精神。

二 "儒"的意义解读

"儒"是什么意思？其原初本义乃与"水"有关。"儒"在甲骨文中作"需"，上为"水"形，下为"人"形，"象以水冲洗沐浴濡身之形"。《周易》称，"云上于天，需"。章太炎在其《原儒》中认为，"儒从需，本求雨之师"。胡适也说"儒是殷民族的教士"。由此可见，

"儒"之表述要早于孔子，本指古代宗教教士之"术士"。《礼记·儒行》曰"儒有澡身而浴德"，"澡身"即沐浴，"浴德"即斋戒，表示"儒"这类教士对上帝、鬼神的诚敬。殷代《小辞》记载，君王也常司为人民求雨之责，可见"儒者"还体现出古代中国政治与宗教之关联。在殷周时代，巫、卜、史、儒为最早掌握文化之人，即最初的知识阶层。至春秋末期，"儒"则有了"教师"之意："儒，以道教民"（《周礼·大宰》），"儒，以道德民"（《周礼·天官》）。此后"儒"遂与孔子及其学派联系起来，并成为其专称。

儒教的表述见于以"究天人之际"为己任的司马迁，其在《史记·游侠列传》中提到"鲁人皆以儒教"，反映"鲁人"将"儒"视为"教"。此后还有蔡邕《司空杨公碑》中"世笃儒教"等论，而南朝以来亦将"儒教"称为"孔教"。

儒教通常被视为是对"人文精神"的推崇，所重视的是"人学"，立足于体现"天地之德""天地之心"的"人本"，但其"敬天"之举却使之由持守家、国之"仁"的儒家而转为表达出超越追求的"儒教"。自然之天地境界并不需要敬畏，对之本可保持缄默"不语"。然而，儒教不仅有相应的敬拜，而且还进而探究"天道本体"，有着"推明天地万物之原"的精神追求，由此而展示出中国古代文化中儒、佛、道作为"三教"的共在。所以，按照任继愈之论，"儒教虽然缺少一般宗教的外在特征，却具有宗教的一切本质属性"。[①]

儒教从"道之大原出于天"的本体论悟道，推至其现实人生安身立命中的"以道教民""以道德民"，从而也使其宗教精神得以凸显。在儒教传统中，"天"具有至高无上的独特地位，此后其作为中国封建皇权之"神道设教"的"国教"，乃形成了只有作为"天子"的皇帝才有资格"祭天"的特权，而其麾下的臣民"祭天"则是一种僭越。不过，在"礼失求诸野"的处境中，地位较低的形形色色"祭天神"活动在中国社会则非常普遍。

---

① 任继愈：《任继愈宗教论集》，中国社会科学出版社2010年版，第478页。

针对中国古代这一主体宗教的含混性质，及其与中国古代宗法社会的复杂关联，亦有人宁愿称其为"宗法性传统宗教"（牟钟鉴的观点）而不是儒教。其在中国社会政治性的卷入和依附，致使其命运与相关政治体制的生死存亡绑在了一起，此即儒教作为官方"国教"形态随辛亥革命推翻封建王朝而寿终正寝的根本原因。不过，中国古代宗教在其社会不只是有这种官方形态，而是在官方、民间的齐头并进。甚至有人认为中国社会真正的儒教并不是这种官方国教意义上的儒教，而是"礼失求诸野"的民间发展及其非官方的民间形态，从而与中国社会贴得更紧。

这种"从未间断地一直延续到清末"的中国主体宗教，或名为"儒教"，或定性为"宗法性传统宗教"，它实质上乃中国传统社会中宗教发展所呈现出的主脉或主流，而且在牟钟鉴看来则正是"一个为社会上下接受并绵延数千年而不绝的正统宗教"。[①]

但另一种认识则不承认中国有过"国教"的传统，甚至认为中国历史根本就没有产生过"宗教"，"儒"不是宗教，因此中国古代历史上也就不存在作为"宗教"的儒教，从而谈不上有"政教合一"的政体和与之关联的拥有"国教"的政教关系。元朝《道书援神契》说："儒不可谓之教，天下常道也。"故而对儒教的宗教性质加以否定。

不过，对"儒教"的认识迄今仍迷失在其是否"宗教"的灰蒙之境，"儒教"是"教""非教"之争依旧。孔子的文化地位未定，其"待遇"内外不一（如海外有孔子学院，国内却对立孔子像颇有争议，孔子名称之中国文化象征性并未确定）。恰如孔子生前所感慨的，"道不行，乘桴浮于海"（《论语·公冶长第五》）。

三　儒教的发展及其"道统"

从儒教为教的视野来看，一般认为儒教发展经历了三个阶段：

[①] 牟钟鉴：《中国宗教与文化》，巴蜀书社1989年版，"前言"第6—7页。

一为先秦儒阶段：或称为"孔儒"或前儒教时期；此时的儒教"非教"，并未形成宗教的组织形态。

二为汉儒阶段：以董仲舒答汉武帝的《天人三策》为标志，此乃儒教的第一个纲领；此时的儒教则已经是教，而且具有国教一样的社会地位。在这种儒教的理解中，孔子、孟子被视为其先驱，而董仲舒则被视为儒教的实际创教者。显然，古代文人之谋士的作用在此得到了突出体现，"独尊儒术"改变了中国文化发展的历史轨迹。

三为宋儒阶段：此乃儒教的真正形成，即有了体态完备的儒教正宗，而朱熹的《大学章句序》则为此时儒教的新纲领。朱熹于此提出了儒家的"道统"，尝试从中国儒家信仰及实践的现象世界得以精神层面的升华，达到某种形而上的高度，从而也给人们描述出了理解中国文化核心的重要线索。于此，儒家道统就与中华文脉结下了不解之缘，起着其代表作用。

朱熹（1130—1200年）在《中庸章句序》中首创"道统"一词，其乃意蕴一个体系、一种传承。这一儒家道统谱系从"上古伏羲神农圣神"始，包括伏羲、神农、黄帝、尧、舜、汤、周文王、孔子、孟子等，其回溯乃有着"继往圣之绝学"的意义；而至与其形成关联的周敦颐（1017—1073年）、张载（1020—1078年）、二程（程颢1032—1085年、程颐1033—1107年）和朱熹等传授圣贤之道的诸多圣德贤人，则形成了一条连线，有着继往开来之效。

在其经典上，儒家的原始经典《诗经》《尚书》《周礼》（《礼经》）、《乐经》《易经》（《周易》）和《春秋》所共构之"六经"实乃中国文化之源，其中亦多有"敬天祭祖"的内容。孔子修订这些被视为"元典"的经典，虽"述而不作"却成为儒家体系的真正奠立者，以其"集大成"而被视为这一体系的唯一至圣。在孔子那儿，信仰之"教"实际上得到与教化之"教"的汇集、共构。从"天命之谓性，率性之谓道，修道之谓教"（《中庸》）的体认到"入其国，其教可知也；其为人也，温柔敦厚，《诗》教也；疏通知远，《书》教也；广博易良，《乐》教也；絜静精微，《易》教也；恭俭庄敬，《礼》教也；属辞比事，《春秋》教也"（《礼记·经解》）之扩展，儒家之"教"的蕴含逐渐丰富、复杂起来。不过，儒家信守之"道"乃具有"绝对精神"之意，而且孔子强调此"道""不可须臾离也"，故使其"修道"之"教"不可能根本离开"宗教"之意蕴。此外，儒家"敬天"思想亦根深蒂固，与"修道"实践互为呼应、相得益彰，实为其"教"的观念、行为之两翼。但人们也指出孔子有"子不语怪力乱神"（《论语·述而》）、"敬鬼神而远之"（《论语·雍也》）等言论，以及持有"祭神如神在"（《论语·八佾》）等不确定态度，故而断定孔子是"无神论者"。这种看法显然与儒教为"宗教"及其"敬天"思想有着巨大差异，其超越神论比较模糊，而对鬼神之论的态度也是模棱两可的，故而对宗教颇为同情且很有好感的墨子就曾批评儒家"以天为不明，以鬼为不神"这种暧昧立场。其实，"有神""无神"的观念模糊情况在中外都有，孔子所言"神"之"无"以及其观念中"天"之"有"，或许只能说他是"Adevist"（无多神论者）而非"Atheist"（绝对无神论者），对具体的"多神"之否定和对抽象的"绝对一神"之信奉，在中外思想史上都绝非个案。

此后孟子继承了孔子的基本思想而形成儒家师统，故有"孔孟之道"的提法。而汉代司马迁、隋代王通也宣称直承孔子，至唐代韩愈为对应佛教"法统"而回到"道"之传承，并勾勒出从尧经舜、禹、汤、文、武、周公、孔子至孟子之发展线索，然而"轲之死，其道不传焉"（韩愈《原道》），故有韩愈承续"道统"之说。直至朱熹形成了宋明理学的新儒家发展，真正使儒家道统清晰可辨，遂为大儒。朱熹曾说："子贡虽未得道统，然其所知，似亦不在今人之后。"（《与陆子静·六》《朱文公文集》卷三十六）"若只谓"言忠信，行笃敬"便可，则自汉唐以来，岂是无此等人，因其道统之传却不曾得？亦可见矣。"（《朱子语类》卷十九）朱熹虽然最早将"道"与"统"合在一起讲"道统"二字，但道统说的始创者却并非朱熹，而是唐代的儒家学者韩愈。韩愈明确提出儒家有一个始终一贯的有异于佛老的"道"。他说："斯吾所谓道也，非向所谓老与佛之道也。"（《原道》，《韩昌黎全集》

卷十一）而在宋明理学中，儒家道统传承却并无韩愈之位。程颐以程颢为承续孟子之人，认为由此而结束了"千四百年"来"道不行，百世无善治；学不传，千载无真儒"（程颐《明道先生墓表》）的空白时期。实际上，是朱熹糅合先儒典籍《尚书·大禹谟》中的人心道心思想，首创"道心惟微，人心惟危。惟精惟一，允执厥中"十六字心传，才真正确立了新儒家的道统思想体系。这里，朱熹明确了道统概念，"《中庸》何为而作也？子思子忧道学失其传而作也。盖自上古圣神继天立极，而道统之传有自来矣"（《四书集注·中庸章句序》）。正因为如此，后人才评价说，"由孟子而后，周、程、张子继其绝，至熹而始著"（《宋史·朱熹传》）。

中国自古有"天道"之说，其传播脉络起源于黄帝。这种所谓天道心法在古代是依靠心传，但据说历经公元前两千年的心传后，则只留心法而不见心传，特别是从老子而分支，形成了中国的两种古老思想体系，即儒家思想和道家思想。这种说法实则乃回溯中国思想史之源，有着其源远流长、博大精深之坚信。在此，儒家传道的脉络上接尧、舜、汤、文王、武王、周公、老子，而到了孔子则形成了对中国文化至关重要的儒家学派，但传至子思、孟子，则独存心法。而道教则因将老子道教化而失去了其形而上之"道"的深刻含义，遂被韩愈排除宗教的态度而根本淡化了这一老子之传。其实，道家传道的脉络也是上接尧、舜、汤、文王、武王、周公、老子，其"道"之意蕴深邃、玄奥；但到庄子形成道家学派后，这一传承出现了流变，而其心传也尽失。从韩愈强调所谓儒者之道即"博爱之谓仁，行而宜之之谓义，由是而之焉之谓道，足乎己无待于外之谓德。仁与义为定名，道与德为虚位"（韩愈《原道》）则不难看出，中国古代文人对"宗教"的理解及态度乃非常复杂、颇有纠结。这在儒教及道教的发展及其认知上都有充分体现，儒教因其对现实的"凝重"而难觅其"超脱"，而道教则因其潜于"草根"、过于"任运"也缺少其"圣统"，故在中外不少人士眼中都不像"宗教"，不入其法眼。

其实，"道"在中国宗教思想和哲学思维中都是极为关键之字。

"道"既是与"率性""天命"相关联之"道",也是指社会现实层面作为儒家思想核心的"仁义道德"。儒家之道的历史发展过程就是"尧以是传之舜,舜以是传之禹,禹以是传之汤,汤以是传之文武周公,周公传之孔子,孔子传之孟轲。轲之死,不得其传焉"(韩愈《原道》)。而这种"儒者之道"的传授谱系即后来朱熹所说的"道统"。与儒家、道家的"道统"相对应,佛教在华所传则称为"法统"。韩愈为了扬儒抑佛,遂仿照佛教的法统论,希望以其续孟子之位来提出儒家的道统谱系。但后来宋儒却否定了韩愈在道统中的地位,使之不见经传;与之对应,朱熹的地位及意义却得以突出。

必须看到,"道统"观念得以缘起之基本思想虽由唐代韩愈所提出,却是孔子以来的一贯思想,正是孔子的承上启下而使"道一以贯之"。儒家学者在思考儒学与佛、道两家关系时,虽要面对儒、佛、道三教如一的社会认同感,却更认为其"道统"乃起着明确自我归属的作用,由此则与佛、道形成区别。所以说,在儒学之内,它会划分学派界限,表明有不同的流派、学说;但在儒学之外,它仍会区分儒、释、道三家。而这种区分就是以其"道统"作为其儒学发展的内动力。若从"道"与"统"两个方面来理解道统,前者是逻辑的、有形而上之意,后者是历史的、有社会传承之实。这样,以孔子的上承及下导为核心,就形成了中华文化上下五千年的延续。这样,中国的文化核心就既有"道"之理论体系,又有其"统"之历史传承。道究天人之际,统通古今之变。实际上,这种"道统"迄今仍在中国人的潜意识中浮现。

儒家"道统"对于中国文化的意义可以归结为三个方面:认同意识、正统意识、弘道意识。以"儒"来认同中国文化,以"儒"作为中国正统思想,以"儒"来弘扬中华传统,由此为中国社会超稳态发展、大一统局面奠定了理论依据,提供了文化模式。但这种传统在过去百年来受到严重挑战,迄今其是否仍被"认同"、仍为"正统"、仍可"弘扬"则疑问重重,无肯定或清晰的答案。不过,这三大意识至少在潜层面上可以说在今天中国社会文化中仍被保留。由此而论,中国社会按其思想文化传承从骨子里仍是一个儒家传统的社会,"天不变,道亦不变"。由于其心传不再，心法则不断得到哲理的诠释，形成心学，故其宗教的色彩明显淡化，但中国传统宗教的本真却仍被保留。从根本上来追溯，儒家的"道统"也应从宗教哲学的意义上来解读，而"道"则更是充满宗教中的终极本体之蕴含。

从形而上之"道"到其认知主体之"心"，这是宋明理学的重大突破。儒家心学在陆九渊（1139—1193年）时形成体系，他认为"良知""良能""皆备于我"，天理、人理、物理只在"吾心"，"宇宙是吾心，吾心便是宇宙"。此后王阳明（1472—1529年）继承这一理论，认为"心即是理"，提倡从自己内心中去寻找"理"，认为"理在人心""我心光明"，由此则可"致良知"，并有"知行合一"的践行。陆王心学使古典儒学达一新的高潮，而王阳明终其一生的探究明白了一个道理，即人在无垠宇宙虽然渺小而微不足道，却是观察、理解、甚至变化这一大千世界的始点和终点。所以，王阳明总结其一生而坦言"此心光明，亦复何言"！"心"（思想）是人观察世界、把握自我的本原，故而现代社会亦有"心有多大，舞台就有多大"，"世界观大于世界"，"意识"决定其存在"形态"等见解。所以，王阳明的"心学"思想底蕴、其主体精神涵盖，在今天也仍然值得我们深入发掘。由于宋明之际朱熹、王阳明的贡献，故有孔、孟、朱、王之称。

这种儒家道统观念在清朝和民国时期也仍在延续。康熙曾言，"朕维天生圣贤，作君作师。万世之道统，即万世之道统所系也。自尧、舜、禹、汤、文、武之后，而有孔子、曾子、子思、孟子；自《易》《书》《诗》《礼》《春秋》而外，而有《论语》《大学》《中庸》《孟子》之书，如日月之光，昭于天岳，渎之流，峙于地，猗欤盛哉？"（康熙御制《日讲〈四书〉解义》序）清初桐城派亦"以孔、孟、韩、欧、程、朱以来之道统自任"。由此可见"四书""五经"以及"诚、正、修、齐、治、平之道"在中国的久远影响。

民国时期，孙中山曾说，"中国有一个道统，尧、舜、禹、汤、周文王、周武王、周公、孔子相继不绝，我的思想基础，就是这个道统，我的革命，就是继承这个正统思想，来发扬光大"。顺着这一思路，蒋介石亦宣称自己"继承了国父的革命遗志,而其道德思想和政治理想,更随国父之后,嬗接了中华民族五千年的道统"。①如此观之,"道统"显然也影响到中国近代以来的"政统""学统"。自民国以来,这种"道统"说在民间也被承接。

诚然,政治发展和政权变更并没有影响中国道统的延续,但随着现代社会中儒家地位的衰微和作为宗教之儒教的消失,这种道统之论似乎已被人遗忘。而这种文化失忆的结果,则是我们文化自知、自觉的消失,故也无从说起我们的文化自立与自强。作为宗教的儒教不复存在,其文化精神的神圣性亦被尘封。这是我们今天所面临的窘境和必须承担的义务。辛亥革命之后,有过几次新儒家复兴的尝试,但对社会影响不大。今天中国的新儒家或其"复教"直称儒教的状况亦很难让人满意,儒教对中华文化的延续及弘扬有其积极贡献,但对中国封建社会的长久存在也起过消极作用,所以对其今天的"复兴"也必须客观、冷静的分析,至少也要持"一分为二"的辩证态度。如何与时俱进地看待当代儒教或儒家的社会再现及可能发展,我们有了新时代的"天时"和改革开放带来的"地利",但"人和"之状却让人乐观不起来,对解决当前存在的问题、疑虑及困惑尚未梳理出清晰的线索。

四 关于当代"儒教"的思考

20 世纪初,康有为因为"戊戌变法"失败而希望回归中国文化传统,提倡尊孔读经,强调孔子思想是中国的"国魂",甚至干脆主张将"孔教"立为中国的"国教",认为"今欲救人心、美风俗,惟有亟定国教而已;欲定国教,惟有尊孔而已"(康有为《以孔教为国教配天议》)。这样,遂有了中国人现代意义上的"孔教"。此后在 20 世纪 20 年代,陈焕章等人开始在北京大学创办孔教大学,并促成了民间孔教的兴起,影响至今。

---

① 以上说法参见王升《领袖与国家》,黎明文化事业公司 1976 年版,第六章。

从学理层面来看，20世纪20年代以来新儒家的发展经历了四个阶段：第一阶段以梁漱溟、熊十力、张君劢、冯友兰等人为代表。他们强调要接续儒家"道统"，致力于复兴儒学，而其重点则为其心性之学。第二阶段以唐君毅、牟宗三、徐复观、方东美、钱穆等人为代表。这些人多为离开中国大陆之后而在儒学研究上脱颖而出，但其研习儒学的话语语境却在西方文化氛围之中，为此，他们多主张以儒家学说为主体来会通西学。第三阶段则以杜维明、刘述先、成中英、余英时等人为代表。其研究话语则基本上乃西方主流话语，此阶段甚至出现了所谓"波士顿儒学"，以南乐山（Robert Neville）等人为代表，出版有《波士顿儒学》等著作，他们甚至还以查尔斯河为界而形成了以南乐山、白诗朗（John Berthrony）为代表的河南派，以及以杜维明为代表的河北派。由于南乐山和白诗朗分别为波士顿大学神学院的正副院长，其中基督教与儒教对话的意蕴亦很明显。此外，美国还出现了夏威夷儒学，其代表人物安乐哲（Roger Amnes）、郝大卫（David Hall）等甚至在中国也颇有影响。安乐哲就曾以"非一有神论的宗教性"（the A‐theistic Religiousness）这种看似自相矛盾且极为拗口的表达方式来描述儒家。这些海外华人学者同样也研究基督教神学，有的人甚至是读过基督教神学博士和中国哲学博士的双学位，故其双向对话的意图也十分明确。总之，港澳台及海外儒学，出现了所谓"西化"的儒学等发展趋势。第四阶段则主要是当下中国大陆学者的多元发展，包括蒋庆、康晓光、郑家栋（后来已皈依基督教）、郭其勇、陈明等人，其中观点、态度也各异。其中从心性儒学到政治儒学，从复兴儒学到重建儒教等复古主义都各有发展，甚至还有人希望以儒教道统来与马克思主义系统相对应。其中如新儒家中蒋庆等人就与海外汤恩佳、杜维明等人有相似的见解，特别是他们都非常鼓励复兴作为宗教的儒教。但另外一些中国大陆学者如牟钟鉴、陈来等人，以及国际儒联、孔子基金会等相关机构的研究人员则持比较温和的态度：他们主张创立新仁学、重建"诚的哲学"，以及寻求"儒马"合一等，认为"合则两利，离则两伤"。

总之，儒教到底具不具备宗教性、是不是一种宗教，这在认识中国人的宗教及宗教性上极为关键。我们应该清醒地认识到，儒教的精神已经深深融化在中国人的气质及性格中，迄今在中国社会文化中仍起着润物无声、潜移默化的作用。如果肯定儒教的宗教性，那么可以说大多数中国人都至少具有宗教气质，受到宗教影响；而如果认为儒教根本就不是宗教，那么或许很多中国人就与宗教彻底无缘。所以，对儒教及宗教本质都需要有中肯且令人信服的解读。不过，儒教是否为宗教这一争论、辨析本身，也充分说明中国传统的主流价值观其实并非与宗教相距甚远，二者至少有许多相似性和接近之处；即使从否定儒教为教的立论来看，能够把"不是宗教"的儒教看作宗教，这就已经意味着二者之间并不存在那种不可逾越的鸿沟。结合对儒教的理解，我们则可以回答中国传统文化有无"宗教"象征这一问题。即使彻底否定儒教的宗教性，也仍然不能否定作为宗教的"孔教"在港澳台及海外华人中的公开存在。于是，"孔教"是"教"这一事实，又峰回路转，使"儒教"不是宗教之说再生疑窦、大打折扣。

中国传统上三教并立之儒、佛、道，只有儒教的宗教身份被质疑，这在人类宗教理解上都是非常有趣的事情。其区分在很大程度上都不是因为其存在实际，而乃观念分歧。事实上，这三教对中国人的生活影响是相同的、类似的，并无本质区别。在中国思想文化传统中，"三教譬如鼎足，缺一不可"。① 所以说，对宗教的理解不能局限于其观念，而应从人的生活，尤其是人的精神生活本身来把握。

由此，我们可以看到"儒"在中国文化中的意义，儒学起初是一种哲学思想，但到了西汉董仲舒（公元前2世纪）倡导"独尊儒术"，儒学就慢慢发展为一种宗教形态，即儒教。从此，孔子被尊为"教主"，并有了"孔庙"等敬拜场所和祭天大典等祭拜礼仪。20世纪初，康有为等人主张以"孔教"为国教，曾形成儒教国教化的思想，但遭到革新派的反对。其实，中国历史上有三次关于儒教是"教"、非"教"之争。第一次是西方传教士利玛窦认为儒教不是宗教，以防止中

---

① 任继愈主编：《宗教大辞典》，上海辞书出版社1998年版，第634页。

国信徒陷入对天主教和儒教非此即彼的两难选择。但传教士仍认为儒教低于其所理解的宗教。第二次是20世纪初梁启超等人坚持儒教不是宗教而乃哲学，哲学贵疑而宗教贵信，因而哲学高于宗教。第三次是由任继愈提出儒教是宗教，由此形成延续至今的儒教之争。其反对者认为儒教不是宗教，有人则相对应地提出中国没有儒教，却有着一种"宗法性传统宗教"，这样在中国传统文化中有无宗教就成为热门话题。其实，看到儒教的宗教之维，既不是要去褒或贬儒家体系，同样也不是要去褒贬宗教，而只是寻求一种客观、正确的历史还原及其当代反思。我们不要贬低我们自己的文化传统，但也不可将之抬到过高且不符合实际的某种地位。我们要"自强不息"，但也要有"自知之明"。正如中国所办"孔子学院"所引发的讨论，儒家的定位，儒教是否为宗教等问题，在此都关涉如何意识中国文化的自觉、自知，如何达其自强和自信，以及如何科学理解中国文化道统的根本存在。

（本文为未刊稿。参照卓新平《学苑漫谈》，中国社会科学出版社2010年版；《中国人的宗教信仰》，中国社会科学出版社2015年版。）

第二章

儒家与中国社会伦理的精神资源

社会道德伦理是目前大家极为关切的现实问题，笔者是研究宗教的，所以这里会从宗教层面的思考切入，所以仅供学术上参考和批评指正。目前"道德缺失""社会失衡"是当代中国人所非常担忧的。最近社会伦理关注上频频发生的一些问题，正炙烤着中国人的良心，并将中国的伦理道德之状追问到了底线。其实，中国有其悠久的道德伦理传统，并留下过许多动人的佳话。为什么这种传统美德今天在一定程度上看似从社会中会"俱往矣"般地消失呢？这不得不引起人们的深思。

道德伦理是一种社会行为的规范，为保持社会秩序的规则或"潜规则"。然而，人的社会存在是极为复杂的，人的这种社会行为规范如果没有一定的精神资源作为根据和支撑，则有可能出现嬗变和异化。而目前中国的问题，则正是其道德的精神性来源被模糊或被有意回避。其原因却又是这种精神性及整个中国文化传统的宗教性关联不被承认和没有被真正弘扬。要使道德伦理真正起到其社会作用，这里就必须有弘道方能厚德的关联；如果"大道"已隐，德性又怎样能真正显现、做到"明德"呢？

为了弥补这一缺失或忽略，最近我们中国宗教学会在泰山组织了宗教与中国传统文化的讨论，并形成了《泰山共识》。谋求这种共识的目的在于通过反思中国文化传统及其宗教关联而力求对以往的见解补偏救弊，为当今中华文化的发展、弘扬保驾护航，以革新、创新的思想来促成中华文化的现代复兴，充分体现中华民族的文化自知、自觉、自强和自信。同样，也希望由此而理直气壮地为中国伦理道德找回其精神性资源和精神支撑。为此，我们在以下几个层面达成了初步共识：

其一，对中华文化传统的重新审视。中国传统文化虽有一些缺陷，却仍保留了中华文明的基本气质和典型特征，体现出其博大精深、源远流长、海纳百川的优杰。中国人理应为中国文化上下五千多年的传承骄傲、自豪。因此，我们应该客观、理性、辩证地对待我们民族的传统，爱惜、呵护我们的精神文化遗产。20世纪初的"新文化运动"体现出破旧除垢、大胆革新的时代进步精神，但在对中国传统文化的批判性继承及弘扬方面亦有不足，故而需要我们在今天的重新反思和全新认识，这样才能在当前中央号召的推动"社会主义文化大发展大繁荣"中真正"建设优秀传统文化传承体系"。当前人们仍存有一种心理障碍，好像一谈到中国传统文化就是"复古""守旧"。前不久一些高校著名教授联名申请"国学"作为一级学科的失败，至少也留下了这一认知的阴影。这种类型的片面认识阻碍了我们今天的文化复兴和重建，使我们的文化自知、自觉很难着陆在坚实的中国文化传统大地上。其实，今天中华文化的厚重与成就并非凭空而来，是与五千年的积累、沉淀密切关联的。若把古往各个时代的文化传承忽视、甚至否定掉，今天的文化建设岂不成了"空中楼阁"。所以，我们中国人必须要讲我们自己的"国学"，运用这一"国学"，守住我们传统文化的精神宝库。

其二，对中国传统文化中的宗教维度之重新认识。很显然，儒、释、道曾以宗教形式或相应的宗教精神实质性地参与了中国传统文化的构建，其宗教性仍得以保留和延续；因此，中国传统文化并非与宗教无缘。宗教在中国传统文化中占有重要比重，甚至起着核心作用；离开了儒、释、道三教，中国传统文化的内容则会变得空洞。可以说，儒、释、道与民间信仰一起构成了中国宗教的基本谱系，伊斯兰教、基督教等外来宗教的传入在中国传统文化海纳百川的包容中亦得到相对吸纳。这些宗教共构了中国传统文化的重要内容，其宗教文化在中华文化走向世界中尤其可以发挥其不可替代的独特作用,有着不凡影响。所以,决不能以历史虚无主义的态度来对待中国传统文化中的宗教参与及宗教维度,而必须全面、系统、透彻地了解中国传统文化,并使其宗教文化内容得到积极的弘扬。中国社会尤其是中国学术界有一个心结,即20世纪初"新文化运动"的领军人物曾否定中国文化有宗教因素,甚至认为中国乃"无宗教"的国度、中华民族乃"无宗教"的民族,而且还强调这种"无"乃是人类民族中的"唯一性",从而自己把自己打入了世界民族及其文化中的"另类"。问题则在于人类是否还有的确没有宗教传承的其他民族?中华民族就真的与宗教无缘吗?虽然这些文化领军人物后来大多认可了宗教,并主张在中国社会推行某种宗教,然而其中国"无宗教"之说却流传下来并影响到当今中国社会对宗教的基本认知,让人们谈宗教就色变。非常遗憾,仅仅因为这些20世纪初的文化名人或许比较随意的见解及言论,就影响到近百年后中国学界及社会对宗教的立场及观点。笔者曾指出中国古代社会文化其实乃一种宗教文化,儒佛道这三大宗教文化占据了中国古代传统文化的主流,离开这三教则缺了其核心内容;有人反对笔者这一见解,认为宗教文化在中国传统文化中并非主流。试问,除去儒佛道,还有哪种文化代表着中国古代文化的主流及核心?对中国古代世俗文化性质的解答,唯一的可能性就是不把儒家文化当作宗教文化。但这又回到了对儒教理解的怪圈。

因此,在今天我们的文化认知中,有必要以一种平常心来看待我们社会、文化中存在的宗教;也就是说,宗教也必须"脱敏",而不能总是"被敏感"。应该说,中国传统伦理道德基本上是宗教道德,或者至少是具有宗教性的伦理道德,有其信仰支撑和超越之维。对传统道德之信仰维度的剥离或否定,则势必使这种道德实际悬空而变得玄乎,空洞而无厚重。由于传统文化信仰和宗教信仰迄今并没有得到真正恢复和社会的认可及信任,这种道德精神性资源的缺席或失位,遂使社会道德出现了真空或只有颇为虚假的存在。从这一意义上来说,我们的当今政治发展必须有传统文化的支持,道德伦理的重建需要对传统精神性资源的批判性审视和吸纳,需要返璞归真。这里,宗教信仰与道德伦理的关系就同样处于关键地位。中国优秀传统文化一直保持着其"厚德载物"与"海纳百川"这两维之间的平衡,这与其对待宗教的态度也是完全吻合的。我们文化的内涵式之"载",与外延式之"纳",都离不开与宗教的关联。

其三,对宗教在当代中国社会和文化建设中的作用与价值体现的重新思考。在当代中国的社会体制和框架结构内,"社会主义核心价值体系是兴国之魂,是社会主义先进文化的精髓",必须"坚持用社会主义核心价值体系引领社会思潮",因此,让宗教在我们今天的文化建设和精神生活中发挥核心作用或主要作用已不可能。显然,宗教自身亦必须改革、创新,去除糟粕、发扬精华,以适应时代发展、体现时代精神。不过,社会主义文化不是凭空而来,而是有着优秀传统的继承、外来进步因素的吸纳。虽然宗教文化已不起核心作用,却并不意味着它就势必与当今核心文化相对立或相对抗。宗教文化今天在当代中国完全可以积极适应我们的核心文化。在社会主义主流意识形态唱好"主旋律"的前提下,宗教在当今中国仍可积极参与社会和谐、多元文化共存的"大合唱"。在我们这种和谐大合唱中,一定要有社会主义核心价值的"主旋律",但同时也要有其他"和弦""和声";而我们"弘扬以爱国主义为核心的民族精神和以改革创新为核心的时代精神","培养高度的文化自觉和文化自信","弘扬中华文化"并"积极吸收借鉴国外优秀文化成果","建设中华民族共有精神家园",则离不开宗教的积极参与。宗教文化是大众文化,但其中也有精英文化;宗教精神不只是基层、草根意识,同样也能参与共构中华民族之魂。今天的主流意识如果不去发挥其真正的引领和指挥作用,而只顾自己的"独唱",则起不到主流和引领作用。一旦"和者甚寡",那么这种"独唱"就有可能成为"绝唱"。在目前复杂的国际环境中,宗教无论是作为文化软实力、还是作为社会力量,都有着重要的文化战略意义。所以,我们必须积极引导宗教与社会主义社会相适应、共和谐,弘扬宗教思想文化的积极因素,使之得以有机融入当今中国和谐大家庭,成为我们自己的基本社会力量和文化软实力。这一认知对于我们当前的文化建设和文化战略、对于促进我国"社会主义文化大发展大繁荣"至关重要。

从世界现代化进程来看，美国、欧洲各国、日本等都经历了从中古、近代到现代化社会的转型，但它们都没有抛弃和否定其文化传统中的宗教，而是将之有机结合进今天的社会结构之中，成为其文化传承和社会的重要精神支撑，为普通民众提供了心理保障的底线。对于这些经验，作为大国崛起的中国，应该研究和借鉴。

中国道德的精神性资源乃多元共构，实际上主要为各种宗教所提供。但对中国传统文化而言，起着核心作用的仍然是儒家的精神性资源，它起了共融佛、道的重要整合作用。[①]而这种"精神性"既关涉个体，亦与群体共在密不可分。个我的精神性触及人的内心世界，乃其内在修养，是一种"幽深沉潜"的境界。儒家在论及人的内在修养时曾提出"修己"之见，但这种"修己"并不仅仅是洁身自好，而有其从己出发、超越自我的公众责任，正如孔子所言："修己以安百姓"（《论语·宪问》），先练好内功方能真有作为，由此就引出儒家"内圣外王"的基本原则，表达出其"修己"而"有为"的远大志向，反映出儒家将其精神修养与社会作为相关联、相结合的意向。这样看来，儒家的精神修养乃与其社会使命有机结合，并不仅仅满足于一种内在性、内向性的"洁身自好"。不过，若从宗教境界来说，这种"修养"也应有着超越自我的神圣追求，也就是说，它从"内心"走向了"终极实在"，以实现与神圣超然的结合。孟子说："吾善养吾浩然之气。……其为气也，配义与道，无是馁也。"（《孟子·公孙丑上》）修养内心并不是孤立的、封闭式修养，这种"内在精神"实质上应有着对宇宙的包容和把握，它用超越物质之"身"而体现出更高境界，显露出一种由"内心"所达的神圣之维，正如孟子所指出的，"尽其心者，知其性也；知其性，则知天矣。存其心，养其性，所以事天也"（《孟子·尽心上》）。此即"心乃天地万物之主"的蕴涵所在。同理，"心和"才可能去实现天地

[①] 以下论及儒家的部分引用了拙文《从中国社会和谐发展看基督宗教与儒家精神》（《世界宗教文化》2010年第1期）的部分内容，特此说明。

之和、社会之和；由此而论，和谐社会的构建，必须从"人心"的"和谐"来开始。显然，这里体现出儒家精神三大层面的叠合，即由"内省知己""社会关爱"和"天地境界"构成个我、社会、超然"三维"（或"三位"）之"一体"。

与其他宗教较为不同的，则是儒家思想更为突出"群体性""集体性"，注重的是"大我""大乘""大爱"。而群体所共构、共享且共同维系的精神性则乃该群体生存与发展所形成并且必需的文化"气场"或灵性氛围。此即所谓"民族之魂"这一言述的内有蕴涵，也是积极意义上的"一团和气"或"和天下"之氛围及气场。因此，我们需要中华文化的这种"场有"。"民族精神"的表达已不再是个我的内心独白，而是反映出该群体的精神生命和精神追求。它表明了该群体的"自我意识"，是对其"自我身份"的肯定和强调，因而乃集体的修养，旨在铸就其"公共"灵性，达成"共同"精神，即"和"的精神。而以"和"来包含差异、包容不同，则能构成"和而不同"之奇特境界。

在中国文化传统中，对"精神性"的思考主要关涉人的修行养性，由此窥其修养工夫及其所达到的心性境界；当然这一"内圣"也会努力去"兼善天下"，实践"治国、平天下"的"外王"之道。但在这种"政治"博弈中，中国传统中涉世的精神性追求往往会出现"内圣强而外王弱"的景观，中国古代的文人墨客常常感叹自己或是"怀才不遇"，或是"生不逢时"，难以施展其才华，故因外在的压力和挫折而放弃"外王"尝试、只能以回归自我"独善其身"来求其"内圣"。但"内圣外王"之有机共构使中国有识之士不能放弃也不能忘怀其"外王"的意识及使命，时常以一种"德性"之备来行其"天下"之责。其既考虑外在的"秩序"（礼，即今天的"法治"），但更强调内在的"修养"（德）能在社会治理上所起到的作用，而我们目前所提倡的"以德治国"就正是这种"修德"在"外王"实践中的体现。

应该承认，中国精神在传统意义上主要以"儒家"精神来呈现，其思想体系曾代表着中华民族及其文化发展的精神方向。而且，其精神遗产现正在被发掘、弘扬。今天中国社会文化重建中"和谐"思想的提出及其广泛实践,正是其弘扬传统精华、开拓未来理想之努力。在这一过程中,已经重新出现了儒家精神与其他宗教精神的相遇、对话、了解、沟通。我们希望,这些精神体系由此可走出历史的冲突而重新开始对话,在相互理解、交融中实现新的"和谐"、共在。若能真正实现这种和谐,自然为中国之"福"、世界之"幸"。

作为儒家道德伦理体系核心观念的"仁"是由孔子所提出的。这种"仁"的表述最早出现在《尚书·金縢》:"予仁若考",是指一种好的品德。"仁"作为儒家最核心的观念之一,突出虽是其个人的内在性要求,其更为关注的却是一种"人际关系","一人"不成"仁","仁"即"二人"间际关系的标准,故蕴含或突出了其社会性,是一种理想社会关系的表达。因此,"仁"有二维双意:"'仁'作为一种精神品质,它既包括多方面的伦理的道德的原则,又构成人们复杂的心理要素。"[①]在儒家"仁学"体系中有两大侧重,一为孔子所强调的"仁者爱人",这种"爱人"精神必须"推己及人",成为"一以贯之"的"忠恕之道";二为孔子所言"克己复礼为仁",由此阐明维护社会秩序的重要,"一日克己复礼,天下归仁焉"(《论语·颜渊》)。这里,孔子一方面指出"仁者爱人"亦包括对自我的克制,为公共之"礼"而"虚己",以体现"为仁由己"的境界;另一方面则将"仁"与"礼"有机结合,指出二者互为因果,能够持守、维系"礼"则为"仁",保持一种和谐社会制度乃"礼"之核心、"仁之本"。在此,孔子主张通过"仁"的实践而使"礼"得以实施、落实,从而真正在社会中发挥其"和为贵"的稳定作用。可以说,"仁"旨在人际关系"和谐",以此为基础则可进而以求"礼"来达到社会秩序的"和谐"。"人心和"则"社会和",这是一种双向互动、积极发展、良性循环。"仁学"在儒家思想体系中具有非常丰富的含义。虽然"礼"从社会秩序而言乃与"法"相关联,但这种"法"要靠行"仁"政来体现;而"仁"则

[①] 任继愈主编:《中国哲学发展史》(先秦),人民出版社1983年版,第182页。

是一种最高境界的道德观念和人格品质，侧重于人的道德精神之"培养"。通过"仁"这一根本道德品行的实现，才能达到"礼"所代表的社会公共道德标准；有"仁"才不会违"礼"，才可能"复礼""守礼"。所以说，儒家以突出"仁"来强调人的道德修养和人格训练，以提高人的道德水平和精神境界，这是维护"礼"的根本保障。"仁""礼"乃相互对应、有机合成，故而很难褒"仁"贬"礼"、将二者割裂开来。在儒家看来，"仁""礼"共在，方有社会和谐、天下太平。今天的道德难题，则正是在"仁""礼"这两个层面都出了问题。如果不在个人精神追求和社会共在精神理念上为道德伦理提供依存，所谓现实道德则会像游魂那样飘散、失落。很明显，圣人意境中的这种"仁""礼"才是个人及社会伦理所依之自然"道""法"。所以，我们有必要重建今天中国社会的"仁"与"礼"。

有关儒家精神不具有"宗教性"之说仍值得商榷，虽然这种否定有其复杂原因，却是反思中国文化性质时绕不过去的一个问题。如何理解"宗教性"正是理解宗教本身的关键之处，虽然在关于宗教的定义中会列出构成宗教的各个层面，但其最为核心的还是其"宗教性"。一旦解决了对"宗教性"的理解，其余问题则会迎刃而解。当然，对此要想达到共识则还有很长一段路要走，甚至可能根本就难达共识，但愿能对之不同而和，虽有分歧却仍保持和谐对话之态。一些当代中国学者强调了其"宗教"因素及特色，并认为这种精神被"后儒"们"完善化"而形成"理学""道学"体系，由此生成了"其有中国民族形式的宗教——儒教"。如任继愈就指出，儒家精神并不只是仅仅限于"人"与"人"的"人际关系"，同样也涉及"天人关系"，而"天"在此则具有"神性"之维。对于"天"及"天性"，哲学"置疑"的思路在此行不通，"名儒"们也不例外。"朱熹……不允许怀疑人为什么要孝，为什么要忠。对忠孝发生怀疑，等于禽兽。王阳明……也不敢怀疑，人是否要忠，要孝。认为忠孝是天性，是良知所赖以发生的根荄"由此，"儒"者亦相信"神明的启示"，承认"主宰命运的是'天'，不是'人'。对待'天人之际'，最后屈人以顺天"。这样，在

"天""人"之间，"人"必须屈服、退让、谦卑，"'征忿、窒欲'是儒教修养的一项基本内容"。① 此外，新儒家中也有一批人承认并要求再次凸显、高扬儒家中的宗教情怀和立意，甚至希望儒家的复兴能走一种宗教式的发展。在其论及"儒教""孔教"和"礼教"时，并不只是限定在"说教""教化"或"教育"等意义之内，而也包孕着宗教的内涵。

其实，作为儒家精神核心的"仁学"并没有排斥"宗教"，其本质内容也与许多宗教精神有着呼应、共鸣，给人"英雄所见略同"之感。牟钟鉴在肯定性地引证贺麟的《儒家思想之开展》时，也谈到"贺先生在同篇文章中特别提到'仁'，认为'仁乃儒家思想之中心概念'，可以从艺术化、宗教化、哲学化三方面加以发挥，而得新的开展"。② 牟钟鉴特别关注"如何推进仁学，重建仁学，使它在新的时代放出光彩"，并认为作为"理想人格首要的和基本的要素"之"仁德"的核心话语就是"爱人"。他指出，"这句话集中说明了仁的人道主义性质，'仁'就是人类的同类之爱，一种普遍的同情心"。③ 因此，儒家的"仁爱"与基督教的"博爱"有异曲同工之处，并无"宗教"与"非宗教"之隔。根据其宗教境界，《圣经·新约》将"尽心、尽性、尽力"地"爱上帝"和"爱人如己"这两条诫命定为基督信仰中"最大的诫命"。④ 相对应儒家的"仁爱"可称为"爱的哲学"，那么基督教则为一种"伦理宗教"或"爱的宗教"。甚至儒家"己所不欲，勿施于人""己欲立而立人，己欲达而达人"的仁学"中庸之道"亦与基督教"你们愿意人怎样待你们，你们也要怎样待人"⑤的"律法和先知的道理"不谋而合。这里，若以"教"来比较二者，则可以说儒教和基督教乃

---

① 以上引文见任继愈著《具有中国民族形式的宗教——儒教》，载《文史知识》编辑部编《儒·佛·道与传统文化》，中华书局1990年版，第12页。
② 牟钟鉴：《走近中国精神》，华文出版社1999年版，第37页。
③ 同上书，第38页。
④ 《马可福音》，第12章第28—31节。
⑤ 《马太福音》，第7章第12节。

异曲而同工、殊途而同归,儒家的"仁爱"精神或许可被理解或解读为一种追求和谐的"人文"或"人伦"宗教。

由此可见,儒家"仁者爱人"的精神并不与宗教的"爱人"精神相悖。作为"伦理型的人学"的儒家伦理道德体系也不一定就完全"取代"了宗教的意义或功能;相反,儒家精神乃形成、发展为"即道德即宗教"的涵括和兼容。儒家的精神修养,其关键就在于这种"仁德"的训练和形成。"仁"以"爱"为核心观念、基本起点和主要内容,"仁以爱之",故而能够"周爱天下之物"。而"仁"与"爱"的关系即"仁是爱之理、心之德,仁为体、为性,而爱为用、为情"。①从"爱"出发,"仁"乃体现出"施生爱人"的精神,"由仁的德慧彰显生生之道",构成"天道生生,仁道亦生生"的呼应。在此,"天道生生是生化万物,仁道生生是由'纯亦不已'的道德心发出道德命令,发动道德创造——不断地表现道德行为,不断地成就道德价值"。②按照儒家的理解,"仁则生","生"乃"天地之大德",而且由"生"则达"通",使人之仁德与天地之仁德挂上钩来,通过"上达天德""下开人文"而"尽心知性知天",达到"天道性命相贯通"、实现"天人一体"之爱。其在社会层面所表现的,同样是"天地"之"大和",并可以从人际之"和"而走向"神人"之"大和"。

以"道通为一"来实现"天地万物一体之仁",则逐渐显露出儒家追求天人和谐的"宗教"情怀和意向。因为"通"而能实现"天人合德、天人合一、天人不二、天人同体",③以及"天人交贯","一方使天由上彻下以内在于人,一方亦使人由下升上而上通于天"。④显然,"通"使儒家也能从其"人文精神"而达致"宗教精神",由此"尽心知性知天",实现上下沟通、天人沟通,即"天道性命相贯通",从而

---

① 牟钟鉴:《走近中国精神》,第40页。
② 蔡仁厚:《新儒家的精神方向》,载封祖盛编《当代新儒家》,生活·读书·新知三联书店1989年版,第225页。
③ 张君劢:《新儒家思想史》,中国人民大学出版社2006年版,第565页。
④ 同上书,第566页。

体现出"仁"之"在天为生生之理,在人为博爱之德"的宗教蕴涵。既然儒家之"仁"以其"通"而能达天德、天理、天心,实现天人合德、天人合一,那么其道德行为和人格实践本身就已经具有了宗教意义。伦理道德若无宗教精神的支撑或缺乏宗教思想资源,就会少了超然之维、难觅永恒动力,并可能容易发生嬗变。基于这一角度,我们就可以悟出孔汉思在倡导"全球伦理"时所言"没有宗教和平则没有世界和平"之深刻含义。"人和"需要"神圣"的动力,故而有其宗教境界的超越性。从这一层面而论,儒家的精神修养,也仍然可以被视为一种独特的宗教修养。于是,我们还可以进而推断,当代儒学复兴"仁"之精神,以及对人的内在及外在精神性的关注和弘扬,同样不会缺乏或忽视对儒家精神之宗教性的呼唤与彰显。

但是,如果我们进而加以更深层次的分析,则会发现儒家的宗教精神乃将其侧重放在今世的社会理想及其实践和实现,即以"治国、平天下"为目的。这样,儒教如果作为一种"宗教",则主要应为实践性、伦理性的宗教,从西方一些学者的观点来看,因而可以将之比喻为一种"超越"之维不够彰显的"公共宗教""公众宗教"或"社会宗教",其更多关注的是"公共领域"或"公共论坛"的"公共话语",为了"公共社会"的"和谐""太平"。为此,儒家的功夫乃花在"内省"之上,旨归在此世的作为,即以"诚意、正心、修身"之精神修养或道德修养的功夫来为"治国、平天下"做准备,恰如韩愈引证《大学》时所言:

> 传曰:"古之欲明明德于天下者,先治其国;欲治其国者,先齐其家;欲齐其家者,先修其身;欲修其身者,先正其心;欲正其心者,先诚其意。"然则古之所谓正心而诚意者,将以有为也。今欲治其心而外天下国家,灭其天常,子焉而不父其父,臣焉而不君其君,民焉而不奉其事。举夷狄之法而加诸先王之教之上,几何其不胥而为夷也。夫所谓先王之教者何也?博爱之谓仁,行而宜之之谓义,由是而之焉之谓道,足乎己无待于外之谓德。其文:诗、

书、易、春秋；其法：礼、乐、刑、政；其民：士、农、工、贾；其食：粟、米、粱、蔬、鱼、肉。其为道易明，而其为教易行也。是故以之为己，则顺而祥；以之为人，则爱而公；以之为心，则和而平；以之为天下国家，则无处而不当（《原道》）。

这种正心诚意之修身，旨在众人通过修养而纯化人格，可以自觉遵守社会秩序、实现社会稳定，即所谓"心平"而"天下平"、"心和"而"社会和"。儒家认为靠自我修炼就能达到自我完善，因此其虽有"敬天"之思，亦会出现"人定胜天"的异化。其结果，儒家"外在"寻"天"的努力会被淡化，而更多转向"内在""自省"的努力，从而希望以人人尽如"尧舜"般之"圣贤"的结局来走向一种"内在"的"超越"。这样一来，对儒家的"人和"理想也主要为各种世俗意义上的解读。

儒家的精神修养之所以不被一些人视为"宗教修养"，一方面在于其"为天地立心，为生民立命，为往圣继绝学，为万世开太平"的"经世之用"的"道统""政统"和"学统"对"人世"的侧重而冲淡了其宗教色彩；另一方面也在于其"人能弘道，非道弘人"的"为己"之学让人觉得其转向"内在"，以"内圣"而取代了"敬神"。在此意义上，许多人故而认为儒家精神乃体现出一种"伦理性"的宗教情趣，而不是"敬拜性"的宗教狂热。也正是出于这同一原因，不少人觉得儒家精神修养乃重视"内在超越"，而对"外在超越"却关注不够。尽管儒家有其强烈的现实关注，其"敬天"、为天下而"克己"即"超越自我"却仍与宗教境界及宗教情怀不二。其实，宗教的"敬神"从哲学意境上乃一种超越追求、终极关怀，只是在"礼失"而求诸"野"的演变过程中在不同层面的人群中被"俗化""物（误）解"，从无限之"无形"嬗变为有限之"有形"。而不同宗教信仰者在其精神追求中则也有不断升华的提高，从而不再谈论具体"神明"以直奔终极追求、体现终极关怀。对宗教的理解，似应从中国智慧中的"道"来体悟。"道"最贴切地体现出宗教精神及其境界，也是理解宗教的最恰当表述。道，可道非"常道"；同理，道可道，"非常道"！"道法自然"亦有形上之"道"、形下之"法"，兼及精神思想和社会秩序两个层面，其正常运行的奥秘就在于"道""法"均应"自然"。所以，任何宗教追求同理也从来没有真正放弃过现实，是在现实中的追求；只不过它提倡以"超越"的态度来面对人世的命运变幻，以"出世"的洒脱来做"入世"的事情，有"尽人事，听天命"的坦然，持"不以物喜、不以己悲"的心境。说到底，宗教是人间的、社会的、大众的存在，只是其精神在此要追求一种不为其时空实存所限的超越和超脱。

尽管今天儒家的复兴在中国尚面临重重困难，有着种种尴尬，尽管儒家是否有宗教性之问还是会得到截然不同的回答，然而弘扬以儒家精神为主的中华文化优良传统，为我们的社会及其伦理道德找寻、找回其精神资源的任务仍不能放弃。没有精神资源和精神支撑、太受俗世功利性左右的实用性道德今天已经走到了尽头，看到了其绝路。因此，我们必须呼唤突破，并应该共同努力去争取突破。中国的"士"有着忧国忧民的传统，这也是我们今天中国知识分子不可放弃的使命。

（本文基于 2007 年香港"当代儒学与精神性学术研讨会"论文改写）

第三章

耶儒和谐与世界大同

基督教与儒教在历史上曾有一段相互对话、沟通和理解的经历，但最终因为其信仰理解的深层次原因而走向"中国礼仪之争"，从而变对话为对抗、使沟通终止为隔绝。这段历史后因中国近代史上列强侵华、中西冲突而增加了其政治上的复杂性。随着中国当代的改革开放，中西思想文化交流重新开始，而在宗教层面最为纠结且最为重要的则仍是基督教与儒教的关系问题。尽管中国当代主流认知已不再把儒教作为宗教，看似已不存在两种宗教的对话问题，然而儒教不被视为宗教问题本身就是由基督教最早所提起，纵令儒教换一种表述为儒家，其深层次上对中国人的思想文化影响仍然是最大的，而且也包含有宗教意蕴。因此，这种中西宗教领域的对话与沟通，有必要回到始于明末清初的儒教与以利玛窦为代表的天主教耶稣会士对话的起点，并且应该尝试以寻求耶儒和谐的积极对话来努力克服历史上的中西思想文化冲突，以便能以精神层面上的求同共识来争取政治意义上的共同体互存，尽量接近人类自古以来就有的世界大同理想。本文即从求同存异的角度来探究基督教与儒教的对话可能，在学术、精神意义上摸索耶儒和谐之路。

一 引 论

"中国礼仪之争"如同一块沉重的大石头压在中西文化交流的心结

上，从其宗教术语翻译上神名之争的滥觞，至今已有约四百年的历史积怨。尽管1939年罗马教廷正式撤销了有关中国礼仪的相关禁令，却主要是出于其在当时的政治考量，并没有在文化深层次上扩大其消除误解、重新对话的影响。因此，中西双方迄今在政治、经济、思想、文化等领域仍分歧照旧、冲突依然，并没能走出历史上积重难返的恩恩怨怨。西方基于基督教等文化传统的"普世价值"在中国看来也仍是一种咄咄逼人的精神挑战和思想挑衅，故而并不能带来文化交流，反而留下了"文明冲突"的阴影。如今人们论及基督教仍多比之"洋教"，其影响亦被冠以动摇中国社会的"境外渗透"和对中国人精神世界的负面占领；而中国基督教"中国化""本土化"的努力也被格外突出，但若忽视其对话精神则很容易变异为中止彼此交流的沟壑。在"全球化"的当代世界舞台上，"冷战"阴云尚未消散，基督教在大的范围内则被看作具有进攻性质的外来宗教，而习惯于"守土"的中国人正担心并防范被"分化""西化"和"美国化"。

不过，"同一个地球"的意识让人们无法回避国际共在的事实。而"共"却不"同"所带来的矛盾、冲突、灾害和战争使人们不得不认真考虑求同存异、和而不同的"可能"生存问题。这样，一种"共同体"价值正在悄然成为社会主流意识和共识。基于全球"大市场"的"经济共同体"提供了这种"共同体"理念扩展的可能，由此从实体化的"政治共同体"如"欧盟""阿盟""东盟"及"联合国"推衍出理念化的"文化共同体""信仰共同体"和"宗教共同体"等。于是，中西自古以来所憧憬的"世界大同"的希望被"共同体"的愿景及实践努力所重新唤起。正是在这种抵制与防范、接触与互渗的复杂交织中，基督教与中国重新复活的儒家精神的对话又有了必要和可能。而在新时代由耶儒对话走向耶儒和谐也让人们看到了东西和解的希望。在中国古老而现代的"和合"哲学指导下，在中国构建"和谐社会"、推动"世界和谐"的实践推动下，应该说耶儒对话重新获得了难得的机遇，也有了恰逢其时的时代氛围及"气场"。而历史上曾积极发起并鼓励耶儒对话的耶稣会士利玛窦也重新被人们所关注、研究、评价和纪念。在这一处境下，走近并发掘利玛窦的"求同"思想则既有历史意义、更有现实意义。

二　寻找耶儒认知的共同点

　　文化交流上的存异旨在保留自我意识、守住文化自我，这自然无可非议。不过，如果试图超越自我而走向对方，则必须以求同的精神来寻找对话双方的共同点，获得一个彼此理解的共有平台。在此，仅以一种文化保守主义的态度来面世就不可能走出自我、真正开放和与外界接触。而如果以原教旨主义的姿态来对话则只能是自我独白和将自我意识强加给他者。其结果显然会是文化争议和冲突，不可能达到双向沟通。因此，无论对话双方的分歧、差异有多大，真正有效的沟通和对话只会在寻找不同文化语境中的共同点的努力中开始。求同乃是对话的原点和开端，而存异则应在双方已有对话基础、获得相对深入的了解后才可能实现，并且也不再会妨碍彼此的进一步交往和理解。在明末清初，西方政治势力对远东鞭长莫及，西方来华传教士也只能基于这种地理、科技等原因而实际形成的"政治平等"来开展其在中国的思想文化对话。在其深陷的异域文化氛围中，显其异并扬其异的企图及尝试势必会碰壁，得不到任何"宣教"的收获与成果。在耶稣会传教士远东传教的艰辛摸索的基础上，利玛窦等人总结出"入乡问俗"、文化融入的经验，而其关键之处即始于求同，找出双方的共同点，即使没有也要"索隐"强求。故此，其在传播学意义上的成功不应该简单地在认识论意义上被评价为牵强附会、不可理喻。

　　从文化沟通并能够取得成功的意义上来评说，利玛窦"中国式""中国化"的文化求同与交流的深刻之处并没有被人们所认识或悟透。长期以来，利玛窦被中西双方所误读、误解，其意义和价值没有得到公正、公平的认可及肯定。例如，在利玛窦的故乡意大利马切拉特，其居民中多数人都不知道利玛窦是谁；而罗马天主教对利玛窦的功过和究竟能否"封圣"也一直争论不休，迄今尚无定论。同样，在中国，利玛窦也长期为学术、政治话题中的"禁忌",被作为敏感问题而长期悬置,直到最近才让其走出历史的尘封,结束那"磐石"相阻的文化苦旅。由此可见,文化交流中存异很难,求同也不易。而在恰当的时机及时总结历史的经验教训,妥善抓好当下的机遇则至关重要。正是在中华文化致力于其大发展大繁荣的复兴时期,我们重提耶儒对话及其曾有过的和谐交融,则恰逢其时。

尽管耶儒二教精神传承不同、文化背景不一,各有其历史发展,却在中西交通史上多次相遇。其相遇历史就是典型的求同与存异、共聚与冲突的复杂历史,其两面都轰轰烈烈、也都让彼此遍体鳞伤。仅就利玛窦的努力而言,其求同则大于存异,融入中国文化的思想亦强于取而代之的企图。他主张"力效华风",使天主教理"融合儒家之道"。通过其求同的努力,耶儒精神曾达到相当程度的和谐,甚至当时不少著名的中国士大夫即儒家文化的持守者也皈依了天主教,在其精神信仰层面并没有觉得二者有着不可逾越的区别。针对中国宗教认知的模糊性和宗教构建的弥散性,他宣传儒教不是宗教而是中国传统文化哲学,认为其认同儒家文化"是以儒教与自然法则的一致性而不是以中国人对宗教的倾慕为基础"。[①] 这在当时解决了中国文人及天主教徒一人不应信奉二教的身份认同难题,却也给中国社会及其学界留下了"儒教"是否应该为"教"的公案。应该说,这是利玛窦将精神解释学与文化传播学有机结合而取得的成功,从而使两种遥远且极为不同的异质文化得以友好牵手。这种成功的尝试今天仍值得我们去努力借鉴和实践。

三 "天"与"神"之间的理解求同

在耶儒信仰的形而上超越层面,这种求同的焦点在于对"天"与"神"、"天人关系"与"神人关系"、"天人合一"与"神人合一"的

[①] [意]利玛窦、金尼阁:《利玛窦中国札记》,何高济等译,中华书局1983年版,第683页。

理解。许多中国人认为儒教传统所信奉的"天"与基督教的"神"根本不同,强调"天"是"终极"意义上的,而诸宗教之"神"则仅有"次级"意义。而这种界限的根本打破则在于如何来究"天人之际"与"神人之间"。

利玛窦强调天人之间有感应、神人之间有沟通,这正是两种文化及其信仰体系之间重要的相同之处。在儒家传统中,"天"绝非纯自然之天,因为"天"有"天意"、体现出"天命"。而且这种"天意"并不与民心绝对相隔,二者有着呼应和感应,恰如《尚书》之论,"天视自我民视,天听自我民听"。① 由此,人格之"天"已呼之欲出。"天"在这里则具有"神性"之维。对于"天"及"天性",哲学"置疑"的思路显然已经行不通了。在对待"天"的问题上,利玛窦认可中国人"敬天"的信仰传统,认为儒教中的"天""上帝"与天主教所信奉的唯一真神同一而无本质区别,而其认可、习用的"天主"亦源自中国文化传统,"天"之"主"在利玛窦看来也是非常贴切的神名。为此,他摘录了儒家经典中记有"天""上帝"词语的章句,多用在其《天主实义》之中。按其理解,天主教的"天主"虽为绝对唯一之神,也同样有其位格和意志,这样方可神人沟通,道成肉身。

在当时西方传教士中,在神名问题上如利玛窦那样开明的如凤毛麟角,很难多得。此后引起"中国礼仪之争"的理论肇端之一的神名之争,则在这一理解上决不相让,西方传教士的保守派反对用中文的"天""上帝"来界说其神名,甚至认为连"天主"之名都不妥,最终只好坚持用绝大多数中国人都不明白的拉丁文神名 Deus 的中译音"徒斯"来表达其至上神,形成其文化交流因原教旨主义立场而失败的典型案例。与之相对应,中国保守态度的道统维护者则指责基督教对"天"的理解乃为"邀天、亵天、僭天、渎天"之举,对之接受只会"蠹坏国运"。直到今天,"同一个上帝"的理解才又重新在宗教对话中涌现出来。

---

① 《书经·泰誓中》。

四 "仁"与"爱"之间的伦理求同

如果说"天"与"神"就如康德所言"头上的星空",反映出人们形而上层面的仰慕和敬畏,那么"仁"与"爱"则是人们"心中的道德律",即人们内在的伦理之维。在耶儒两教中,"仁"与"爱"不是凭空而来,乃以对"天"与"神"的信仰为根据及指导。儒教坚持其内在的伦理道德"修养"反映出其超越自我的神圣追求,因而可从"内心"走向"终极实在",实现有德之人以其超越之境界而与神圣超然的结合。孟子说:"吾善养吾浩然之气。……其为气也,配义与道,无是馁也。"①修养内心并不是孤立的修养,独善其身亦有终极意义的关照。这种"内在精神"乃用超越物质之"洁身"来体现出其更高境界,显露出一种由"内心"所达的神圣之维,此即孟子所言,"尽其心者,知其性也;知其性,则知天矣。存其心,养其性,所以事天也"。②

儒教"仁学"体系有针对人际关系和社会秩序之稳妥处理方面的两大内容:一是孔子所论"仁者爱人",这种"爱人"精神是一种人际关系学说,有着"推己及人"的关联,并在中西文化交流中与基督教"己之所欲,推之于人"的伦理观念相吻合;在此,儒教以"己所不欲,勿施于人""己欲立而立人,己欲达而达人"来表述其仁学所体现的"中庸之道",而基督教则是以"你们愿意人怎样待你们,你们也要怎样待人"③来讲"律法和先知的道理"。二是孔子强调"克己复礼为仁",由此说明个人道德的修养是要推进社会秩序之维系,"仁"与"礼"有机关联,"一日克己复礼,天下归仁焉"。④儒教中的"克己"与"爱人"勾勒出对己严、对人宽的辩证关系,严于律己与宽恕他人

---

① 《孟子·公孙丑上》。
② 《孟子·尽心上》。
③ 《马太福音》,第7章第12节。
④ 《论语·颜渊》。

形成鲜明对照，特别是要为公共利益、集体"大我"之"礼"而委曲求全、亏欠自己，这充分体现其"为仁由己"思想的道德高位。此论同样与基督教教义中"道成肉身"的"虚己"观有几分神似；这种通过"仁"与"礼"有机结合而使个人与社会密切关联的构思，在基督教会中将个人修养与教会生命相结合的考虑中亦有回应。社会秩序和谐乃"仁"之根本、"礼"之核心所在。儒教通过"仁"的实践来实现"礼"。法治社会所建之"礼"从根本上仍要靠行"仁"政来体现；"仁"以一种最高境界的道德观念和人格品质来保障社会之"礼"的建立和维系，其社会基础还是在于人的道德精神之"培养"。以"仁"达"礼"，有"仁"则不违"礼"，即能"复礼""守礼"。儒教以"仁"来作为其道德精髓和精神境界，为"礼"的践行提供根本保障。由此而论，"仁"作为一种伦理维度乃有机关联，上接终极实在意义的"天"而与至高信仰价值相关，下连存在实践意义的"礼"而与现实社会秩序共构。

很明显，儒教伦理价值理论的"仁学"并不是与"宗教"无缘，人际社会与宗教领域有着复杂交织，"仁"既是公共关系之维，又是信仰精神的实在。儒家的"仁爱"与基督教的"博爱"又是一种求同的关系，其是否"宗教"的区分亦被扬弃。《圣经·新约》将"尽心、尽性、尽力"地"爱上帝"和"爱人如己"这两条诫命定为基督信仰中"最大的诫命"。[①]耶儒在"仁爱"观上重新相遇并有着重要的信仰价值叠合。同"天"与"神"的观念相比较，"仁"与"爱"的重心并不在其抽象观念的终极意义，而更体现其现实关切的实践意义，更为贴近人的社会存在及群体生活，故乃一种"实践理性"的追求及践行。比较而论，可以说儒教之"仁"乃为行动实践中"爱的哲学"，基督教之"爱"则为社会关怀的"爱的宗教"，二者都旨在"让人间充满爱"。

儒教"仁者爱人"的精神并不与基督教以敬神的境界来"爱人"的实践相悖。诚然，儒教作为"伦理型的人学"而有着"即道德即宗

---

① 《马可福音》，第12章第28—31节。

教"的模糊，却也可体悟出其独特的精神涵括和信仰兼容。与基督教相似，儒教之"仁"也是以"爱"为其社会实践体系的价值核心、立足基点和中心蕴涵。儒教正因为能"仁以爱之"，故而能够"周爱天下之物"。这里，恰如牟钟鉴所分析的，"仁是爱之理、心之德，仁为体、为性，而爱为用、为情"。①从"爱"出发，"仁"乃体现出"施生爱人"的精神，由此而与基督教的"爱人如己"殊途同归，甚至可珠联璧合。从儒教"仁则生"，"生"乃"天地之大德"推演出人之仁德与天地之仁德的关联及共构，通过"上达天德""下开人文"而"尽心知性知天"，达到"天道性命相贯通"、实现"天人一体"之爱，因此也就从社会伦理重返其宗教之境。所以，儒教与基督教都有一种超越的维度来指引其现世的实践，只是在儒教中比较隐在，但在基督教中则比较彰显而已。

五 "心性""内省"与"外在""超越"的殊途同归

儒教以其"天人合德、天人合一、天人不二、天人同体"②以及"天人交贯"来上下打通、天人贯通，行走在超然与现实之间。其努力"一方使天由上彻下以内在于人，一方亦使人由下升上而上通于天"。③这种具有超越维度的"通"自然使儒教能从其"人文精神"而达致"宗教精神"，实现"尽心知性知天"的"天道性命相贯通"。其"仁"之宗教意蕴就体现为"在天为生生之理，在人为博爱之德"。以儒教为代表的中国宗教通过"究天人之际"而打通了两个看似绝对隔绝的世界，使"二元分殊"合为"一体共构"。这是中国宗教与强调绝对一神的亚伯拉罕精神传统的明显不同。不过，在基督教的发展变化中，因为

---

① 牟钟鉴：《走近中国精神》，华文出版社1999年版，第40页。
② 张君劢：《新儒家思想史》，中国人民大学出版社2006年版，第565页。
③ 同上书，第566页。

其基督圣子的"中介"意义而使此岸与彼岸、今生与来世、现时与永恒有了神秘的关联，出现了"神人合一"的神奇。依此则使耶儒对话在这一领域也可求同达通。既然儒教之"仁"以其"通"而能达天德、天理、天心，实现天人合德、天人合一，那么这种道德行为和人格实践就已经具有了宗教意义，不讳宗教道德、宗教人格。儒教的精神修养仍可归为一种独特的宗教修养，与其他宗教修养或修行并无本质之别。总结历史上的耶儒对话及其达到的和谐，那么当代儒学复兴及其"仁"之精神的回归，也就没有必要彻底回避其宗教性的显隐或追问。

儒教的精神修养之所以被视为世俗性修行而不是"宗教修养"，在于其强调"为天地立心，为生民立命，为往圣继绝学，为万世开太平"的"经世之用"。其突出"道统""政统"和"学统"的"人世"关怀，似乎其重心已向世俗政治倾斜；而其对"人能弘道，非道弘人"的强调也让人感到有"为己""内向"的侧重。其实，任何宗教的社会之维都是政治性、此岸性，甚至乃利益性的。"世俗"与"神圣"只是相对而言。"神圣"更多属于哲学、神学的范畴，而其"世俗"则紧贴社会、政治之维。在现实社会存在中，不可能有任何"超尘脱俗"的宗教组织及宗教行为存在。在此，对之更为实效的研究则是社会学、政治学、经济学、人类学的。儒教以"内圣"而取代了"敬神"，也是一种以"出世"的境界来做"入世"之事的表达。其"先天下之忧而忧"在世间、在社会、在人生就更为明显、更加典型。基督教同样也要求其信众在人世洁身自好、独善其身、与众不同，以体现其"生活在这个世界，但不属于这个世界"的超脱。儒教的"伦理"情趣和社会参与在今天基督教背景的"公共宗教""公众宗教""公民宗教"的社会性中同样可以得到解读。宗教进入公共领域之后吸引民众的主要就是"公共领域"或"公共论坛"所关注的"公共话语"。在此，"公共性"乃宗教的真正生命力之所在，而其"敬拜性"的宗教色彩似乎在退隐。由此而论，耶儒双方都涉及其"内在超越"与"外在超越"的关系问题。在处理宗教的公共事务时，社会学、政治学、法学的原理就更为重要，显然也更加管用。

与儒教相比，基督教的超越精神好似少了一些豪言壮语而多了一些谦卑精神，它似乎更加看重人的"有限性""局限性"或"罪性"，进而让人们超越自我，解脱"罪性"。但这种"超越"或"解脱"并不是纯靠自力，而是等待一种"神圣"的"救度"。但恰好就是这种"神圣之维"，会使基督教更有韧性，更容易以柔克刚，也更有魔力和耐力，其"避其锋芒""忍耐谦让"往往使其生命力更为持久，发展更有后劲。这在其两千多年的历史上早已见证。与儒教"为己"之维不同，基督教更强调追求一种超越"自我"的终极关怀，故不会放弃对"终极实在""超然之维"即"神明"的认信和追求，此即其敢于"殉教""忍耐到底"、等待"神圣"拯救的真谛所在。

不同于基督教的"外在""超越"，儒教有更多关注的乃"内在"的"心性之学"。然而，即使从这种"心性"之论，我们仍可找到儒教所体现或代表的中国"宗教"之维，看到其独特的中国式宗教理解。也就是说，儒教乃以"心性"来实现"天人交贯"，达到"天人合一"。这种"心性之学"内在却不封闭，含蓄却包罗万象。"此心性之学，乃通于人之生活之内与外及人与天之枢纽所在，亦即通贯社会之伦理礼法、内心修养、宗教精神及形上学等而一之者。"[①]因为有了"主体""主观"之"心性"，则会向宗教敞开，也会反映出宗教特色的人之终极关怀和追求。这种"通天"之境乃"此心光明"之源。所以，儒教以一种内在的意向仍是要"究天人之际"，追问"终极"，从而也就具有了"外在超越"的姿态及境界。儒教所追求达到的"仁"德含有"圣"和"爱"两维，其"圣"即"朝向神圣"，为超越性、终极性追求，而其"爱"则为"仁"的现实性、参与性履行；这两维显然会相交，达成其有机共构。而基督教中的"圣爱"与"人爱"之互动、超然与内在之呼应，以及其终极关怀对现实关怀之指引、监督不过更明确一些，因此梳理耶儒对话或许能为今天儒教的复兴及其宗教蕴涵的凸显提供有利帮助。耶儒"外在"与"内在"的两种路径，最终都会同

---

① 张君劢：《新儒家思想史》，中国人民大学出版社2006年版，第570—571页。

归于其"超越"。

六　"千年王国"与"世界大同"的社会"同梦"

在社会层面,耶儒对话及其可达和谐的一个重要共同点,就是对人类理想社会的憧憬和构想。这在儒教传统的"大同"理想和基督教的千年王国期盼中得到了典型表述,可谓一种社会"同梦"。中西思想在对这种理想社会的描述中虽有着路径的不同,前者为回首,后者为前瞻,却都是表露了对社会美好、人类和睦的愿望。宗教信仰主张其超越性、非世俗性,但仍然有着强烈的社会关注和社会参与。所以说,耶儒双方在社会学说、社会关切上的求同促和,有助于化解政治矛盾,推动和谐世界的共构。不可否认,人类历史充满斗争,社会、政治乃至宗教的历史都主要为斗争史、战争史。然而,冲突双方对理想社会的构想、向往和追求也一直没有停止。虽有政治、经济、文化等利益的不同,彼此寻求对话、和谈、和平的努力亦延续下来。因此说,斗与和、分与合,恰如一枚硬币的两面在人类历史中共同存在。不过,其不同方式的存在所带给国际社会的生存质量却是大不一样的。斗与分带给人类的是灾难和痛苦,而和与合带给人类的则是平安和幸福。从目前人类发展、国际政治的形势来看,正是处在一个斗或和、分或合的十字路口,两种危机并存,两种希望同在。这一敏感时期的中西关系如何处理就显得格外重要。而这一关系的深层次解决仍然还是在思想信仰问题上。于是,我们推动耶儒对话并找寻、倡导耶儒和谐就有着独特的理论及现实意义,是从根本上解决问题的尝试。耶儒和谈可以拉动中西社会政治的和善,带来人类和平发展的美好愿景。在这种意义上,从思想及政治层面重提近代耶稣会"索隐派"的苦心努力,走求同达和之路,应是今后国际政治发展的康庄大道。

儒教的"大同"思想在孔子论述中已经有了最为典型的表达:"大道之行也,天下为公。选贤与能,讲信修睦。故人不独亲其亲,不独子其子,使老有所终,壮有所用,幼有所长,矜、寡、孤、独、废疾者皆有所养。男有分，女有归。货恶其弃于地也，不必藏于己；力恶其不出于身也，不必为己。是故谋闭而不兴，盗窃乱贼而不作，故外户而不闭。是谓'大同'。"①这种"大同"理想表达了中国人对和谐社会构建的向往，并有具体的勾勒。其影响深远，并在近现代中国社会变革中得以凸显。如康有为因此在维新变革时写了《大同书》，抒发了他所理解的"大同成就之太平世"；孙中山在中国民主革命时亦对之极力推崇，指出"人类进化之目的为何？即孔子所谓'大道之行也，天下为公'，化现在之痛苦世界而为极乐之天堂是也"。②他将孔子理想中的"世界大同"之追求也视为自己"无穷之希望，最伟大之思想"。值得一提的是，孙中山所理解的"大同"思想也包括了他对基督教信仰的接受，是耶儒理念的有机圆融。孙中山最喜欢提及的即这两种传统中流行的"天下为公""博爱"思想，以此作为自己的政治理念和社会实践。基督教信仰对世界大同的憧憬主要基于其"千禧年"期盼，即基督未来复临后亲自为王的"千年王国"，这是一个没有压迫的正义社会，是体现为新天新地的太平盛世。由此观之，耶儒两教在社会发展上也有着相似的理想愿景，这使其社会对话能够找到共同点，并有着非常实在的内容。世界大同，人类和谐，是耶儒都倡导的社会未来发展方向，这种共识为解决复杂的现实社会政治问题和国际关系及交往提供了一定的精神资源和信仰支撑。为此，我们理应有更多获得双赢的对话与沟通，避免两败俱伤的对抗与冲突。

耶儒和谐在"全球化"发展和"共同体"价值观萌生的今天不仅是一种理想期望，也是可以努力实现的一个现实目标。科技、经济、政治、文化、信仰等现代发展使世界变"小"，人与人离得更近，彼此关系亦更加紧密，甚至唇齿相依。为此，以孔子的故乡尼山为世界论坛之地，开展耶儒对话，并以促成耶儒和谐来迈向世界大同发展的未来，对于我们学者、对于中外政治家，以及对于全世界所有爱好和平的人们都

---

① 《礼记·礼运》。
② 《孙中山全集》（第6卷），中华书局1986年版，第196页。

意义重大，使命非凡。我们应该以思想信仰精神促进社会的和谐、和睦、和合、和平来防止世界的分裂，让我们的地球更加圆融、更为圆满。

（本文为"2012年尼山文化论坛"论文，原载卓新平《信仰探索》，首都师范大学出版社2015年版。）

第四章

儒家的精神修养与基督教的精神超越

  从比较研究的角度探究"精神性"在中国儒家和基督教中的展示,此乃本文的切入点。这里,笔者一方面会对儒家的精神修养及其"仁爱"观念进行分析,另一方面则会对基督教所追求的精神超越加以阐述。针对中国学术界有关儒家精神的"非宗教性"和"人文性"的论点,及对儒家"人学"分为"仁学""礼学",而且"仁学"得以弘扬、"礼学"则逐渐隳沉的看法,本文展开了研习、鉴别,认为不应该将儒家精神与宗教精神截然区别开来,并指出儒家"仁""礼"观念体系中均有"宗教性"的因素,其"仁爱"之说亦与基督教"上帝是爱"的观念有许多相似之处,因而二者可以比较、对话。本文进而阐述了儒家精神修养与基督教精神超越的不同,从界说新儒家的"心性之学"来解析其"内在超越"的追求及意义,由此说明了其"现实关照"与"终极关切"的不同意趣,并对"现实性"向"终极性"的升华,以及"圣爱"与"人爱"之互动、"超然"与"内在"之呼应在当代儒家精神复兴与革新中的作用和意义进行了论证。

一 引 论

  "精神性"涉及人的灵性本质、思想气质、人格修养和信仰追求。

人与其他动物最根本的区别，就在于人不仅拥有一切生物普遍具备的物质生命，而且更拥有仅为人类所独享的精神生命。"精神性"因而是对人生真谛的领悟，是对人之存在的本质洞观。在人类文化史上，对人的"精神性"的探究占有很大比重。一部人类文明史的核心，就是人的精神思想史；而对这一历史的研讨，则乃人的"精神现象学"。所谓"精神现象"，涵括人的精神世界与精神生活。人超出其基本的物质之需而以其精神追求和精神寄托来展示其独有的精神境界，这种精神向往在很大程度上乃是人在现实存在及其社会生活中所依存的精神支柱和精神安慰。

"精神性"关涉个体，亦与群体共在密不可分。个我的精神性触及人的内心世界，乃其内在修养。儒家在论及人的内在修养时曾提出"修己"之见，注重自我涵养及精神气质的培育。但这种"修己"并不是自我封闭性的，如果仅仅是洁身自好则境界太低，而其严于律己则主要是从己出发，但超越自我来履行其公众责任，这就是孔子所言的"修己以安百姓"（《论语·宪问》）之崇高境界，由此可以使我们对儒家"内圣外王"的基本原则能有更透彻的理解。所以说，"修己"乃表达出其准备"有为"的远大志向，乃一种"宁静致远"的意境，反映出儒家将其精神修养与社会作为相关联、相结合的意向。由此观之，儒家理论中显得更为活跃的乃其"行动哲学""实践神学"。这样一来，我们则可真正理解儒家的精神修养之所以要与其社会使命有机结合之缘由。不过，"修己"也并非纯现实、纯实践的内在功夫，若从宗教意境来审视，这种"修养"当然有着超越自我的神圣追求，也就是说，它从"内心"出发，目的是要走向"终极实在"，以实现与神圣超然的根本结合。孟子说："吾善养吾浩然之气。……其为气也，配义与道，天是馁也。"（《孟子·公孙丑上》）修养内心并不是孤立的、封闭式修养，这种"内在精神"实质上应有着对宇宙的包容和把握，它用超越物质之"身"而体现出更高境界，显露出一种由"内心"所达的神圣之维，形成天人之间的神秘"气场"。一通而百通。恰如孟子所推断的，"尽其心者，知其性也；知其性，则知天矣。存其心，养其性，所以事天也"(《孟子·尽心上》)。一切尽收其"心",此即"心乃天地万物之主"的蕴涵所在,也是儒家心学所达到的大彻大悟。

宗教本为一种"关系"学说,独居不"宗",孤者无"教"。宗教势必涉及人际关系、神人关系。而由相关群体所共同建构的精神共在则是极为重要的文化现象,宗教更为关注的是群体的生存与发展,是人类群体之内的相互关系。"关系"即其群体"大道"之"气场",意味着其相同魂灵无拘无束、无远无近的"量子纠缠"。而就某一国度或民族之论,其共有精神则势必形成其"民族之魂",彰显出其"民族精神"。"民族精神"当然是一种"集体意识",它表明了该群体的"自我意识",是其共有的"自我认同",因而是其集体的精神家园,大家必定要高扬这种"集体的意识"。

中国文化传统在其"精神性"上侧重于人本身如何靠其修行养性来达到,其内蕴性修养有着更多的"人文"情怀。在中国历史传统中所形成的"中国精神"曾经主要由"儒家"精神来代表,儒家思想亦曾代表过中华民族文化精神的发展方向;但今天其内涵及外延都已经变得比较模糊,其精神遗产虽然正在被当代儒学及其代表人物"新儒家"或新型"儒者"所发掘,却已很难恢复其以往的代表性及权威性,亦没有获得今天中国社会大众的公认。因此,现代中国人的"精神修养"按其文化传统究竟应该是什么也就处于"语焉不详"之窘境。而与之相对应,西方文化传统有关"精神性"的话语则主要属于基督教的"灵修学"或"神修学"范畴,它由"入世"而"出世",多与远离世俗、脱离社会的隐修有关联。这种精神性"灵修"是希望在"神""人"之究中寻求一种对"俗世"的超越,以达其精神的彻底解脱或神圣升华。不过,西方社会发展的城市化走向也不断在摧毁其传统的遁世隐修,其"大隐隐于市"的现代修行同样有着不少问题,面临着巨大挑战。

二 儒家的"真精神"及其"仁爱"之维

人们会问,儒家的"真精神"究竟是什么呢?它与具有宗教信仰色彩的基督精神有何区别或相关、相同之处？对此，当代中国学者有着不同的认知和解读。

非常有趣且值得深思的是，在各种宗教在中国广泛复兴和发展的今天，一些中国"新儒家"却强调儒家精神的"非宗教性"和"人文性"，从精神层面将"宗教性"与"人文性"相分离、相对立。例如，牟钟鉴曾反复强调，与基督教的"神学"不同，"儒学是一种伦理型的人学，讲述如何做人和如何处理人际关系的学问。以人为本位，这是儒学区别于一切宗教的地方；以伦理为中心，这又是儒学区别于西方人文主义和中国道家学说的地方"。①"人学"之所以不是"神学"，就在于"人学"以"仁"为核心，是一种"人际关系"学。牟钟鉴认为，"儒家人学有两大支柱：一曰仁学，二曰礼学。仁学是儒家人学的哲学，是它的内在精髓；礼学是儒家人学的管理学和行为学，是它的外在形态"。不过，这种"人学"的"内在精神"与"外在精神"乃彼此有别，其"作用不同，存留价值也不同，因而在近代就有了不同的命运"。在此，牟钟鉴显然认为儒家人学出现了裂变，并表露了其褒"仁"贬"礼"的见解："仁学在儒家所有学问中，代表着中华民族发展的精神方向，蕴含着较多的人道主义和民本主义成分。它给中国知识分子提供了一种切实而又高远的人生信仰，一种独特的文化价值理想，培养了一大批道德君子、仁人志士，成为中国文化的精英。仁学由于具有较强的生命力和普遍性价值……成为儒学中最值得继承和发扬的部分。"而礼学则因"它与中世纪宗法等级制度、君主专制制度结合较为紧密，贵族性和时代性都比较强烈，所以在帝制社会坍塌的时候它必然要受到革命派的强烈批判与冲击"。②这样，他不再提"礼文化"的复兴，而情有独钟地专论"仁学"的复兴、重建和发扬光大。对此，笔者没有太多的发言权，但仍感到还需从孔子论"克己复礼"为"仁"之理解上来深入、全面地看待"礼"与"仁"的关系。而且，"礼"

---

① 牟钟鉴：《走近中国精神》，华文出版社1999年版，第36页。
② 同上书，第36—37页。

的意义和作用也并没有完全消失，在中国社会文化中仍在以不同形式来展现。如果说"礼"已在儒家人学中消隐或被边沿化，那么，不知写过《中国礼文化》、认为"礼"为"中国文化之根本特征和标志"[①]的邹昌林博士对之有何感想和评论？实际上，儒家传统中"仁"与"礼"乃有机结合，很难截然分开、根本区别。

儒家突出"仁"以便提高人们的道德修养和升华其精神境界，却也是为了维护"礼"而准备的必要举措。古代社会的"礼崩乐坏"，同样也给其"仁"带来了生存危机。不过，从儒家的"精神性"及其"仁爱"之维，尤其是对"仁"这种观念具有形而上意境的持守，故有不少当代中国学者强调儒教具有"宗教"因素及其特色，也正因为1911年辛亥革命后儒教的消亡，也使现代中国人在其精神发展中在很大程度上减少了其宗教性。那么，当人们今天重新探究并试图弘扬儒家"仁爱"精神传统时，是否也会导致其"宗教性"的复活？这些都是我们今天的中华文化重建所不得不面对，并应该加以合理解决的。

三 儒家精神的"心性""内省"与基督教精神的"外在""超越"

儒家精神的"心性""内省"并不被人视为"宗教修养"的原因，就在于其过于突出"经世之用"的"道统"和"政统"，故而其整个理论体系会被视为"政治哲学""人生哲学"，而不是典型的"宗教哲学"或"宗教神学"；其"行道"突出而"敬神"模糊，故而往往被人忽略其实质上也是在"替天"来"行道"。也正是基于这种考虑，不少人觉得儒家精神重"内在"而缺少"外在"超越的神圣之维。与之相比较，基督教则始终强调超然的"神圣"之维和其绝对一神观，使人感到更有精神超越，形成了其在各种宗教比较中颇为独特的超越精神和极为明显的神明观念。

---

① 邹昌林：《中国礼文化》，社会科学文献出版社2000年版，第12页。

不同于儒家思想对人的积极有为和政治使命之强调，基督教的超越精神更加看重人的"有限性""局限性"，或"罪性"，并强调对这种"有限"的超越，对其"罪性"的解脱。但这种"超越"或"解脱"乃揭示出一种"神圣"的"救渡"，而不是靠纯然自我修炼所能达致。在基督教看来，人靠个人努力就能达到超越、成圣为贤之想乃是幻想，甚至为一种无视神明的傲慢和僭越。这种"内在"之为故不可能达到人的真正超越，而只会令其仍陷于"罪"中不得自拔。与儒家的"为己"之精神修养不同，基督教乃追求一种超越"自我"的终极性关怀，并以其"彼岸"之维来衡量自己"在世"的态度及定位，认为其虽"寄寓此世"却没有"归属此世"，其此世人生仅是其朝觐灵性彼岸的一段路程和经历。不同于儒家中的"模糊"之"天"，基督教乃强调对"终极实在""超然之维"即"神明"的体认、追求，用其"神学"来论"神"之本真，强调"神"的存在，并渴求"神"的拯救。这样，基督教以其对彼岸世界无限绝对者的敬崇，追寻之超越精神而与重视、强调在今生今世积极"有为"，献身于"格物、致知、诚意、正心、修身、齐家、治国、平天下"的儒家"内圣外王"精神及其"内在超越"境界形成了区别和对照。在基督教的视域中，儒家这一思想体系则更像是人生哲学和社会伦理，旨在一种属世的社会应用。

与传统儒家因强调其道统而具有唯我独尊、不太关注或吸纳外来思潮的趋向不同，当代新儒家已经在以一种开放之态来观察、研习外界思想文化尤其是西方思想文化。但是，其对"内在"修养的强调和持守仍很突出。其实，若无"外在超越"之维，仅靠"克己""自律"之修养则很难真正"成圣"，此即当代儒家缺少"圣贤"之尴尬窘境的根本原因之一。新儒家认为其保持了中国知识精英传统的"忧患"意识，并相信"真正的智慧是生于忧患"，从这种"忧患"的精神就可解放自我，产生"超越而涵盖的胸襟"。① 在此，新儒家将这种"忧患"精神仍归于人心的作用，即良心良知，坚持"心灵"本身就是人之"立法

----

① 邹昌林：《中国礼文化》，社会科学文献出版社2000年版，第553—554页。

者"而可以"不假外求",这就如孟子所说:"仁,内也,非外也";"恻隐之心,人皆有之;羞恶之心,人皆有之;恭敬之心,人皆有之;是非之心,人皆有之。恻隐之心,仁也;羞恶之心,义也;恭敬之心,礼也;是非之心,智也。仁、义、礼、智,非由外铄我也,我固有之也"(《孟子·告子上》)。张君劢为此得出结论说,"中国人认为良善乃人生目的的极致。仁、义、礼、智四端,乃人类社会一切制度的基石"。①

由于缺少"外在"的"超越"之维,新儒家自然会高扬其"内在"的"心性之学"。新儒家批评基督教来华原因只是旨在"传教"而强调"尊天敬神",反对"重理重心",如其对耶稣会士的来华传教曾批评说,"正因其动机乃在向中国传教,所以他们对中国学术思想之注目点,一方是在中国诗书中言及上帝及中国古儒之尊天敬神之处,而一方则对宋明儒之重理重心之思想,极力加以反对"。②在其看来,心性之学"即论人之当然的义理之本源所在者","宋明儒之所以深信此为中国道统之传之来源所在,这正因为他们相信中国之学术文化,当以心性之学为其本源。然而现今之中国与世界之学者,皆不能了解此心性之学,为中国之学术文化之核心所在"。③同样,从这种"心性"之论,新儒家找到了中国"宗教"之维,即对"宗教"的中国式理解。这种理解的关键之处,就在于新儒家乃以"心性"实现"天人交贯"、以"心性"来达"天人合一"。"于是人能尽心知性则知天,人之存心养性亦即所以事天。而人性即天性,人德即天德,人之尽性成德之事,皆所以赞天地之化育。所以宋明儒由此而有性理即天理,人之本心即宇宙心,人之良知之灵明,即天地万物之灵明,人之良知良能,即乾知坤能等思想,亦即所谓天人合一思想。"④此"心性"可以"一方使天由上彻下

---

① 转引自邹昌林《中国礼文化》,社会科学文献出版社 2000 年版,第 544 页。
② 同上书,第 555 页。
③ 同上书,第 567 页。
④ 同上书,第 570 页。

以内在于人，一方亦使人由下升上而上通于天"，①而"此心性之学，乃通于人之生活之内与外及人与天之枢纽所在，亦即通贯社会之伦理礼法、内心修养、宗教精神及形上学等而一之者"。②所以，新儒家觉得此"心性"就已经足矣，而不需要西方宗教（基督教）所强调的"外于道德实践之求知—客观之对象"，因为有了"主体""主观"之"心性"，则有了包括宗教的一切。仅仅在此前提下，新儒家才愿意表示，"勿以中国人只知重视现实的人与人间行为之外表规范，以维持社会政治之秩序，而须注意其中之天人合一之思想，从事道德实践时对道之宗教性的信仰"。对其来说，"心性之学"才是"中国思想中之所以有天人合德之说之真正理由所在"。③这种对"心性之学"的强调，是否也能启迪我们从另一种角度来理解宗教呢？因为在儒家突出"心性"之论时，则比其"克己复礼"之为要远离社会和政治，故其思考与探索则更多地回到了人文、精神领域，而且不仅仅是"人生哲学"、现实关怀，却明显有其精神、超验之维度。如果说基督教是"超越之学"的宗教，那么儒教作为"心性之学"的宗教能否成立呢？在儒教后来的发展中，其"敬天"较虚，故有学者认为中国传统信仰中的"至上神"乃一种"虚神"信仰；与之对比，儒教的"心性"体认则非常实，以"心"观天，以"性"成人，故"此心光明"。但有学者指出，这种"虚神性"或"无神性"之"心性"内在却也是人们理解儒教"宗教性"的一种可探之途径。在西方思想家康德对"宗教性"的理解中其实也包括两维，一是"头上的星空"（天）这一超然之维，二是"心中的道德律"（心）这一内在之维。因此，从儒教的"心性"来思考、理解其"宗教性"，或许在中国宗教认知中可以另辟蹊径而且曲径通幽？其结论尚不得而知。但这些问题的探究说不定也能够带来我们在理解宗教本真上的突破，甚至可以促使我们重新构建我们中国宗教学自己的历史体

---

① 邹昌林：《中国礼文化》，社会科学文献出版社 2000 年版，第 566 页。
② 同上书，第 570—571 页。
③ 同上书，第 566—567 页。

系、知识体系和话语体系。这至少是可以探索、开拓和商榷的。

不过，对于致力于"返本以开新"的当代儒家之精神性而言，儒家的精神修养不仅会培养出"博学而笃志，切问而返思，仁在其中"的"圣人"——尽管新儒家在当代的处境乃是一个"没有圣贤的时代"，而且"仁学"本身作为"圣"学，也会反映出人的终极关怀和追求。这是因为，中国儒家精神修养的目的仍是要"究天人之际"，其本质即分析、解决人与终极实在的关系问题。虽然问题较虚，但问题意识却是明确且强烈的。而对"终极"之追问，则已具有了"外在超越"的姿态和准备。实际上，这种追问本身就已打上了"宗教性"的烙印，而不只是一种哲思或伦理实践。儒家精神修养所追求达到的"仁"德乃有"圣"和"爱"两维，其"圣"即"朝向神圣"，为超越性、终极性追求，而其"爱"则为"仁"的现实性、参与性践行。但这种"圣"与"爱"的有机共构尚不十分明显、清晰，因而使人容易忽视"仁"的超越之维。新儒家因过于相信"心性"之学而只寄希望于"心性"的向上运动，并不考虑"神圣"之维的向下运动，故而没有"神灵"的降临或"神启"对人的昭示。这种单向性运动显然有其或然性、随意性、不确定性和冒险性，因而也让人怀疑其宗教性，感到其终极关怀的缺失。对此，基督教中的"圣爱"与"人爱"之互动、超然与内在之呼应，以及其终极关怀对现实关怀之指引、监督，或许能为今天儒家精神性的复兴与革新提供某种启迪和借鉴。"以超世之心态做入世之事业"，"生活在这个世界，但不属于这个世界"；这些乃基督教文化意识中经常表达之话语。当然，儒教中的"心性""内在性"是否就与宗教本质根本无缘，是否乃另一维度、不同层面的宗教思考，这也仍然是值得我们认真讨论和深入发掘的"中国问题意识"。

（原载《世界宗教文化》2010 年第 1 期，本文有删改。）

第五章

儒学文化与中国知识分子精神

在中华文化传统中，儒家思想铸就了以"士"为标识的中国知识分子，成为中国精神的重要代表。儒学文化有着浓厚的现实关切情结，以"天下"大事为己任，从而使儒家本有的"敬天"这一超越精神落在实处、接上地气。所谓儒教的这种"内在超越"如果没有一种"超越自我""洞观天地"的"天地境界"和博大情怀，则很难真正做到"内在超越"。因此，儒学文化的超越精神是内外打通的，在经历复杂历史变迁的现实社会中由中国知识分子以其精神、抱负、责任、使命及其身体力行而顽强展示出来。基于这一认知，本文尝试对中国知识分子的人生境界加以剖析，由此窥探儒学文化在中国社会精英中的灵魂作用。

儒学文化已经浸润至中国人的骨髓之中，尤其体现在中国文人的气质、精神、境界、抱负、行为、举止上面。这种人文精神虽然经过时代风雨的吹打、政治历史的折磨，却一代一代顽强地传袭下来，并在各种社会处境中得以突出的展现。在一定意义上，儒家精神境界已经成为中华文化之魂，其思想要素亦以成为中国知识分子的"潜意识"。我们今天开始理直气壮地提出要继承、弘扬中华优秀传统文化，那么就必然要解决正确分析、评价儒家文化在中华文化整体中的地位和作用问题。其实，尽管儒家文化有某种历史的局限，但从整个中华文化的历史进程来看，可以说儒家文化在约两千年的中国历史发展中，起到了最主要的

"潜在的精神力量"之作用，使中华文明得以自立于世界文明之林，让中国历史没有中断地延续至今。而在这种中华文化及中国社会持久且艰难的保存和延续中，中国知识分子忍辱负重、牺牲自我，发挥了极为关键的作用。

受儒家文化的影响，中国知识分子对己要求"修身养性"以达洁身自好，在外则强调"精忠报国"的政治责任和使命，为此而实现"舍小我""为大我"的价值理念和社会担待，由此形成了中国"仁人志士"的使命、责任、义务，而且有着随时准备为其精神理念和国家兴盛付出"舍身成仁"之代价的气魄。

儒家文化有着浓厚的现实关切情结，以"天下"大事为己任，从而使儒家本有的"敬天"这一超越精神落在实处、接上地气。以往人们比较注意儒教的这种"内在超越"，而且将之视为没有宗教性的证据，但如果没有一种"超越自我"的人生境界，以之"洞观天地"，从而呈现出"天地境界"，是很难体现并真正做到"内在超越"的。因此，儒学文化的超越精神是内外打通的，既有自立于天地之间的博大情怀，又有经人间风雨而本性不移的刚毅风骨。中国知识分子以其特立独行的精神、抱负，忧国忧民的责任、使命在极为复杂的历史变迁中奋力迈进，在多有磨难的现实社会中顽强拼搏，留下其感人精神和人格魅力。在强调"内圣外王"的儒家精神熏染下，一方面，普罗大众要求知识分子应有人格修养的功夫、应该与众不同，这就使其注重内在的德性涵养和外在的琴棋书画技能，在塑造人们的文化素质、精神气质上作为楷模；另一方面，中国社会对政治忠诚的呼唤则要求知识分子必须挺身而出，为国分忧，在治国安邦、长治久安上有其作为。这样就铸就了以"士"为称谓的中国知识分子群体及其人格特性。这种"士"乃以"天下"为己任，将坚持真理视为"替天行道"，以及"士为知己者死"的气魄。由此，就有了中国知识分子"舍身成仁""精忠报国"这种可歌可泣的英雄壮举。

在儒家对中国社会阶层的理解中，中国社会之人是有其等级的，大致有"庸人、士、君子、贤、圣"这样五等人，其中"士"有一种适中的定位，可以避免"庸人"之堕，守其"君子"之位，力争"圣贤"之境。这基本上就是中国知识分子的社会定位。因此，在中国政治文化传统中，读懂其社会中的知识分子至关重要。

本来，"士"在中国文化语境中有较广的涵括。在为政方面有"谋士""策士""察士"，在用武方面有"勇士""战士""壮士"，在学术方面有"儒士""学士""博士"，在宗教方面有"术士""方士""教士"，在仕途之外则有"游士""侠士""隐士"等。总之，中国的"士人""士大夫"阶层多指读书人或有一定学识及专长的知识分子，通常受过相关训练或有着一定修养及某种技艺。与中国的"士"相比，西方中世纪贵族文化中也曾出现过"骑士"阶层。骑士亦有专门的训练，或从小就读于骑士学校，掌握了游泳、投枪、击剑、骑术、狩猎、弈棋、诗歌这"骑士七技"，并培育出忠君护教、保护妇孺、锄强扶弱、英勇善战等"骑士精神"，这种精神使身为骑士者必须具备谦卑、荣誉、牺牲、英勇、怜悯、诚实、精神、公正这八大美德。当冷兵器时代结束后，西方的骑士精神则逐渐转化为"绅士"风度，其对礼节、风度、气质、举止、涵养、优雅的讲究，比古代骑士又多了一些"文气"，从而被视为西方现代文明生活中男人的基本人格准则。而中国古代知识分子之"士"起初多为"士无定主"的"游士"，但其"天下"观和使命感往往会使他们找寻一种政治的依附，故此使"士"通常会依附于"政"，从而则有了"皮之不存、毛将焉附"的命运。这样，对中国之"士"的理解不仅包括其琴棋书画、诗赋曲艺的修养及才艺，更是有着与国家政治的密切关联。这样，作为中国知识分子的"士"，就很难免去其政治上的担当和意义，形成了"士"具有社会责任和历史使命的中华文化传统。

"士"的使命感和责任感使之具有一种"国家兴亡，匹夫有责"的积极有为的社会参与姿态，将"为天地立心，为生民立命，为往圣继绝学，为万世开太平"作为其政治信仰和抱负。在"士"的践行中会充满政治热情和激情，甚至可以舍弃一切，如孔子为"礼崩乐坏"而奔走呼号，不怕落得"丧家犬"的下场，屈原为国家破灭而投江殉国、因此浩气永存，谭嗣同为社会变革流血牺牲、践行其舍身成仁。由于"士"多具有其思想和人格的相对独立性，会站在超越其社会及时代的高位，故而虽有可能因遇明君而为"国师"、成幕僚的幸运，得以入仕为宦、一展宏图；却也会因其阳春白雪、不愿流俗而往往和者甚寡，怀才不遇，只能特立独行，其思想、见地不被重视或采纳，最终成为孤独自表、孤芳自赏之论，留下千古遗憾。有时其会为国家、君王之忠而忍辱负重，虽命运多舛却仍在这种苦涩中保持其苦恋，体现"士"之韧性；有时则因坚持真理及自己所持守的理念而不惧权贵，决不妥协，保持"士可杀而不可辱"的气节。所以，"士"在中国历史政治中有着极为复杂的卷入，其命运的不同亦极富有戏剧性。无论是入仕、还是归隐，"士"在中国社会中的政治性、思想性和文化性都极为明显和独特。

"士"的社会努力乃循序而为，注意其阶段性和逐渐发展、提升，即有着"格物、致知、诚意、正心、修身、齐家、治国、平天下"的先后次序和循序渐进的步骤，亦有着"先天下之忧而忧，后天下之乐而乐"的境界。不过，在错综复杂的中国政治氛围中，"士"在政治上作"忠良"时亦形成了其"中庸"、稳健、淡定的气质，强调"淡泊以明志，宁静以致远"，"不以物喜，不以己悲"，有着"穷则独善其身，达则兼济天下"的冷静，而且因吸纳佛道思想故此也能有"水穷云起""退一步海阔天空"的自我解脱。"士"主张其内在功夫和外在功夫的有机结合，恰如孟子所言，只有"存其心，养其性"，才能"事天也"。以这种"事天"、达天下太平为政治追求，"士"对自身故有严格要求，不仅有着政治上的"克己复礼"，而且也在生活上追求"洁身自好"，注重修行养性。

这种中国知识分子在其政治传统中舍"小我"、为"大我"的奉献，进而体现为中国人的集体意识、团队精神。其政治理念亦与中国传统的"家""国"观念密切关联，源自儒家传统"克己复礼"的政治哲学和"忠贞孝悌"的道德哲学原则，由此形成在家孝顺父母、为国忠于君王的"绝对命令"，并成为维系中华社会秩序的政治信仰。

中国知识分子在其传统的政治关注上一方面有着其"中国"观和"天下"(世界)观,为此旨在推行一种社会"大同"的信念;另一方面则有其社会秩序观,为力挽"礼崩乐坏"的颓局而要"克己复礼",旨在恢复礼仪之邦的"仁政"。为了这种使命,儒家文化"修、齐、治、平"的责任观遂得以凸显,以知识分子为主体的"士"则是这一责任及使命的主要担待者,旨在"替天行道"、达天下太平。

"中国"与"天下"观念是发展变化的,这反映出古代中国人对其国家与世界的自我认识之扩展。《孟子·滕文公章句上》记载:"当尧之时,天下犹未平,洪水横流,泛滥于天下……兽蹄鸟迹之道,交于中国,尧独忧之,举舜而敷治焉"。此处"中国"乃指尧舜居住之地,而"天下"则为今日"中国"之意。由此,"中国"具有中土、中间、中央的寓意,因而亦有"京城""国都"之称。《诗经·大雅·民劳》之"惠此中国,以绥四方",《论衡·刺孟》之"我欲中国而授孟子室,养弟子以万钟"等皆"京师""京城"之意。由于古代华夏族的核心地位,其所居中原地区及在此建立的政权亦有"中国"之称。如《战国策·秦策三》载,"今韩、魏,中国之处,而天下之枢也"。《史记·孝武本纪》称"天下名山八,而三在蛮夷,五在中国"。

与"中国"的表达相对应,"天下""四海"则有现代意义上的"中国"蕴涵,因为当时的世界观很难超出这一视域之外。前面所论及的"天下"和《书经·大禹谟》中"皇天眷命,奄有四海,为天下君"所言之"天下"及"四海",才是远古真正的"中国观"。故此方有《论语·颜渊》"四海之内,皆兄弟也",以及《史记·高祖本纪》"且夫天子以天下为家,非壮丽无以重威"之言。中国古代的政治信仰提倡一种"天下为公"的理念,视此为"大道"通行的标准。在此的"家""国"观念亦极为鲜明,"家"为"小我"之"私",而"国"方乃"大我"之"公",形成中国自古至今一脉相承的强烈且独特的"集体"意识。

这里,只有"天下为公"才可实现社会"大同",这种向往、追求"大同"的政治信仰也是要超越现实状况的努力,其政治理想的实现乃朝向未来,尽管人类在此可能会以"怀旧"的方式来表达,如相信远古社会曾有一个"路不拾遗、夜不闭户"的"黄金时代",而现在却已失去,故而应努力将之恢复等,其实质却仍然为一种"未来"观。未来理想社会是对于现今社会而言,在一定程度上表达了某种对现实的不满、失望和否定。不过,中国政治理念也是中庸、温和、不走极端的,因此并不会放弃对其现实处境的改进、提高。如作为"大同"思想之源的《礼记·礼运》如此对比说,"今大道既隐,天下为家,各亲其亲,各子其子,货力为己,大人世及以为礼,城郭沟池以为固,礼义以为纪,以正君臣,以笃父子,以睦兄弟,以和夫妇,以设制度,以立田里,以贤勇知,以功为己,故谋用是作,而兵由此起,禹汤文武成王周公,由此其选也,此六君子者,未有不谨于礼者也,以著其义,以考其信,著有过,刑仁讲让,示民有常,如有不由此者,在执者去,众以为殃,是谓小康"。

"小康"基于"家",而"大同"则为"公",乃"天下"境界。"大道之行也,天下为公,选贤与能,讲信修睦,故人不独亲其亲,不独子其子,使老有所终,壮有所用,幼有所长,矜、寡、孤、独、废疾者皆有所养,男有分,女有归。货恶其弃于地也,不必藏于己;力恶其不出于身也,不必为己,是故谋闭而不兴,盗窃乱贼而不作,故外户而不闭,是谓大同。"(《礼记·礼运》)这种"大同"社会的政治信仰对中国历代统治者和知识精英都深有影响,尤其在近现代中国变革时期屡被人提及,如康有为的《大同书》、孙中山的"天下为公"思想等,都是这种探究的明证。当形成以汉文化为主、涵括各少数民族文化的华夏文化之后,古代中国的概念就扩大为现代意义上的中国,而天下则有了世界之蕴涵。

中国古代王权政治主张一种"礼""乐"文化,强调在"普天之下,莫非王土,率土之滨,莫非王臣"的中国要维系一种"君为臣纲,夫为妻纲,父为子纲"的社会等级秩序。这种观念是中国社会"忠""孝"思想的根基,"孝"为中国社会家庭关系之纲,故此而有今天中国的"孝文化"传统;"忠"则是中国社会政治关系之纲,由此而有中国"忠君""报国"的政治文化传统。其中"孝道"乃"尽忠"的逻辑前提和认知基础,只有在家打好尽孝的基础,才会自觉实现对"国家""君王"的"忠诚",二者所持守的基本原则即乃"诚信"原则。中国古代"家"与"国"的观念有着密切联系,因此才会"国家"合称。对于个人而言,"家"乃其"小家","国"则为其"大家",所以形成了舍"小家"为"大家"的社会秩序,从"保家卫国"可以到"舍家为国",国家利益高于一切;当"忠""孝"不能两全时,也理应舍"孝"守"忠"。儒家传统的"家""国"观念,成为中国知识分子社会践行时的重要参照和"绝对命令"。

不过,中国古代封建君王也容易以"国"为"家",在"朕即国家"的观念中或是以爱护家庭那样来"治"国,但多为"据国为家"那样腐化"败"国;而当对"国"的忠诚转为对君王个人的忠心之后,这种"忠"也可能会异化为"愚忠"。对此,中国知识分子的心情则非常纠结、复杂,其行动的步伐也会举步维艰、十分为难。一旦社会出现了"礼崩乐坏"的局面,国家就会陷入动乱之中,政权亦有可能发生更迭。在这种社会秩序的维系中,大致有"礼""仁"两维,其中"礼"乃客观性的,针对社会,即人们必须遵循的社会规范,所以要用"法"来保障;而"仁"则是主观性的,针对个人,基于人的教育训练和道德修养。基于中国社会高于个人、集体重于私己的原则,"仁爱""仁政"必须为社会秩序之"礼"服务,所以才有"克己复礼为仁"之说。这也成为中国人政治文化的重要原则,并使中国人具有超强的自我克制能力。这种特性在中国知识分子身上得以保留和延续,也成为我们今天重新认识中国知识分子的一个重要参考系数。在一定程度上可以说,中国知识分子在维系中国社会历经千年而无根本变化之"超稳态"结构上起到了重要作用。但同样是知识分子在破坏一个旧世界、建设一个新世界中也起到了先锋作用。为此,要了解中国现实文化及社会精英的秉性,深入探究儒学文化及其铸就的中国知识分子精神,自觉意识到中国传统影响下其本身存在的弱点和需要改进的方面,在中国文化重建及其复兴的当下或许也就有着极为独特的意义。儒家精神乃中国"士文化"之魂，这种精神究竟是普遍性质的宗教精神还是中国特色的信仰精神，故需认真研究，有待准确说明。中国社会复兴的真正可能性及可行性在于中国的文化复兴，而中国知识分子对于这种文化复兴则义不容辞。从我们深厚的历史文化积淀中，显然应注意到中国儒学文化中的这种知识分子精神，而中国当下及未来的文化复兴在很大程度上也寄希望或根本依存于其知识分子的积极参与和担当，在于这种中国知识分子精神的复兴和更新。

（本文最初为2014年在"马来西亚国际儒联学术研讨会"上的主题发言）

第六章

儒教研究的意义及必要

儒教是不是"宗教"?作为"宗教"的儒教曾以何种形态来存在?是作为"国家信仰"的"国教",还是作为"民间信仰"的社区宗教来呈现其生存形态?儒教在当代中国社会中还能否重建以及如何来重建?"儒教""儒家""儒学"之间究竟是什么样的关系?这些问题是中国当今学术界所关注的重要焦点。它们涉及对中国文化特性的认识,触及中国文化本真有无"宗教性"的敏感话题,关涉今天"国学"讨论中对"国学"的真正理解,同样也与今天中国文化的重建与弘扬,以及应该如何来实施等密切关联。随着"孔子学院"以上百所的规模在世界各地得以迅速建立,随着"孔子"形象的重塑,"儒"与中国文化则已重新成为人们回避不了的问题。聚焦这些问题,中国社会科学院世界宗教研究所儒教研究中心与山东大学犹太教与跨宗教研究中心和首都师范大学儒教文化研究中心曾于2009年10月共同在孔子的故乡山东组织召开过"多元视域下的儒教形态与儒教重建学术研讨会"。鉴于社会各界对儒教的关注和种种评议,这一研讨会对不少热点问题都有着积极的回应,提出了许多建设性的思路,因此其现实意义和学术价值乃不言而喻。

对于儒教或儒学,笔者本无"专攻",因而也就不具备任何"话语权"。但作为中国的宗教学者,笔者时常琢磨美国宗教学芝加哥学派代表人物伊利亚德关于宗教乃"人类学常数"的名言,以及国内学者对此的回应及评说。从对儒教"宗教性"的理解及分析，笔者感到中国不应该是没被涵括在这一"常数"之内的另类。反观中国历史发展及中国民众信仰状况，笔者认为中国文化传统也应该与宗教相关联。

儒教是不是宗教，中国有无宗教，这在20世纪之前中国人的认知中本来不成问题，人们对儒、佛、道并列习用也基本上认同，其"三教"共识并没有单独将儒教从宗教中剔除而仅认为佛、道为宗教。由此而论，"新文化"运动时期梁启超等人关于中国"无宗教"的断言则过于武断和绝对，并不符合中国历史文化的现实和常情。其观点乃当时政治发展形势使然，并没有认识论上的深思熟虑。当时主张中国无宗教或不需要宗教的思想家基本上没有从学理上深究和理解宗教的意义，而多为从当时中国政治发展的考量来表达其破旧立新的激情。如曾风靡一时的口号"以美育代宗教""以道德代宗教"和"以哲学代宗教"却没有考虑各自的不同及能否代替。其结果，"新文化"运动在破坏旧文化时彻底否定宗教，使没有宗教的中国传统文化难有根基，而新文化却并没能顺利建立起来，美育、道德和哲学对宗教的取代亦没有出现。在20世纪中国社会革命、社会重建时期，人们没有充分的时机来深刻思考这一问题，但中国宗教多元存在的局面却更为复杂，而中国传统文化的本真则更加模糊。文化真空的出现，文化自我的失去，已成为当代中国人十分担心且担忧的现实。在今天中国经济发展、国力强大之后，人们开始重新关注中国的文化问题，以寻找中国社会可持续发展的精神动力。于是，人们重新讨论儒家文化，也开始重新思考其与宗教究竟是何关联的问题。

其实，如果坚持中国确有代表自己文化传统的宗教，那么这类宗教则非"儒""道"莫属。对"儒""道"二教"宗教性"的认知，实际上也关涉中国人的文化自知、自觉和自信问题，是对中国文化自我意识的反观、反省及反思。在当前中国社会舆论中，或是把儒教视为一种属世俗的社会关怀而不承认其为宗教，或是把道教的法术活动过于渲染而不将其看作宗教。而儒教、道教中博大精深的宗教精神蕴涵则深藏其中却不被人察觉和认知。实际上，一旦从宗教性来理解并界说儒、道，那么中国人有无宗教与伊利亚德所言"人类学常数"有无关系，也就都不再成为问题了。对于这种内涵小、外延大的"宗教性"，在当下中国似乎仍然还没有得到深入的讨论。人们仍然注重从社会组织形态、社会群体活动的宗教表层存在形式上来观察宗教、界定宗教。于是，儒教的"入世"性、道教的"弥散"性，使之在中国人的眼里都不太像宗教。

　　从儒教"宗教性"的理解出发，"儒"的原初意义乃与"水"相关，可以追溯到远古时代中国人的"求雨""沐浴"活动。章太炎先生认为"儒者""本求雨之师"，而且早在孔子之前，"儒有澡身而浴德"之蕴涵就揭示出了其宗教的本真意义。老子在论"水"时有过"上善若水"的经典名言，这也使笔者联想到"亚伯拉罕传统"宗教之初的犹太人所信奉的绝对一神"耶畏"（耶和华）在其游牧民先祖的信仰中亦是"雨神"！从生命之源、洁净所依的"水"而引申出其宗教性和道德性，"儒"遂形成其"以道教民""以道德民"的宗教及伦理意义。由此而论，"亚伯拉罕传统"宗教（犹太教、基督教、伊斯兰教）和儒教都是突出其伦理性的宗教，"神威"与"德化"达到了并重。而"水"与人之宗教灵性的这种奇特关联，也在这种宗教比较中得到意味深长的印证。有学者考证，人类现存文明宗教基本源自三大宗教河系，即西亚的幼发拉底河、底格里斯河，产生有犹太教、基督教、伊斯兰教、琐罗亚斯德教、摩尼教等；南亚的恒河、印度河，产生有吠陀教、古婆罗门教、印度教、佛教、耆那教、锡克教等；东亚的黄河、长江，产生有儒教、道教、各种中国民间宗教，以及受此文化影响的日本神道教等。于此有一值得玩味的历史现象，即所有这三大河系及其宗教都存在于亚洲，随后传播、发展到全世界。中国作为亚洲的第一大国和唯一传统文明没有中断的古国，说其无宗教或无宗教性，似乎很难说得过去，也根本不符合中国的真正国情。实际上，中国宗教就有着"水"之禀赋，一方面有着"上善若水"的高尚，另一方面则有着"海纳百川"的低调，这种"以柔克刚"在包括宗教在内的中国文化中表达得淋漓尽致。

　　世界宗教的东方色彩，使人们重新把关注力放在亚洲，除了其无从考证、证明的神明形象之外，一般公认具有最大宗教影响力的人物只有两位，一位是中国的老子，基于其对"道"的阐释；一位是印度的释迦牟尼，基于其对"佛"本意之觉悟。而在对中华文明情有独钟的"自爱"舆论影响下，一些人已把世界一切文明之"源端"都归为中国，于此释迦牟尼所属的释迦族及其存在地域也被认为处于本属中华文化范围的"汉藏语系藏缅语族民族文化"地区。这样，世界宗教领域中两位最有影响的人物被认为都属于"中国"，而中国的主流观点却认为中国根本就没有宗教，二者的反差及张力显然太大。其实，认识中国有无宗教、宗教对中国国民影响究竟有多大的一个关键因素，就是对儒教的理解及其对儒教宗教性的基本界说。实际上，宗教本有多种模式，涵括建构性和弥散性、彼岸追求和今世努力、超越之维和现实使命、终极神圣和社会圣贤等。儒教以其现实关切和追求圣贤的入世境界而与其他类型的宗教有所不同，但这种差异性并不足以将儒教根本排斥在宗教之外。不过，承认儒教是宗教的学者在对其宗教形态的认识上也仍然存有分歧。以往多从汉武帝受董仲舒影响而"罢黜百家，独尊儒术"来看待儒教，视其具有"国教"形态，认为是统治者"神道设教"的产物，而且还由此形成了具有中国特色的"政教合一"体制。一些学者特别强调儒教作为国教而与中国封建统治者的密切关联，并认为儒教还建立了以孔庙（文庙）、儒士为代表的教团组织，从而构成其体态完备的宗教。而真实的情况是，中国历史并没有完全掌控国家的"国教"，甚至儒教也并不具有国教的性质，而乃依附、屈就于国家权威之下，属于一种"政主教从"的政教关系。而针对这种对儒教组织形态的强调，另有一些学者则坚持不存在作为"宗教组织"的儒教，更倾向于认为中国历史上曾有过一种宗教组织形态淡化、但"宗法性强烈"的"宗法性传统宗教"。对这种宗教与中国古代封建政治的关联之描述，则可以看出其所言实乃反映出所谓儒教存在之"实"。

值得指出的是，上述"多元视域下的儒教形态与儒教重建学术研讨会"的组织者之一卢国龙等学者则独辟蹊径，不再从"帝王家神道设教"来看待儒教，而将目光转向民间、基层，从基层社区及其草根文化来寻觅儒教在中国社会中的基础性、根本性和本原性，指出现实历史中所存在的儒教乃"礼失求诸野"的产物，并且与中国基层社会有着密切、牢固的关联。作为上层"官教"的儒教已经灰飞烟灭、不复存在，而作为底层"民教"或民间信仰的"孔教""德教""文教"等秉持儒家思想观念及其道统传承的信仰存在却生动活泼、兴旺发达。这种见解的确使我们眼光一亮，得以关注作为宗教基础、生命力之源的基层社会，观察儒教在中国传统宗法社会及区域文化中的广泛传播和深远影响，由此悟出儒教对于中国传统社会及其文化的新意。在当今儒教重建的努力中，一些学者仍然只将其注意力放在建构形态的儒教复兴上，希冀很快能有组织性的儒教出现。而"求诸野"这一思路给我们带来的启迪，则是要我们更多关注中国基层社会儒教文化的恢复、儒教"读经"的影响、儒学书院雨后春笋般的兴办及其带来的基层社会建构的变化和由此而新涌现的基层社团及社区模式等。不少学者已不再纠结于儒教是否宗教的争论，而是走向基层推广"乡村儒学"的实践。这种儒教经典的研习和运用，正带来中国基层、民间社会教育及社会生活潜移默化的变化，这种"田野"儒教的萌生和发展，或许是我们在关注儒教复兴时更值得探究和思考的。

  随着时代的变迁，儒教无论从官方还是从民间都已经颇难"重建"。但这种努力和尝试并没被彻底放弃。例如，民间儒教的"变体"或突出儒释道三教合一的民间信仰，很有可能以一种普遍性的"大道教"和地域性的"三一教"之整合或文化"申遗"的共在形式，重新出现在中国当代社会，并逐渐形成"儒教"宗教层面再生或复兴的社会文化氛围。而与儒教的宗教性、祭拜性相关联的当今社会活动则还包括具有官方背景的祭奠孔子、黄帝、炎帝的隆重庆典，以及形成的相应节日活动等。因此，从政治及文化关联上，我们仍可从中国核心价值的重树、中国社会文化的重建上来考虑儒教重建的问题，分析其有无可能、应克服哪些障碍，以及需要走什么样的发展道路。

  可以说，当今中国学者对儒教的研讨已在不断深入和细化，既有对儒教历史的回顾、总结，也有对当代儒学或儒教复兴的观察、反思，当然也还会有对其未来发展及可能动向的前瞻、预测。这当然是一种开放性的研究，有着很大的潜力和发展前景。在此根据"多元视域下的儒教形态与儒教重建学术研讨会"所发表的论文和相关学者最新研究而汇集成的《儒教研究》文集，将会生动反映出当今中国儒教研究领域的关注热点和理论成就。希望我们能从当今中华文化使命及文明重建的高度来看待并推动我们的儒教研究，努力使我们在这一研究领域上能够持续不断地有突破、有创新、有惊喜！

（本文基于2011年为《儒教研究》所写序言而改写）

第二编 佛教研究

第七章

佛教与世界
——关于宗教与文化战略关系的思考

首届南传佛教高峰论坛的成功举办,有着重要的学术价值和现实意义。佛教在世界文明进程中起着非常重要的作用,是东方智慧的典型体现。而南传佛教更是以其悠久的历史、厚重的传承和丰富的积淀在整个佛教体系中举足轻重、意义独特,值得我们认真回顾、深入研究。佛教的历史及现实意义,就体现在其作为世界三大宗教之一而对人类文明产生了久远且广泛的影响,而且佛教是这世界三大宗教中诞生最早的宗教,有着最为独特的魅力,其对世界文化的贡献非常卓越、不可取代。佛教很早就为世界提供了较为成熟的文明宗教、人文信仰的典型模式,集中展示了人类信仰文明的特征、意蕴及其巨大的感染力。在佛教中,人们开始发见东方智慧的优杰,体悟神秘精神的深邃。在我们今天对世界文明的总结中,对于佛教理应浓墨重彩地描述,可以悠然无羁地遐思。其幽深、其博大,迄今仍让当代人类感慨、惊讶。

在中国宗教的传播及发展中,佛教则是最早传入中国的外来宗教,佛教使中国人在两千多年前就开始比较深入地了解世界文化、感受其他民族的精神世界和信仰生活。这里,我们得以获知宗教比较、文明对话的真谛及精髓。而且,佛教还是成功实现宗教"中国化"的典范,在中外宗教交流历史上,佛教是与中国社会文化结合得最为成功的,其重要见证就是佛教今天在中国社会中仍然是信众最多、影响最大的宗教;

佛教以其"依国主""创禅宗""传净土"等接地气的方式而得以在中国华丽转身,在政治、文化、民俗等方面适应了在中国社会及文化中的生存,并进而影响到中华文明的发展,为人类贡献出具有中国特色的佛教智慧和文化。由此,在中国文化的对外传播与发展中,佛教能够起到重要作用,代表中国宗教形象,可以说,中国化的佛教形态已经成为世界各族认识中国文化的主要形态之一。在这种互补互惠中,对于佛教而言,正是中国才使佛教真正发展成为具有广泛意义的世界性宗教,佛教已与中华文明水乳交融、不可分离。

具有世界精神和多民族文明特点的佛教在中国并不是孤立的发展,而是与儒、道等中华本土文化有着频繁且密切的交流及融合,这种儒、佛、道三教的圆融使中国文化的理学、心学、道学得以有机共构,拓展了中华文明的精神世界,深化了中国思想的哲理底蕴,提升了中国人信仰生活的灵性境界,中国社会曾有过"以佛治心、以道治身、以儒治世"的社会精神治理方略,三者之间有着积极的协调、配合及互动,从而为我们中国社会可能创立多元包容、美美与共的主导性共同体信仰奠定了坚实的基础。

从佛教对世界的作用、影响及意义,引发了我们对于宗教与文化战略之关系的思考。不可否认,在以往的文明冲突或文明对话中,宗教都曾起过非常关键的作用,佛教亦不例外,所以宗教在决定战争或和平的选择中都事关重要,甚至极为关键。必须看到,宗教作为人类文化的灵性资源和精神表述,有着使人类自我及其精神生活本身不断升华,以及促进社会和平共处、和谐美好的两大使命,这就形成了相关民族或国度的文化象征及文明传承。宗教的这种意义在当代许多国家和地区的社会存在中都仍然保留住了其代表性意蕴和核心地位。这一不争的事实,是我们今天思考并推行文化战略时必须要注意的。

宗教所关注的根本问题乃形而上之道和形而下之德,在宗教中,天地人、精气神、身心灵得以整体思维、通盘考量,是本体论、认识论、实践论(即道德论)的共在同构。就佛教所提供的精神资源来看,在形而上之本体论层面就有悟透天地本原之"梵",在主体认识论层面则有心性觉悟之"佛"和超越生死之"涅槃",而在社会实践之道德论层面也还有普度众生的菩萨之"慈悲"。同理,中国古代传统的宗教智慧亦曾强调"道之大原出于天""善于天者,必有验于人""人与天地相参也,与日月相应也""天地之大德曰生""天之在我者德也,地之在我者气也,德流气薄而生者也",道家及道教文化由此而"道""德"并论,相得益彰。具有宗教情怀的大科学家爱因斯坦在探究、体悟宇宙原动力、生命力时同样也在任何宇宙运行现象之后感觉到"爱"的存在,并以神明来表达这种宇宙的能源、生命的精髓。所以说,在宗教这里,科学与哲学、超然与自然是完全可以打通的,并无障碍或羁绊。仅认识意义上而言,宗教乃人类认知及把握世界的一种独特且重要的方式,表达出人类面对无限宇宙时的好奇、惊讶、想象和探索,因此宗教与科学就并非天然对立,宗教与哲学也没有必要绝对分殊。体认宗教的本真需要像爱因斯坦那样的慧眼,应有一种深邃、超越性把握,而不可简单、肤浅地认知,这一点对于我们中国人今天理解宗教尤为重要和必要。

在人类文化系统中,政治的奥秘在于以实力治人,经济的奥秘在于以利益诱人,而文化的奥秘则在于以心灵感人。宗教作为一种文化精髓,其奥秘就在于宗教不只是折服于无限并对之倾慕、向往、敬仰,而且也让人的思想觉悟、身体解放、精神超越,以超然、洒脱之境界来洞察大千世界,静观人世福祸,由此不以物喜、不为己悲,在觉悟中淡定,在透视中有为,走出自我,穿越时空。这就要求践行宗教者要不断超越自我、远离迷俗、止于至善,始终保持升华、真美、圣贤之态。同时,宗教作为一种社会群体的追求,则要促进人际和谐共存,善待彼此的合作、共融精神。在大自然中,没有两片完全相同的树叶,但满目树叶却可共汇为一片和悦的绿色。这就启迪人类各族在保持各美其美之际应努力实现美美与共的大同和共同。对此,当然需要宗教的积极投入,需要社会的包容,我们应让梦境与希望共织,使关爱与奉献同舞,致力描绘出人间大美的山水画,展示出社会共融的和谐图。我们今天在世界交往中谈到了"一带一路"这一关键词,其实"丝绸之路"的活力就在于人与人之间的交流、精神之间的灵动。

所以，我们在当今世界错综复杂的局势中要想守住人类可能共存的底线，争取宗教在世界和平中发挥其建设性功能，起到更为积极的作用，就必须解放思想，调整思路，做到整体思维、涵摄兼容。宗教的底蕴及本真乃是对人之慈爱和对己之超越，这种原则所指导的人际交往、社会交流应该是积极的、建构性的、共赢的，由此宗教的沟通和理解就可以帮助相关国家或民族及其不同群体铸剑为犁、变恨为爱、化干戈为玉帛，让人们走上和解之道，使世界有着和平发展。这种对宗教的充分肯定和积极引导，是我们合力共建人类命运共同体的基本前提和重要保障。显而易见，尊重宗教的政治是充满睿智的政治，包容宗教的社会是洋溢和美的社会，洞观宗教的科学是真正彻底的科学，善待宗教的民族是拥有信仰的民族。"人民有信仰，民族有希望、国家有力量。"今天，我们要理直气壮地弘扬宗教的正能量，发挥宗教的正功能，关注并推动宗教在文明对话中的参与，呼吁并促成宗教在民族和解、社会团结、国际合作、世界共存中发挥重要作用。中国作为正在崛起的新型大国，更应该鼓励和支持宗教深化并扩大这种在国际范围内的建设性对话、致力营造出人类友谊、世界平安的和谐气氛。宗教在当代世界新文明、中国新文化的构建中有着积极作用。我们应该发掘出宗教的这种潜力，让宗教以与时俱进的姿态进入当代社会，提供其智慧与勇气。对此，有着悠久而优秀传统的佛教理应当仁不让，走在前列。

（本文为 2016 年在"南传佛教高峰论坛"上的发言）

第八章

佛教在中外文化交流中的意义与价值

一 佛教的跨文化意义

佛教起源于公元前6世纪的古代印度，其创始人悉达多·乔达摩原为释迦族净饭王的太子，生于现在尼泊尔境内的迦毗罗卫，"释迦牟尼"是佛教徒对他的尊称。释迦牟尼的创教为当时印度宗教革新"沙门"思潮的主要发展，当时佛教与耆那教，以及哲学上的顺世论、生活派、不可知论派共同构成印度思想革新潮流，被著名哲学家雅斯贝尔斯称为古代"轴心时代"的几大文明崛起的代表之一。释迦牟尼于29岁出家，经6年苦行，在菩提树下沉思而获"觉"，于35岁创立佛教，在恒河流域传教。"佛"即"佛陀"（浮屠、浮图、浮陀）的简称，意即"觉者"，"成佛"即"觉悟"。"觉"意味着通过求知思索的过程而达到明心见性之境，"悟"则为洞观世界及自我之"大彻大悟"，既有"渐悟"亦有"顿悟"，这种人之所获"澄明之境"是释迦牟尼在人之主体认知、主观发掘上的重大突破和杰出贡献。只有悟透自我才能实现"舍我""忘我"之超越自我，所以人们后用"佛"作为对释迦牟尼的尊称（小乘），并扩展为亦包括一切觉行圆满者（大乘）。公元7世纪以来，大乘佛教中因有教派与印度婆罗门教混合而形成密教，其"显""密"之境既有神秘意蕴，亦有智慧知识。自公元以来，佛教传入亚洲各国，成为东方的世界性宗教之突出代表。其知识及智慧体系由此也突破印度文化之限，展示出其跨文化跨时代的意义。

　　佛教的历史及现实意义，就在于其作为世界三大宗教之一是其中最早的宗教，因而对人类文明产生的影响久远广泛，并成为东方文明最典型的代表之一，而佛教的主体性信仰意向也有着最为独特的魅力，其并不明示客体意义上超然之神的存在，而强调反观自我之觉，从而超出传统宗教有关"神"之有无之辩，对世界文化的贡献非常卓越、不可取代。佛教以其信仰体系及知识结构很早就为世界提供了较为成熟的文明宗教、人文信仰的典型模式，并以其对时间观念的凸显而与关注空间之在的宗教思维迥异，其永恒轮回之论、轮回中沉沦、升华之变亦有着时间辩证法的闪光思想，形成人类信仰文明中意识到流变而注重自我修行提升的特征，对世人体悟宇宙及人生产生了巨大的感染力。佛教的这种认知贡献也是跨文化的，让世界都能感受到东方智慧的与众不同，体悟神秘精神独辟蹊径而对人类的奇特引导。所以，佛教对人类的意义不只是信仰层面的，同样充满着知识和睿智。最近自然科学发展中关于全息知识、量子科学之论，其对宇宙的认识已经超越以往的时空之观，而与佛教的体认似有异曲同工、所见略同之境。其实古代宗教本身就包含着对自然的科学认识，虽然其表述模糊、神秘，却有着对宇宙奥秘洞观的独特直觉，其中有些认知会沉寂千年而无人知晓，却说不准会在未来的某一天而重见天日。例如，中国远古宗教认识中的阴阳之道曾形成《易经》八卦的二进位演算，在过去很长时期内人们只是把它视为算卦迷信之举而弃之一边，直到近代科学二进位发明者莱布尼兹等人注意到中国古代智慧这种阴阳推算的高深莫测、无比神奇，才出现了柳暗花明的变局。殊不知今天网络时代所用电脑知识的最基本原理正是这种被尘封了数千年的阴阳变算、正负推演。所以，决不可断然否定宗教与科学之殊途同归的某种可能。仅从佛教的知识体系来审视，宗教与哲学、宗教与科学绝非截然分离、毫不相干，这种情况尤其在具有整体涵容知识体系的东方值得我们要特别注意。

二 佛教对丝绸之路的开拓性意义

佛教的传播对于丝绸之路的开辟具有决定性意义，而伴随着丝路之旅，中国的"西方"观念也得以不断扩展、逐渐充实完善。历史上，中国西域丝绸之路因张骞西行执行西域外交的政治使命而得以开通，这标志着丝绸之路历史的真正开端，而其实质性发展就与佛教这种宗教的文化传播直接关联。佛教在古老印度文化土壤上成长起来后就开始往外传播，而佛教的东传和中国人"西天"取经，则使两千多年前的中外交通开始活跃起来，当时的匆匆过客跋山涉水，却铸就了文化历史的永恒画面、留下了再也不可磨灭的历史脚步和印痕。在中印丝绸之路的交往中，摄摩腾、竺法兰、鸠摩罗什、安清、安玄、支娄迦谶、佛图澄、觉贤、菩提达摩等印度西域之人乃自西徂东，带来了佛教文化，深入中华文明；而蔡愔、秦景、成光子、朱士行、法显、竺法护、智猛、玄奘、义净等中国学佛之士则穿大漠、历险境，由东往西去天竺取经，从此中国人开始有了较为明确的"西方"概念，而中国人印象中的这一"西方"最初就是印度。他们在那儿耳目一新，吸收到不少异于中华的各种文化元素。后来这条东来西往之路就以"丝绸之路"而著称，并成为今天"一带一路"国际合作及其跨界文化交流的最基本历史积淀。早期佛教传播需求而带来的丝绸之路上频繁的旅行，也是这一文明传播史上的基本内容。

中国人有着时空整体的古老观念，其空间想象则是天圆地方，中国则居中，但随着丝绸之路把中国人引出国门，其视域也大大开放，在思想观念上则有着根本性拓展。"西出阳关无故人"，但外面的世界很精彩。正是佛教的传入，中国人的比较文化观得以形成，以我为中、夜郎自大的封闭得以打破。丝绸之路带来了动人故事，也创构了神话想象，而唯识思维、因明逻辑也活跃了中国人的哲学观念、使宗教与哲学有缘，也使中华文化与印度文化达到深层次的交汇融合。正因为如此，许多人认为佛教在中国是哲理性宗教，是洞观世界奥秘的宇宙观，甚至感到其思辨要大于其神秘，所谓客观认知上的有神、无神之论在佛教中并不重要，其更多强调的是人之主体的心、性之觉，因此佛教的本质并非神道而乃悟道。而佛教经典的翻译，进而丰富了中国的语言文字，佛教传播所开辟的丝绸之路，在这种静态的经典辨识过程中则升华为思想沟通的精神桥梁。而且，陆上丝绸之路后又扩大发展出海上丝绸之路，佛教传播者及其取经者乃陆海兼程，其知识观、世界观都得以拓展、深化。

值得指出的是，起因于佛教传播交流的丝绸之路与宗教文化的关联，从中印文化扩大到中阿文化、中西文化，中国人最早乃通过印度宗教文化而间接认识到古希腊文化，由此也传入了真正西方（欧洲）的思想观念和文化艺术，中国人的"西行"则超出"天竺"之界而到了"大食""大秦"，不仅认识了东西方，而且在不断超越东西方。由于佛教的东传，早在古代就打破了哲学认知、思想信仰上的东西之别，而有着亚欧等洲的神奇关联。

三 佛教带来了中国文化的发展变化

佛教约于公元前 2 年传入中国内地，其在西域地区则有着更早的传播，内地佛教在南北朝（3—6 世纪）时期得到发展，并且完成了由"佛法为至上法"（印度佛教）到"不依国主，法事难立"的"中国化"转变；佛教在唐初达到鼎盛发展，并且开始出现根本不同于其印度本土的中国文化特色。在其组织建构及社会结构上，佛教在中国则形成了天台宗、三论宗、律宗、净土宗、法相宗、华严宗、禅宗和密宗等，由此与印度原始佛教渐行渐远。

佛教在中国促成了中国地域板块不同宗教色彩或教派文化的发展。在佛教的中国传播中，其北传佛教（大乘佛教）传入中国汉族地区，进而以其中国宗教文化特点而传入朝鲜、日本、越南等地。其南传佛教（上座部佛教）则传入中国傣族地区（云南），从而与缅甸、泰国、老挝、柬埔寨、斯里兰卡等地形成上座部佛教的特殊关联。而其藏传佛教（"喇嘛教"）则传入中国西藏、内蒙古等地，亦构成与北传佛教、藏区本土苯波教和尼泊尔佛教的多重结合,在中国藏区的佛教于14、15世纪出现了宗喀巴"黄教"革新,随之形成达赖(始于1578年,至今为十四世)、班禅(始于1645年,至今为十一世)等活佛转世的传承。佛教不仅在华独树一帜,而且在对外交往上在近现代又与传入欧美地区的佛教相联系,佛教1899年传入美国、1906年传入英国,1913年传入德国、1929年传入法国,今天这些国家中的佛教在很大程度上也得到了海外华人的支持,并形成与基督教及西方文化的密切对话。可以说,佛教给中国文化带来了世界视域,也在其世界传播中注入了中国元素。

佛教在中国形成了其根深蒂固的发展,而且目前仍为中国影响最大的宗教,有1亿多佛教徒或受其影响者;现有佛寺1.3万余座,出家僧尼20多万人,包括藏语系佛教喇嘛、尼姑约12万人,活佛1700多人,寺院3000余座,巴利语系佛教比丘、长老近万人,寺院1600余座。当代中国佛教的影响还走出了国门,形成世界范围的"中国风",中国佛教界自2006年起在中国组织了多次"世界佛教论坛",提出"和谐社会,从心开始","和谐社会,众缘和合"等深入人心的口号和理念。而其观音文化、禅宗文化等则成为非常重要的中国本土民俗文化。

佛教在中国独立发展且影响较大的主要有禅宗、净土宗等,特别是禅宗的辐射面广,深入人心。禅宗是中国佛教宗派之一,以禅修而闻名。禅宗主流比较主张顿悟法,要达到"见性成佛"之境,据传自其初祖菩提达摩祖师于6世纪始传,其特点是皆指人心,不拘修行。禅宗以参究的方法,彻见心性的本源为其信仰的主旨,既有哲理、更有心理,完善了中国文化思维中大于脑、具有整全意义的"心"观念,故此亦称佛心宗。传说菩提达摩在嵩山少林寺面壁9年之久,使少林寺有着禅宗祖庭之说。"时人有传,达摩面壁九年为坐禅修定,所以得道",虽然考证各种佛教传记或历史记载并无明证,仅得"面壁九年"这四个字,却有着口传之深信。菩提达摩下传慧可、僧璨、道信,至五祖弘忍下开始分为南宗惠能,北宗神秀,时称"南能北秀",真正的中国禅宗由此在历史上浮现。

若北南相比,北宗神秀是按其以往传统以"坐禅观定法"为依归,主张渐进禅法，以循序渐进的方式来渐修菩提，故被称为"渐悟"。神秀之偈"身是菩提树，心如明镜台，时时勤拂拭，莫使惹尘埃"为其生动写照。但南宗惠能大师却一反常规，主张"即心即佛""直指人心，见性成佛"，他以此为依归而不拘泥"坐禅""观定"与否，以这种直通方式而即成佛道，故有"顿悟"之称。他针对神秀之偈而认为"菩提本无树，明镜亦非台，本来无一物，何处惹尘埃"。敦煌本佛经载有两首惠能偈语：一为"菩提本无树，明镜亦非台，佛性常清净，何处惹尘埃"；二为"心是菩提树，身是明镜台，明镜本清净，何处染尘埃"。二者文字表述不同，但境界如一。这样，禅宗于此而有"南顿北渐"之分。惠能的弟子将其说教汇编为《六祖法宝坛经》（简称《坛经》），为禅宗思想的经典会聚。惠能后来回到韶州曹溪宝林寺（宋初赐名南华禅寺，故亦有禅宗祖庭之说）弘扬禅法，享有禅宗六祖之称。

这种禅宗在中国的出现，给人们带来了观念革命和思维革命，也使中国的养身修心之学获得实质性进展。"禅"以其超然、洒脱之境而成为真正的"养心"之学。禅在动、静之间呈现思绪流涌、心灵平定之境，人们以观禅、习禅而见世界、明自我，从局部把握整体，由瞬间洞见永恒，用禅之道而涵括、统摄大千世界、整全寰宇，从而让人因惊讶而感叹，由洞观而心定，朗现悟禅之态。这样，禅定、禅意就给人们的世界观、人生观、信仰观带来了新的睿智、豁达、超越。

习近平总书记根据佛教在中国的传播演化为例而生动、深入地描述了宗教文化交流的意义，指出佛教的"传入"与"传出"已经有了质的不同，其所推动的则是充满积极意义的文化交流："佛教产生于古代印度，但传入中国后，经过长期演化，佛教同中国儒家文化和道家文化融合发展，最终形成了具有中国特色的佛教文化，给中国人的宗教信仰、哲学观念、文学艺术、礼仪习俗等留下了深刻影响。"[①] 当然，佛教不是

---

① 习近平：《文明交流互鉴是推动人类文明进步和世界和平发展的重要动力》，此为2014年3月27日国家主席习近平在巴黎联合国教科文组织总部的演讲稿。见《求是》2019年第9期。

被动地为中华文化所吸纳,而是在中国文化土壤中得到了创造性、创新性的重生,从而得以形成具有鲜明中国特色的禅、净等宗,涌现出像惠能那样的高僧大德、思想导师、文化名人。显而易见,佛教传入中国乃是一种"双赢",既给中华文化带来活力,也使自身得以更新。

四 佛教以其中国化而推动了中国文化走出去

显然,佛教在与中国文化的逐渐磨合及最终融合中实现了一种再创造,这不仅使佛教自我升华、新生,而且使中国化的佛教得以更广远地影响世界。习近平总书记对之曾总结说,"中国人根据中华文化发展了佛教思想,形成了独特的佛教理论,而且使佛教从中国传播到了日本、韩国、东南亚等地"。[①] 此时走向世界的佛教已经充满中华文化元素。

这种佛教作为中国文化走出去较为典型之例,就是少林寺的当代发展及其作为。少林寺有南北少林之说,其中达到广远影响的是位于河南省登封市嵩山五乳峰下的北少林,因其坐落于嵩山腹地少室山茂密丛林之中,故有"少林寺"之名。该寺据记载始建于北魏太和十九年(495),是孝文帝当时为了安置他所敬仰的印度高僧跋陀尊者,因此在与都城洛阳相望的嵩山少室山北麓敕建而成。少林寺作为世界著名的佛教寺院,原初乃因菩提达摩在少林寺面壁9年之传说而被视为汉传佛教的禅宗祖庭,被誉为"天下第一名刹",在中国佛教史上地位显赫。鉴于历代少林武僧研创和发展出的少林功夫,以及历史上少林武僧与中国政治的关联,遂使之名气颇大。而其"天下功夫出少林,少林功夫甲天下"的盛名,使其在中国改革开放以后以"少林功夫"的方式走出国门,在世界各地开设少林武馆。而人们在修炼少林武功的同时,佛教信仰、"少林禅学"亦得以相应的跟进。我这次是从登封直接而来贵定,看到我们会场外写着北有少林寺、南有阳宝山之对比,这带给我们

[①] 习近平:《文明交流互鉴是推动人类文明进步和世界和平发展的重要动力》,《求是》2019年第9期。

的启迪是，佛教地方文化的发掘、弘扬、传播，其魅力无限、潜力巨大。而这也正是我们今天研讨阳宝山佛教文化的重要意蕴之所在。

佛教在中国结合中华文化而发展为一种宗教"心学"，其糅合哲学与心理分析而在"治心"上另辟蹊径、颇有建树，给人们提供了"放得下"的台阶，以"佛"理心，悟透尘世，为人之轮回提供了破恶之方、解脱之法。这种禅境的佛教颇得中国精英及下层民众的欢迎，不少人开始参禅，进行禅修，追求禅定。佛教传入后对中国的影响是多方面的，有人认为只因佛教的传入中国方有成熟的宗教，而近现代转型之际曾否定中国具有或需要宗教的著名文人如梁启超、梁漱溟等人后来都曾向中国人信仰需求上主张、推荐过佛教。胡适在开始研究佛教时甚至曾有过"中国文化之印度化"的感慨。中国社会思想发展史上曾有过"以佛治心、以道治身、以儒治世"的社会精神分工主张，儒佛道作为中国思想文化的本体，其中也只有佛教本是外来的，随之却能与本土的儒道平分秋色，其优杰、独特之处故乃显而易见。

佛教作为最早传入中国的外来宗教，使中国人在两千多年前就开始比较深入地了解世界文化、认识到自我的局限，并真正深刻感受到其他民族的精神世界和信仰生活，入其堂奥之中而有觉有悟、游刃自如。在中外宗教交流历史上，佛教是与中国社会文化结合最为自觉的，也是最为成功的，这虽然与佛教在其母土的霪沉有所关联，但最为关键的还是其面对中华文化时能自觉放下身段，故此使之迄今仍是中国社会中信众最多、影响最大的第一大宗教。在社会政治层面，佛教强调"依国主""敬王者"；在宗教发展层面，佛教以"创禅宗""传净土"等接地气的方式在中国改变自我、华丽转身；在认识论及世界观层面，佛教在空间之维的形而上之本体论层面，有着悟透天地本原之"梵"这一印度元素的发挥，在时间之维的主体认识论层面则有心性觉悟之"佛"和超越生死之"涅槃"，而其民俗、社会实践之道德层面还将这种时间理解发挥到极致，自我修炼而不拘一格，以死为界而面向积极的轮回，以此生不够而轮回的超越来确定生活的质量、生命的意义，为义舍生，在轮回中新生，从而将死亡哲学与生命哲学有机相连，在生活禅、人间佛上达到永恒，在面对复杂人生时有弥勒之大度和看破红尘之轻松，虽"难得糊涂"却洞察一切。此外，佛教在超越自我上也还有普度众生的菩萨之"慈悲"，彰显其大乘之成。

佛教以这种永恒轮回的时间整体观与中国传统的空间整体观有机结合，由此克服了西方思维、基督教信仰在绝对与相对、整体与局部、永恒与此生的分裂，在政治、文化、思维、民俗等方面使其适应在中国社会及文化中的生存，并参与和推动中华文明的发展。而在这种民俗文化、地域文化的培育中，则也见证了佛教在相关本土的文化多样性及创建创新性。由此，代表中国宗教形象的佛教也是多姿多彩、入乡随俗的，为地域文化特色、民族文化遗产提供了多种表达及留存。佛教在中国处境中真正发展成为具有跨民族、跨文化性的世界宗教，而且在融入、体现中华文明中不再与中国文化剥离，真正做到了水乳交融。这里，佛教在中国不仅体现出物质文明的价值，更是充盈着精神文明的价值。

总之。代表世界宗教精神和中华民族文化特点的佛教是中外交通的有机桥梁和平坦大道。佛教在中国代表了中国的开拓性、开创性和开明性，其在结合儒、道等中华本土文化时充实了自我，走向了世界。有着频繁且密切的交流及融合，这种儒、佛、道三教的圆融使中国文化成为多层次、全范围的有机共构，由此拓展了中华文明的精神世界，深化了中国思想的哲理底蕴，提升了中国人信仰生活的灵性境界。虽然宗教在以往的文明冲突或文明对话中曾起过非常关键的作用，但仍然需要洞观现实、与时俱进。从中国佛教我们所得到的启示是，宗教的多层面交流都应该以文会友，以化入世。这种意义及价值，我们今天仍然必须继续珍惜。而中华佛教文化的弘扬，则在于我们接地气、展特色，以独特的风采、与众不同的气质、浓郁的本土气息来感染世界、感动世人。正是为了这一目标，我们众多学者得以共聚贵定，同来阳宝山探宝审美。让我们大家齐心协力，以使中华佛教文化价值得以透彻体悟、积极弘扬。

（本文为 2016 年 9 月 25 日在贵定"阳宝山佛教文化论坛"上的发言）

第九章

佛教与当代中国社会文化

佛教在当代中国社会文化中的发展，是中国社会科学院佛教研究中心组织的"佛教发展研究论坛"所关注的核心议题之一。佛教虽然不是在中国社会文化中发源，却是在中国历史进程中获得了其具有世界影响的发展。对中国而言，佛教的历史意义，体现在世界三大宗教对中国的传播中，佛教是最早传入中国的，是与中国社会文化结合得最为成功的，也是在中国社会中信众最多、影响最大的宗教；此外，在中国文化的对外传播与发展中，佛教起到过重要作用，中国化的佛教形态也是世界各族认识中国文化的主要形态之一。对佛教而言，中国在使佛教真正成为世界性宗教的发展中起到了非常关键的作用，而在中国政府的大力支持和直接参与下，最近在中国举行的两次世界佛教论坛为佛教的当代复兴提供了重要机遇和动力，中国成为当今佛教兴盛最为壮观的场景，为佛教当代的兴旺发展起了主导作用。因此，可以说，今天佛教已与中国形成了一种极为特殊且引人注目的关系。那么，应该怎样来理解今天佛教与中国社会文化的关系呢？作为佛教研究领域之外的一个旁观者，笔者想谈谈如下一些尚不成熟但自己认为相对冷静的观察分析。

一 佛教在中国社会文化中的定位

鉴于上述佛教与中国的特殊关系和优越地位，中国政界曾有人在考虑宗教策略上的"扶本化外"（或"排外""堵外"）上将佛教作为"本"来扶，且身体力行、有过多种尝试。那么，佛教究竟能否作为中国文化之"本"呢？这一问题触及中国人的文化自知、自觉、自信和自尊的敏感领域。前段时间，当中国一些媒体把主要研究印度学的季羡林先生称为"国学大师"时，就已经引起了非议。一种反驳意见认为这种尊号只适用于将季先生作为"印度"的"国学大师"来看待，还有一种反驳意见则宣称除非中国文化的"扩张"已经"涵括"了印度文化，才可以如此称呼。其实，佛教的核心价值观和文化象征符号"佛""梵"等，都是源自印度文化。因此，佛教不是在中国社会文化中起源、发展，而只是从外"流"入了中国社会，"融"入了中国文化，它是开放性中国文化体系中的新鲜血液，但不是其本源的、原创的。

在中国历史上，由于儒教的强大影响及其作为本土文化核心代表而源远流长的发展，佛教并没有成为中国最主要的宗教、起到主流意识形态的作用。尽管有梁武帝四次舍身寺院为"奴"的故事，中国古代也不乏崇佛的皇帝，却也有着与之对应的"三武一宗"灭佛事件。中国古代统治者一般都主张"以佛治心、以道治身、以儒治世"，强调"治国不在浮图"，因此佛教在中国政治领域处于被边缘化的境地。这样，佛教在对待政教关系上形成了"遁世以求其志，变俗以达其道"的两种发展。前者以"隐居山林、不染红尘"为志向，重在宗教修行、经典译释，对政治采取回避、远离之态；后者则"变俗""入世"，从"讲政治"的角度来参与社会，逐渐形成今天"人间佛教"甚至佛教"世俗化"的发展。诚然，世俗社会会更多关注后一种发展，但佛教在此"达其道"乃以"依国主""敬王者"为前提，在遵守中国政治"政主教从"这一定式或游戏规则时，佛教在世俗社会中会有"帝师""国师"之尊，而一旦其想离政自立、一教独大，则不可避免地会遇到被"分其势""杀其力"的结果。封建帝王"出世"崇佛、"治世"用儒的态度并无根本改变。虽然近现代以来儒教的政治影响亦被边缘化，却也根本没有给佛教取而代之的机会。

由此而论，佛教并不具有中国文化之"本""源"的地位，在这一意义上以其先天不足而要逊于儒道。佛教在中国社会文化中的"无心插柳柳成荫"和"柳暗花明又一村"的意外成功，既应归功于其文化适应的灵活态度，亦应感谢中国文化本身海纳百川、有容乃大的开放胸襟。佛教在中国社会的繁荣发展，显然也在世界范围内弘扬了中国文化、丰富了中国文化，但佛教从古至今并没有能够单独地、为主地代表中国文化，也不能说佛教已经成为中华文化最为核心、本真的象征符号和精神载体。在近现代社会政治发展中出现了中华文化的巨大嬗变，作为其本原的儒、道传统已有其不可回避、颇为难言的尴尬。这是否能给佛教提供作为中国文化主体的机遇，仍很难说。这里，我们值得认真思考亨廷顿关于佛教与文明之关系的下述言论：他认为，佛教在印度作为本土宗教因为"没有在其诞生地幸存下来"而没能构成印度文明的基本因素；从公元1世纪开始，佛教在亚洲作为输出性宗教而传入中国、朝鲜、越南和日本等地，"在这些社会里，人们以不同的方式使佛教适应于和被吸收进本土文化（例如在中国适应于儒教和道教），并压制它，因此，虽然佛教仍然是这些社会的文化的重要组成部分，但这些社会并没有构成、也不会认为自己是佛教文明的一部分。……佛教实际上在印度绝种以及它之适应于和被结合进中国和日本的现存文化，意味着它虽然是一个主要宗教，但却一直不是一个主要文明的基础"。[①]从这一视角来看，佛教的积极参与和文化重建作用乃体现在其适应、融入和重构的意义上。佛教在其发源地印度并不处于主流文化的地位，故其在本土的被边缘化反而会使之在对外传播中更为积极和主动。

二　佛教与当代中国社会文化

应该说，在当代中国改革开放约三十年来的发展中，佛教在中国现

---

① ［美］亨廷顿：《文明的冲突与世界秩序的重建》，周琪等译，新华出版社1998年版，第32—33页。

被主流社会政治所认可的五大宗教中乃独树一帜，成为发展快、影响大、信众多、实力强的一大宗教，几乎有着独占鳌头的显著地位。除了五台山、普陀山、峨眉山、九华山这四大佛教名山之恢复、发展所形成的佛教文化存在及传播的气场之外，著名佛教圣地、名寺如浙江天台山国清寺、河南登封少林寺、陕西法门寺等亦形成了颇具规模的以佛教为特色的文化场景。这种以佛教寺院为核心的区域性发展值得我们注意，因为它在社会发展中有着重要作用。欧洲中世纪的城镇发展曾以教堂为中心，一般是先建起一个教堂，随之在教堂附近形成市场，为当地的经济中心，并在教堂附近建立市政机构（此后的市议会建筑），形成其政治中心。这样，以教堂、市场、市政机构三足鼎立为核心，开始向周边地区的辐射，由此发展出布局相似、大小不一的欧洲城市。这样，欧洲较为古老的城镇一般在市中心都有教堂，议会和市场并存，这些既是其城镇宗教、政治、经济的中心，又是其城镇发展的起点和中心。今天中国佛教寺院周边地区的经济、文化发展，颇值得我们对比、思考。当然，著名佛寺一般不建在城市或市中心，这与西方教堂的立点明显不同，但我们仍应关注佛寺周边的发展特色及其对中国社会经济文化的影响。

在当代中国佛教发展中，"人间佛教"倾向的发展显然要胜于"遁隐""修行"意向的发展。虽有改革开放三十多年的历史机遇和宗教积淀，佛教界学富五车、修养深厚的高僧大德、方家名师迄今仍寥若晨星，如凤毛麟角，尚未达其民国时期的景象。但以佛教为背景的社会活动家、知名人士却不断涌现，引起媒体、舆论的兴趣和关注。大体来看，佛教在当代中国社会文化中已有如下发展走向和嬗变：

一为以"宗教"促"文化"的"少林寺"模式。其特点是突出其宗教传统中的文化蕴涵和文化功能，尤其是"少林武功"普及、扩展的成功，使"少林"走向世界，"登台献艺"、办馆收徒，颇为兴旺和热闹。这一成功不仅"拉动"了地方经济的发展，也形成了对佛教寺院的"现代管理"模式，使人们似乎看到"文化产业"、企业"连锁店"的发展模式，寺院住持或与经济领域的 CEO 相似。尽管少林寺坚决否认这种CEO的类比，而且也曾竭力抵制对寺庙的商业兴趣以及相关的经济卷入，人们对这种佛寺等宗教"产业"的全新管理模式却并未简单否定，而仍在观察、研究。但总体而言是不认同所谓"宗教搭台、经济唱戏"之混搭。不过，人们对"少林文化"发展中突出"文化"、回避"宗教"的态度也颇有批评，而且认为在弘扬"少林"遗产中弘"武"有余、扬"文"不足，对其宗教传承的"禅宗"意境、文化之义的"少林学"之探究仍颇有缺失，故而希望在当代"少林文化"发展中对其宗教遗产不能"去有变无"，在其海外弘法时也应"动""静"结合，既有少林功夫，又有佛教禅定。此外，那种通过投巨资创办体现佛教理想的实验小镇来尝试从局部、地方来使"小国寡民"意义范围的社区达到宗教升华、社会平和的企图，也被视为具有"乌托邦"性质、不符合中国社会实际的尝试。因此，在小范围内宗教"办社会""促文化"这种佛教发展的新模式，正在面临其复杂的考验。

　　二为以"文化"办"宗教"的"灵山寺"模式。第二次世界佛教论坛在无锡灵山的成功举行，使"灵山"一举闻名，也使之成为世界佛教论坛的永久坛址。"灵山寺"本身并非中国佛教文化中的经典寺院，但其"灵山"一体的建筑群却闻名遐迩，尤其是其"梵宫"的金碧辉煌，其建筑、工艺的璀璨夺目，让世人感到"震撼"! 它作为佛教建筑艺术的杰作已成为当代宗教建筑史上的一大奇迹，在今后的发展中肯定会产生深远的影响。置身其中，笔者曾感受到了可以与梵蒂冈圣彼得大教堂媲美的那种壮观。这一文化景观将会成为今后中国文化史上具有"文艺复兴"艺术价值的重要场所。"灵山"作为太湖文化圈的重要标识而意义深邃，价值独特，其建筑及其布局有着恢宏、秀丽、庄严、神奇的宗教文化艺术特色，体现出圆融包摄、海纳百川的中华文化气魄，是自然景观与人文景观的有机结合。环太湖地区的苏州、常州、湖州、扬州和无锡等历史文化名城及其周边地区宗教历史悠久、文化资源丰富，尤其是佛教文化独树一帜。因此，太湖文化圈之文化呈现中的宗教乃其"点睛"之笔，值得好好发掘和巧妙构设。中国改革开放以来，许多企业家关注宗教，甚至出现了不少"老板宗教徒"，这在企业家信奉佛教、成为其"居士",甚至舍业"出家"之现象上尤为突出。信奉、关注佛教的企业家们的一大创举,就是打造佛教"文化产业",通过佛教文化蕴涵及其文化辐射而走"文化发展"之路,二者的内在关联或密切关系使人们对信仰文化有一种全新的审视。不可否认,这种宗教"文化产业"的发展模式在一定程度上也得到当地政府直接或间接的支持及参与,旨在打造和形成其意义独特的文化"名片"。因此,其会形成颇为巨大的规模,改变当地的文化生态。其发展特点是以其地方历史上曾有的佛教寺院或遗址为基础,以投入相应资金来使之"复活",达到"从小到大"甚至"从无到有"之效。这种"再宗教化"的指归并不在宗教本身,也不搞那种直截了当"宗教搭台、经济唱戏"的"毁教"之举,而是以一种文化眼光来重新审视其宗教文化资源,使之能为地方文化的弘扬而贡献力量及特色。企业界一般会恢复或重新修建某个寺庙(寺院),将之无偿赠送给当地佛教界来作为宗教活动场所使用,而不去干涉或利用其宗教活动;这种宗教的在场只是作为"点睛之笔",而其重点则是以其传统文化基础来发展系统、系列的地方文化产业,以其"宗教"为特色来形成其独特的文化品牌,扩大其社会影响、带动当地经济发展。经过历史上,尤其是"文革"中的"破"之后,许多地方的宗教景观乃荡然无存;而在过去的四十年中,这些地方的宗教场景又经历了奇特的复兴和更新,且"青出于蓝而胜于蓝",证实了"不破不立"的历史辩证法。可以说,这种小规模的以佛教为特色或为主的佛教文化圈正在形成。例如,以太湖为范围,无锡、扬州、常州、苏州等以点带面,佛教特色突出、气氛浓厚;除了无锡灵山大佛、梵宫之外,常州的佛塔、扬州的鉴真图书馆、佛学院等都颇为著名。当然人们亦以其地缘文化而感到自豪,致力于其发展,精心打造其品牌。扬州的老百姓就津津乐道当地出了宗教名人即古今两个大和尚:鉴真和星云。因此,从文化战略来看,"太湖文化圈"的未来发展及其作用与影响值得重视,这都需要我们有前瞻的眼光,尤其是应看到其鲜明的佛教文化色彩所可能具有的正能量。"太湖"若有一湖"好水",则能持有其"上善"的优势,给人带来"风景这边独好"的惊叹。现在其人流穿梭且让人流连忘返之势，已见证了其空前成功及未来的更大潜力。或许，这种发展视域还应扩大到对陕西法门寺地区、西藏拉萨和阿里冈底斯山等地区的关注，以自然景观结合人文景观，加以一种若即若离的宗教"灵气"，其鲜活、持久的发展乃不言而喻的。

三为争取回归修行律己传统的"俭朴"模式。对此，人们所强调的是宗教必须返璞归真，这对注重避世修行的佛教更是理应如此。必须看到，在当前经济大潮和商品社会的发展中，各种"世俗化"的表现正在侵蚀着佛教等宗教的身躯，使之在"流俗"甚至"媚俗"和"迷俗"中隳沉、嬗变。注重俭朴、强调戒律的佛教僧团在中国当代佛教存在状态中并不占主流，而且有其发展的困难和艰辛，人们对其能否持久亦颇有疑虑。不过，这种模式也提醒我们，在当代佛教的走向上也是多元的，不可忽视其他选择的存在及影响，这种强调"戒律"的佛教寺院在一些局部地区仍然有其影响，并吸引了不少人参与或注意。颇值一提的是，当年对中国社会文化有很大影响的文化名人李叔同出家，就特别选择了戒律严格、强调苦修的律宗，由此成为一代大师弘一法师。对于这种类型的佛教存在，我们当然也要对其原因、现状和未来态势作必要的深层次分析。应该说，对"人间佛教"所涉及的"人生""人本"层面及其核心价值，中国佛教界呈现出多种看法和见解。如何既不回避现代社会生活，又能保持其洁身自好，这也是当代佛教发展所面对的一大挑战。

由此而论，佛教与当代中国社会文化开始重新结合。虽然佛教还没有、而且在短期内也不可能形成全国范围的影响，其对局部、相关地区的社会文化影响却已不言而喻、不可低估。

三 佛教发展需要关注的问题

佛教在当代的发展、传播和交流，从总体来看乃处于平和之境，没有大的波折。不过，在"全球化"的时代背景中，中国大陆的佛教不可能"纯"自我性发展，而势必受到外界的影响和干扰，同样也会影响到外界。例如，中国台湾、中国香港及海外佛教对中国内地佛教有着明显的影响，台湾"人间佛教"实践，佛光山、法鼓山、中台禅寺、慈济功德会，甚至灵鹫山等佛教机构与大陆佛教界均有来往，星云、圣严、惟觉、证严、印顺、心道、晓云、南怀瑾等著名的法师、居士、佛教学者在大陆亦广有影响，在内地佛教信众中也形成了一定声望。必须看到，佛教全球化发展已是其新常态，佛教在其近现代传播过程中亦传入欧美国家，如其1899年传入美国，1906年传入英国，1913年传入德国，1929年传入法国等，形成不可小觑的海外佛教潮流。随着中国当前的对外开放，西方佛教亦与中国佛教形成某种双向互动。

藏传佛教的情况则更为复杂。2008年"3·14"事件的发生，一下子形成我们对藏传佛教的"问题意识"。在这一事件中少数喇嘛的参与，给以"和"为"尚"的僧侣形象蒙上了一定阴影，而流亡海外、有着所谓"诺贝尔和平奖"光环的十四世达赖喇嘛在这一事件前后的负面表现和印象，已使人们对佛教的政治关联及政治参与有所认识。在此，我们不得不再次思考达赖、班禅在藏传佛教及其传播范围内的宗教、政治、社会、文化"定位"，也必须高度重视和密切关注藏传佛教在境外、特别是西方的发展及其影响。这里，既有其政府高层在佛教问题上所表现的对华态度，也反映出其社会基层在佛教认识上的舆论导向。西方世界对藏传佛教和西藏的关注可以追溯到12世纪，在当时欧洲曾流传有信奉基督教（景教）的东方约翰王（称"长老约翰王"或"祭司王约翰"）率军西征波斯和米底等地，战胜了穆斯林军队，其在准备收复圣地耶路撒冷时因底格里斯河涨水而受阻后撤。这种传说使"十字军东征"屡遭挫败的西欧颇受鼓舞，西欧天主教为此亦派出传教士来东方传教，企图能与这位约翰王接触并使之皈依天主教"正宗"信仰。此间亦传说约翰王曾阻止成吉思汗蒙古军西征，由此引起双方激战。在马可·波罗的"游记"记载中，"长老约翰王"为早于成吉思汗的温克汗，即克烈部长王罕，成吉思汗欲娶其女为妻，遭约翰王辱骂，遂集军进攻约翰王，结果约翰王大败，殁于阵中。①此外，在这一时期西欧天主教东行传教士的记载中，亦有相似的描述。柏朗嘉宾论及蒙古军队在进攻"大印度约翰长老王国的战争"之后的回师途中曾来到并武力征服了"波黎吐蕃"，②此后有人将"波黎吐蕃"解释为"西藏"，视此为西方人论及西藏和藏民之始；但不少学者认为这种解释不对。③晚于柏朗嘉宾东行的传教士鲁布鲁克的威廉亦论及约翰王、西藏和藏文等。④这一时期的东行传教士中尤以鄂多立克对西藏（吐蕃）的描述最为详细，他在其东游录中曾有专节论述其地理位置及风俗习惯。⑤16世纪以来，耶稣会传教士自印度到日本、中国的传教之行，开始再次关注西藏，并有关于"博坦"（西藏的边地）、"震旦"的种种调查，甚至传开博坦民族的宗教与基督教相似的说法。17世纪耶稣会士安夺德最早到达西藏西部，在古格地区建立传教会。从此，西方社会形成约翰王的后裔属于藏族以及藏传佛教与基督教存有关联的说法。这种说法在一定程度上影响了西方民众对西藏的好奇，以及对藏传佛教的特殊关注，甚至一些欧洲学者也著书立说，对此加以肯定和坚持。支持者包括杜齐、霍夫曼、康兹、克利姆凯特、乌瑞等著名学者。乌瑞在其《八一十世纪西藏与聂斯托里派和摩尼教的联系》一文中就曾断言："鉴于宗教教义、概念和仪式上的某些相似之处，人们认定：摩尼教、基督教尤其是基督教的聂斯托里派与大乘佛教或西藏的某些宗教在历史上有联系。"⑥在西方当代精神发展中，不少人在对其传统基督教感到失望时则把其目光转向东方，尤其对印度教、藏传佛教情有独钟。20世纪60年

---

① 马可·波罗在其游记第一卷中有四、五章专论这一经过，但非严格史实。参见《马可·波罗行记》，冯承钧译，上海书店出版社1999年版，第133—145页。

② 《柏朗嘉宾蒙古行纪、鲁布鲁克东行纪》，耿昇、何高济译，中华书局1985年版，第49—50页。

③ 参见伍昆明《早期传教士进藏活动史》，中国藏学出版社1992年版，第30页。

④ 《柏朗嘉宾蒙古行纪、鲁布鲁克东行纪》，第235—236、253页。

⑤ 《海屯行纪、鄂多立克东游录、沙哈鲁遣使中国记》，何高济译，中华书局1981年版，第82—83页。

⑥ 以上论述及引文参见伍昆明《早期传教士进藏活动史》，第65—66页。

代，西方兴起"神智学"（灵智学），其中所推崇的一点就是在喜马拉雅山的修行体验和经历。20世纪70年代，西方流行"新时代运动"，再次出现东方神秘主义热潮，强化了西方社会对东方宗教尤其是佛教的神秘感。步入20世纪以来，西方社会生活的都市化、世俗化、科技化、现代化、使一部分人感到失望、厌倦，开始向往一种返璞归真、回到原初世外桃源般的生活，并形成较大的社会舆论和群众基础。在这种背景下，英国作家希尔顿利用一些在亚洲地区，尤其是在印度、尼泊尔和中国西藏传教的传教士报道、日记和拍摄的照片，于1933年发表了其作品《消失的地平线》。此书一下子就成为畅销小说，并于1937年由好莱坞拍成电影，风靡一时。书中突出了"香格里拉"（藏语"心中的日月"）这一神奇之地，以四个西方人在东方高原雪山之间神秘峡谷"蓝月谷"的奇特经历而触及一个神秘国度、梦幻之地、纯洁之巅，而且还以这一神奇的自然之景为背景来进一步在人文层面展示在此出现的东西方文明的神奇交汇、藏传佛教与基督教的和谐共存，从而回应并引入了欧洲中世纪和近代的相关传说。这样，西方社会及其民众对西藏和藏传佛教有一种独特的好感和关注，将之视为其心目中的"净土"，在其对东方神秘主义的好奇中占有重要一席；西方政要和媒体人士看到并高度重视这一舆论，他们"投其所好"的表态和报道进而也起到了推波助澜的复杂作用。因此，"3·14"事件后西方社会"一边倒"的现象并不一定就是西方政界和民众非要跟中国"过不去"不可，而是折射出上述宗教、文化及历史情结，从而形成与其政治立场的奇特结合。例如，英国现有藏传佛教信徒6万多人，法国也有上万藏传佛教信徒，有13座藏传佛教寺庙，约40个坐禅中心，美国也有约2万藏传佛教信徒，约50座藏传佛教寺庙，西方现在至少也出现有4个洋活佛，而且民众练习坐禅、瑜伽的热情亦很高，加上十四世达赖喇嘛四处活动及其负面作用，形成了关于西藏、藏族和藏传佛教不利于我们的海外报道及舆论。"3·14"事件之后，中国政府和学者尤其是研究藏学和藏传佛教的学者出访、办展、座谈，做了大量工作，使海外形势有所好转，但尚未出现根本改观，故而仍需继续努力。因此，藏传佛教在当今中国社会文化中如何定位、存在和发展,则已成为一个必须高度重视、认真研究的现实问题。

此外,佛教作为一种大众信仰在其社会阶层的分布上也出现了新的变化。由于许多企业家或老板的崇佛、信佛,以及佛教寺院香火的兴盛,佛教至少在部分富庶地区已逐渐成了"富人的宗教",多以庙门敞开、等待四方香客来朝拜等方式来扩大其发展,而其传统的农村、基层信众却逐渐被"访贫问苦""互帮互助"的基督教传道人所争取,其松散、自发的敬拜活动亦被"团契性"、组织性的"教会"查经、礼拜活动所取代,甚至在许多原本"清一色"的佛教信奉地区,现在也有了基督徒的身影,有其活动和组织,而在原来信仰专一或单一的佛教徒中间,正出现佛耶同拜共敬的奇特景观。佛教在兴旺发达的同时,或许在无意地、无形地丢失其"草根性""穷人性""本土性"传统,在许多基层地区或"与基共舞",或逐渐退出、让位。对于这种现象,也是我们在佛教发展研究中应该专题探究的。

总之,佛教与中国社会文化的关系调适或重构,当前正处于一个重要的机遇期。佛教在中国的存在与发展,虽有其文化传统之"源"上的"先天性"不足,却也在两千多年的适应、融入、重建中国文化中有其创造性的发现和贡献。佛教今天发展形势的蔚为大观,值得珍视和爱护,尽管仍存有许多困难和问题,只要能够正确地审时度势,因势利导,佛教就能在今天中国文化创新中积极参与、发挥其不可替代的重要作用。

(本文为 2009 年 10 月 12 日在"佛教发展现实问题研究研讨会"上的发言)

第十章

应该重视对佛教医药的研究

海峡两岸佛医会议在厦门石室禅院成功召开，说明我国对佛教的研究范围更加广泛，研究领域亦有新的开拓。这从一个重要方面反映出我国文化繁荣、思想发展的最新之状。

大家知道，佛教文化博大精深、源远流长，在世界文明发展中有着重要的地位，对中华文化的发展也起着不可替补的作用。这一文化遗产、精神财富非常值得我们在当下加以发掘和弘扬，而其中对佛教医药的发掘和拓展就是弘扬佛教文化的一个有机构成，其创意独特、意义深远、潜力巨大。正是如此才吸引了我们众多学者、各界人士来到石室禅院对这一独到的领域进行切磋、展开研讨。

与传统西方医学的认知不同，佛医体现出一种另辟蹊径的东方智慧，有着天、地、人的整体关联，这样就把自然、社会、人生综合起来考量，具有一种宇宙意识、整合观念、圆融思想、辩证方法、生态境界。这种反映出东方神秘意境的佛医既是自然科学特别是医学的精髓，也是社会科学尤其是哲学的结晶。而且要想透观和体悟佛医的奥秘，在哲学思辨的基础上显然还需要宗教学对人类灵性、精神内蕴之调研和解释的参与。对此，印度与中华文明正是在佛教文化的传播及发展上体现出有机结合和神奇共构。人体是与外在寰宇相对应及呼应的小宇宙，既有其外在沟通、又有自己的独在内涵，所以说，佛医的探究打通了东西方思维，融贯了内外宇宙，结合了自然科学与社会科学的思路、意境和方法，反映为一种综合且跨学科的研究，因而看似朴素，实很高深，对之求索乃深不可测、蕴涵无穷，值得我们对之在研究、开发上全力以赴、锲而不舍。经过上千年历史风雨的洗礼，佛医在中华大地上得以普遍发展和不断升华，已经成为中华民族的宝贵文化财产，故而也是我们回溯古代文明、认识华夏珍藏的重要组成部分。

　　佛医探索不只是回顾以往的辉煌，更是为了人类当今的发展。现代健康事业的可持续、有潜力，正是在于我们今天重新认识佛医等传统智慧，使之与时俱进、重放光彩。因此，佛医的发扬光大是与我们现代社会建设、现代文明开拓、现代精神培育密切关联的。这次会议就是以这种现代意识来审视、评价佛医，提出就佛医在"创新、协调、绿色、开放、共享"发展中的意义与作用展开深入探讨和广泛交流。这里，我们认识到对佛医的探究不只是一种学术探究、生产开发上的联系与整合，实质上更有着从共建人类健康共同体到发展人类社会共同体、人类命运共同体和人类知识共同体的远见卓识。

　　对于这样一项伟大的任务，我们中华民族得天独厚、义不容辞。中华传统医学本来应该是我们的"国宝"，而佛医也应该是其有机组成部分。但因为过去百年之社会转型中过于重视西方社会模式及文化元素，对我们传统中医这一"瑰宝"却有所冷落、缺乏重视，结果被其他民族抢得先机，夺去了巨大的国际市场。为此，我们海峡两岸同胞有着共同的历史传统，也有着共同的现实使命，有责任把这一不利局面扭转过来，起到对传统中医正本清源、发扬光大的重要作用。在此，我们大家一起来探究佛医及其健康产业发展意义非凡、不容推辞，这不仅能够加强我们的合作、取得更多的成就，而且还能由此巩固我们血浓于水的同胞情意、增进我们同在久存的民族共识。这种意义既是医药的、科学的，也是社会的、政治的，有着丰富的涵括，蕴藏着中华民族崛起、复兴的潜力，所以我们理应携手并进、共同努力、经验共享、优势互补。佛医在今天生态文明的发展时期举足轻重，著名科学家钱学森先生生前非常重视打通中西方、超越东西方，希望建立一种具有圆融、整合、贯通意义的大科学体系，迎来一种"大成智慧"。可惜钱学森先生的高远洞见不被众人所理解，其真知灼见甚至被歪曲、遭批评，留下巨大遗憾。东方思维是一种整体思维，其方法应用也是需要解放思想，打通自然科学、社会科学、精神科学各领域，使之融会贯通。而且，其对宇宙、对生命、对精神的审视也是开放性、前瞻性的，虽细致却大胆，有着"敢为天下先"的气度。这种思想意识对于我们今天对佛医的理解和运用实际上非常贴切，富有启迪；我们不仅要把佛医视为一种科学体系，也应将之看作一种哲学思维；因此对于人类的大健康发展而言，以一种开放、融通、务实的境界来发掘佛医，这是一种高瞻远瞩，更是一种任重道远。

总之，佛医探究既需要有自然科学的技术参与，也要有宗教、哲学智慧的综合考量，其发展需要跨越自然科学与社会科学的体系，旨在形成一种整体思维和全息探究，因而也就有着广远的发展范围及很好的市场前景。当今时代的发展已经进入这种综合、全面、整体思维的时代，跨领域、跨学科研究势在必行，刻不容缓。我们研究及开发佛医就应该有这种与时俱进的意识、符合时代潮流的需求、回应最新发展的呼唤。而在社会政治层面，则可通过佛医领域的精诚合作而加深我们"血浓于水"的中华民族一家亲的情意；海峡两岸的全面相通，需要我们佛医合作的积极参与。

（本文为 2016 年在厦门"海峡两岸佛医会议"上的发言）

第十一章

发掘观音文化　彰显遂宁印象

　　笔者主要研究西方宗教，特别是基督教，但近几年因为工作需要而开始接触儒释道文化，并有一点探究，由此也带来了笔者在这一领域的浓厚兴趣。这次文化论坛使笔者有机会接触佛教文化，而且是关注观音文化特别是遂宁观音文化。在此仅以观察者的身份，就发掘观音文化、彰显遂宁印象谈谈个人的初步感想。

　　习近平总书记号召我们要关注世界文明，重视中华优秀传统文化，把社会主义核心价值观的弘扬与中华优秀文化因素的发掘有机结合起来。为此，通过重寻古代智慧而获取现代文明的滋润，是我们落实这一重要文化战略举措的坚定之举，也因其"接地气"而让我们地方发展获得了新机遇、城市文化建设迎来了新时期。在这种形势下，遂宁作为中国观音文化之乡，会展示出其更为宏大的文化气势，高扬起历久弥新的文化品牌。2007年，中国文联和中国民协将遂宁市命名为"中国观音文化之乡"，这既是对遂宁悠久文明历史的回溯与肯定，也是对这一历史古城焕发时代青春作出新的文化贡献的展望与期盼。在改革开放的新时代，精心探究遂宁精神的底蕴，打造出城市独特的文化品牌，是我们这一代遂宁人的历史使命和神圣的责任。这也积极顺应了中华文化大发展大繁荣的时代潮流，是创造性参与中国梦早日实现的文化壮举。

　　在遂宁的文化积淀中，观音文化有其独特的地位。古遂宁城北厥国国王妙庄三女妙青、妙音、妙善公主三姊妹得道成为观音菩萨的美丽传说，以及宋代广为流传的川中民谣"观音菩萨三姊妹，同锅吃饭各修行，大姐修在灵泉寺，二姐修在广德寺，唯有三妹修得苦，修在西山白雀寺，又修南海普陀山"，这为遂宁的观音文化奠定了真善美的底蕴。

中国的观音文化就好似印度佛教融入中华文化而得以充实发展的一个文化之旅。印度对观音的原初理解与后来在中国发展出的观音文化有着巨大差距，其本来的语言表达及梵文意义为"观世音"，更翔实的意译表达为"观世人之苦难，而来救度"，而其最初形象的表达为善男子之相，如双马神童、观音。这种观音文化的根源，与印度文化直接相关联。印度文化作为我们的近邻文化，有其独特之处；其特点一方面是对中国传统文化有着深刻的影响，另一方面则是通过"雅利安"文化而链接了亚洲和欧洲的文化，如古希腊很多文化与印度文化是相互碰撞和相互融合的。所以，印度文化传入中国后，我们也就吸收了更为丰富的世界文明的养分。我们要透彻了解观音文化，第一个层面就应该对印度文化包括佛教之前的婆罗门文明要有所认知、了解和发掘。观音文化进入中国后，出现了重要的嬗变，其前期是有男身和女身这种双重的观音具象表达，随之则有观音由男像嬗变为女像的发展演化，最后才构成了女菩萨形象这样一个中国观音的本身定位。

在各种宗教之间，佛教的中国化是做得最成功的。佛教中国化成功的标志：一是政治适应上提出"不依国主则法事难立"的思想，把佛教与中国的政治关系解决好了；其当初如果没有这种思想，佛教则很难进入中国主流社会，为中国政体所接受。这是佛教在政治上的华丽转身。二是文化融入上做出了重大的转变，其最为典型的文化转型就是中国佛教教派的发展，尤其是禅宗的建立及变化，它逐渐形成了具有中国风格、中国品味的中国佛教文化，从而与印度佛教有了明显的差别，渐行渐远。三是中国观音形象的出现，我们今天讨论的观音文化及其观音形象，原本在印度佛教中是没有的。这是适应中国文化的创新和发展，故为典型的中国化结果。在此，观音形象有着非常丰富的文化内涵，既体现了中国文化智慧的表达，又反映了中国文化在情感上的丰富细腻。这一女性观音表达了其在现实社会对大众的关心和关爱，中国女神慈爱的形象在观音菩萨形象上得到了充分的表现，因而非常符合中国民众的情感及审美需求。四是地方文化的发展特色突出。例如，遂宁观音文化就是基于当地妙善观音姊妹的传说，而妙善的身世在此则追溯到了公元前2世纪的西域国，形成了妙善出家、坠崖、成佛、应验等独特的地方观音文化的发展线索。这样，观音文化既有颇为普遍的佛教认知，又糅入了地方文化的生动故事和本土色彩。

今天，遂宁市要弘扬观音文化，则有必要对观音文化作一个系统梳理。一是讲清楚印度佛教中的观音文化之源，二是讲清楚观音文化在中国广泛的传播和发展，三是梳理出遂宁观音文化与整个中国观音文化发展与传播的关系。这样才能立得住脚，才能理直气壮地对之加以弘扬。而这正是我们在学术方面需要做的工作。

鉴于唐朝皇权确认的中国观音道场，为观音文化增添了浓厚的历史真情。广德寺开山祖师克幽禅师男身观音菩萨化身的传说，就形成了古代西域文化与四川地域文化的有机结合。观音信仰源自印度佛教，但他的形象经过在中华大地的嬗变与充实后，这种观音信仰就完成了其中国化的华丽转身，从而以充满人文关怀的中国女性形象而区别于印度佛教中原来男性观音的神秘形象。较之男性观音形象，女性观音形象在中华文化中得到了凸显，并且更加受到大众的欢迎和喜爱。中国人所理解并崇敬的观音已经没有了以前把神人截然隔开的那种天地之别、人神之分。中国的观音形象是舍己忘我、大慈大悲、救苦救难、普度众生的菩萨，是人世间真善美的理想体现。

对宗教内涵与人文精神的拓展，一方面要从宗教教义及其历史传承上探赜索隐，扬真显善；另一方面更有必要从地域文化及其乡土气息上来开拓创新，独辟蹊径，以此而彰显遂宁的文化及地域特色。我们要以稽古振今、承前启后的努力发掘观音文化，广传遂宁形象，让人们看到遂宁观音文化的精神传承，体悟其历史底蕴在当下的创新意义，从而使我们的现代城市既有历史的厚重，也有时代的清新。

为此，观音文化与遂宁现代城市品牌的塑造，可从如下一些层面去构思与探索。

第十一章 发掘观音文化 彰显遂宁印象　119

一是遂宁观音文化在中外文化交流意识上的独特意义。

观音文化应该是中印比较文化研究的重要话题，比如观音形象的演变，其中国元素的完善等，这些都是中印比较文化应该关注的议题；而在观音文化的中国发展中，也有比较的价值和意义，这也是对遂宁文化在不同文化的交流会聚进程中所起重要作用的发掘和阐释。因此，应该以遂宁为主线索，形成对观音形象历史变化的系统梳理，以学术意义的厚重来构建观音文化的体系与分类及其他相关归类，给出从印度到中国，以及扎根遂宁的观音文化大观。这里，仅谈遂宁是观音文化之乡还远远不够。为何可以这么说呢？我们当然有必要把这中间的学理意义梳理出来，从而让人们对这种说法能够信服。这应该是佛教界、学术界尤其是四川学术界、遂宁佛教界包括对遂宁文化关心的有心之士应该做的大事情。只有当这件事做好后，对遂宁观音文化以及遂宁作为观音文化之乡的地位才能真正站得住。这是我们专门为此召开研讨会的意义所在，是我们弘扬遂宁观音文化一定要做的基本功。有了这个基础，遂宁的观音文化才能站得住、叫得响、传得开。

二是遂宁观音文化与古代丝绸之路的溯源及其文化意义的延伸。

这既是对遂宁丝绸之路在远古发展的描述和定位，更可带来我们今天开发丝绸之路经济带的联想。丝绸之路在今天经济文化发展中已经成为一个关键词，丝绸之路在遂宁的历史中也可以发掘出丰富的内容。我们可以具体把古代丝绸之路穿过四川特别是经过遂宁这样一个历史轨迹再现出来。通过构成丝绸之路局部详情这一途径，可以让人们思考和体悟丝绸之路经过四川、经过遂宁对现代发展的启迪及关联，由此勾勒出遂宁古今丝绸之路的连线，比较真实地构想本地丝绸之路的重现和它的延续。要想通古达今，首先就必须对历史有一种回溯。这种回溯不仅是一种纯历史的考据，也可给我们今天重建丝绸之路提供重要思考或参考。我们提出丝绸之路经济带的合作意义，但这种经济带如果没有文化底蕴的支撑，则是走不了多远的，而这正是我们所要关注的。我们今天无论是强调陆上丝绸之路，还是海上丝绸之路，如果没有对其宗教文化的深刻体悟，是很难走得畅通的。海上丝绸之路与很多佛教国家、伊斯兰国家都有着密切的关联。同理，陆上丝绸之路与佛教及很多的古代宗教也联系密切，而在西域一些国家的近现代发展中，陆上丝绸之路沿途国家及地区伊斯兰教的地域特点又得到突出呈现。如果不发掘这些宗教元素，不了解其宗教风情，以及这些宗教传统在西域和当代中亚一些国家的复杂关联的话，我们推进丝绸之路经济合作则有可能寸步难行或事倍功半。从这个意义上来讲，我们关注遂宁的发展，这里既然谈到其佛教文化及观音文化，就很有必要弄清其与丝绸之路究竟有什么关联。今天当我们考虑丝绸之路经济带的发展时，也要考虑在遂宁应该做什么及具体怎么做，这就需要我们先做一些必要的功课。这些功课不能靠别人教，也不能等别人来整理，而必须由我们自己先做起来。习近平总书记最近强调丝绸之路和海上丝绸之路的古今意义，尤其是习近平总书记在联合国教科文组织总部讲话中对丝绸之路上佛教文化独特作用、贡献和影响的强调，给我们提供了一个非常好的契机。所以，遂宁对丝绸之路的观察和研究都要落到实处。

三是重视遂宁观音文化所形成的四川地域文化特色，以此来集中展示遂宁作为中国观音文化之乡的独特地方特色、乡土气息和文化魅力。

越是地方的就越能体现其特色，也越能传播得开。遂宁地方文化的魅力，在这里就是通过遂宁观音文化而展示出来的。我们可以让更多的人看到并体悟到遂宁文化精神的意蕴，留下深刻的遂宁印象。各个地方在改革开放发展中都强调一种与众不同的地方印象，这种印象不仅仅是经济印象，其谈得更多的乃是文化印象。遂宁地处成渝之间，体现出巴蜀文化的有机融合，这种地域优势和文化蕴藏，是今天遂宁崛起、腾飞的坚实基础。我们今天应该凸显遂宁的地域特色和文化特点，彰显其在巴蜀文化中的独特优势，使遂宁成为四川核心地带的文化标志，高扬起其独有的文化象征。以往有很多地方城市在发展建设上千篇一律，盲目引进单一的文化模式，结果丢掉了自己的特色，我们一定要吸取这种经验教训。遂宁在城市文化的打造时，一定要有我们自己的文化产品和文化精神，这样才能真正使观音文化得到发展。一定要把地域优势和文化特色彰显出来，让世人所知，这就是我们要做的工作。

第十一章 发掘观音文化 彰显遂宁印象　　121

四是遂宁的观音文化在比较文化、比较文学、比较宗教上的独特意义。

观音形象在印度与中国比较，其在遂宁的变化及发展，以及与克幽禅师相关传说的延续等等，都需要我们通盘考虑；由此我们可以思考其文化形象的塑造及其影响的扩散等问题，而这也需要我们凸显其文化学、传播学上的意义，并把这些历史文化因素与遂宁的城市建设、城市布局和城市发展的整体谋划布局联系起来。城市设计者和建设者应该要有文化品位，对遂宁的文化发展要给予特别关注。今天的遂宁城市应该具有一个古今形象的对比及其文化元素的交织，既能让人畅想过往而"发思古之幽情"，又能焕发其与时俱进的青春热情。在今天高科技时代、电子传媒时代和网络时代，人们更加强调相应的时空转换。这种时空转换的构设若处理得好会成为其绝妙之处，但弄得不好则可能成为败笔。我们今天的城市建设就要体现其文化底蕴，有城市的历史厚重感，在有可能"发思古之幽情"的地方就充分体现出它的古旧、它的深厚宗教历史底蕴。从这点来讲，我们对宗教的认知要深化，在具有悠久历史传承的城市文化建设中，一定要有其宗教文化的元素。这一点是很多地方城市设计者和建设者所忌讳的，一谈宗就色变，故会选择回避或舍弃。但这恰恰是我们应该弘扬的。古代城市在其当代修建中如果能保留其宗教元素，就会给人带来文化回忆、巩固其历史记忆，其相关建筑让人可信且耐看，甚至还能吸引世界的眼光。例如，在北京城市建设中曾强调其南北的中轴线，想把它打造好后参加申遗。这一中轴线典型所体现的是帝王的文化，如前门、天安门、故宫、景山、鼓楼等连成一条线，是把中国古代的帝王文化充分彰显出来。但北京仅仅彰显其帝王文化还远远不够。笔者曾经有一个建议，但至少现在没被吸纳，就是从东往西可以打造一条宗教文化的连线，这也是北京一条亮丽的风景线。我们可以看到从东岳庙开始往西延伸，会有过去各大宗教的建筑留存，如东四的清真寺、北海的白塔寺，还有西什库的天主教北堂，以及沿途的基督教堂等。这条连线具有非常浓厚的宗教文化底蕴和传统文化意义。如果能把从南往北，从东到西的南北、东西两条线都交叉打通的话，那么北京则既能体现帝王文化，又具有丰富的宗教文化，这个城市的灵魂就显现出来了，生命力也就鲜活地展示出来了。笔者希望这是我们城市建设应该关注的。北京作为首都，做起来当然难度会大一些，而遂宁则可以将此思路融入进来，在城市建设中体现出其古色古香的、独特的历史韵味。这一点一定要解放思想，一定要破除"谈宗色变"的负面观念，于此才能在城市建设中大胆、有效、灵活地运用宗教文化元素，使城市具有灵气和活力。宗教文化不仅历史久远，而且在世界文化中比较典型，受人们的关注度也比较高，在国际范围的文化理解中具有得天独厚的地位。遂宁城市建设若要体现观音文化的灵魂、凸显观音文化的典型元素，则需要在城市布局和建设上费点脑力，做点功课。这不仅是建筑学，也是历史学和考古学必需的功课，应充分体现出文化传播学，文化比较学这样的系统。也只有这样，才能把遂宁的观音文化之乡真正建立起来。

五是遂宁观音文化形象的还原研究与扩展研究在民俗学、艺术史等领域的意义。

遂宁观音文化的研究还可以进一步拓展，比如对观音送子形象的考证，这一形象与外来宗教的关联，以及对中国人的独特意义等都是其可以拓展的内容。这种观音形象在中国文化中有何体现及特点等，也都值得我们研究。笔者在研究天主教时就了解到，圣母圣婴及其形象的历史渊源在古埃及的文化中间就能够找到，这种包容性的发展在天主教的圣母圣婴像上得到了充分的体现。而在天主教与中国文化交流之间，尤其是天、佛对话的过程中间，我们则可以看到西方天主教的圣母形象在中国有了很大的变化。尤其是在中国文化的绘画展现方面，至少在明朝可以看到很多天主教圣母的形象，在中国画家的笔中就是观音形象的直接写照，这两种形象非常接近、非常神似。于是，我们就可以考究观音送子这一形象在中西文化交流之前有没有，如果有的话，那是一个什么形象，而在与天主教圣母圣婴形象接触以后，又会展现出什么形象。这些都具有比较文化研究的意义和韵味，值得尝试。在这方面，遂宁有很大的发掘。比如，遂宁是中国书法之乡，出了很多的书法家，有许多书法大师的杰作，这种文化底蕴是了不起的。这种文化遗产在遂宁应该得以保持并且弘扬，而在表达观音文化题材的古今书画作品的展示，遂宁的书画有哪些代表作品，如观音形象的绘画展示等。我们知道在中国历史上，有水月观音，有鱼篮观音，有杨枝观音等绘画雕塑，出了不少精品。而遂宁作为观音文化之乡，是否对这些艺术形象，如绘画的或雕塑的作品作一个系统的梳理和汇集，这或许是大有可为的，这样也可以显示出遂宁的艺术特色。从官方到民间，遂宁办了许多博物馆，收藏了很多艺术精品；对这些艺术精品，我们不必追求大而全，但我们可以追求小而精，而且争取形成自己的系列，对之作一个系统的梳理。为何要这么讲呢？因为这些年，笔者去过很多地方，大多有其地方文化艺术的展示。以笔者的老家湖南常德为例，在常德临江大堤上有一个系统的书画展示，尤其是其书法作品很有文化品位，成了外地人来常德游览必看之景；此外在湖南岳阳也开辟了很多旅游胜地，其中专题的书画集结也让人流连忘返；在北京大学的会展中心、在北京市的博物馆，笔者专门参观过他们组织的系列观音形象画展；如在北大一次会议的会场上，笔者就看到了上百幅系列的观音绘画形象作品展。遂宁作为观音文化之乡，又有书法绘画的深厚底蕴，我们是否可以做类似的工作，敢为天下先，把对观音形象进行展示、梳理和描述作为我们文化建设的一项任务。如果做得好，可以给来访者一个深刻的印象，并带走美好的回忆。对这种文化、艺术及博物馆展示的特点及优势，遂宁在今天的文化建设中应该加以充分发挥，这是我们文化人义不容辞的责任，所以说在这方面的工作也是大有可为的。

六是遂宁观音文化的精神蕴涵及其丰富的人文意义。

观音文化的精神蕴涵及其人文意义还可以更深入地发掘，如对观音形象真善美意蕴的探究及其大慈大悲的救度意义，其慈母的意蕴，其母爱、女性的柔美、高洁，其神性的神圣、超然，以及在其中外宗教中的意义展现等都值得一探。在不同的宗教比较中，道教的慈航大师，其实就是我们所言的观音形象，而中国化的基督教中圣母圣婴形象也与观音形象有许多关联。这种语义的表述或形象的描绘，都可以作一些深层次的精神方面的梳理，这样就可以更有精神蕴涵地展示观音文化的广博和其艺术精髓。文化展示一定要有精神方面的深度，这样能使我们的精神文明建设更为厚重、更加稳健并且充满底气，有着牢固的地域文化基础和广泛的对外联系拓展。所以，联系观音文化传统，遂宁文化建设可以走综合建设之路，体现绿水青山的生态文化，以观音文化为主的宗教文化，以及与之关联的旅游文化、民俗文化、慈善文化等，达到各种优雅文化的有机综合，形成其多层面的文化立体感。比如说，遂宁是一个生态城，这种生态文化就可以综合上述因素来系统开展。首先是自然生态，自然景观的保护，环境观念，一定要保护好这片净土，不让其受到污染，这种自然生态在遂宁就是可以进一步发掘的。其次是社会生态，我们的社会应体现出一种和谐、自然、融洽的关系，对此在这种社会建设中也需要我们努力。再一个是精神生态，就是说人的精神心灵尚好的、宁静的、生态的发展，精神文化要做到心灵上、人性上的滋生、发展。在自然生态、社会生态和精神生态中体现遂宁的神韵和魅力，而在这种神韵和魅力中一个重要的参与者就是遂宁的观音文化。对观音文化的理解要有一种精神的高度和思想的深邃，这是非常重要的。从研究佛学中大家都知道，佛教博大精深，有深邃的思想，有严密的逻辑，有充满想象力的展示，这就是人的一种精神活力。现在讲精神文明建设，讲中国人民的精神，离开宗教元素在不少有其文化底蕴的地方就会显得非常贫乏、非常肤浅，所以我们要加强精神上深层次的发展，对此发掘遂宁观音文化则是可以有所作为的。至于如何运用自然景观与高科技的发展来展示遂宁观音文化的艺术意蕴，带来给大众的感染，这当然是需要有具体的操作创意的。笔者在考察自己的家乡湖南张家界时，曾看过两场大型的地方露天场景剧，剧中既有神话传说，又有高科技的运用，给笔者留下了非常深刻的印象。其中一个是"土家风情"，描述地方的文化习俗、民族传统；另一个是"天门狐仙"，以其地方神话传说为底本来加以拓展，充满浪漫主义和诗意想象。其既有非常吸引人的地方特色，又有震撼人心的艺术创新，两者有机结合，效果极佳。在张家界，游客白天可看山看水，晚上则又能品尝这种艺术大餐，使其安排极为充实。遂宁有着丰富的观音文化，但如果使之仅仅存留在表层上，却没有文化艺术创作将之表现出来，那其效果就不是那么理想，其影响也不会太大。要让遂宁的观音文化彰显出来，我们是否可在文化艺术创作上做一些功课、有一些好的创意，让观音文化在遂宁的展示既有其优美的传说又有体现当代精神的意境。通过二者的有机结合，则可以打造出遂宁独有的艺术形象，这样就可以树立遂宁的独特城市标识和其文化品牌，也能使遂宁的观音文化发展更有其深度和广度，让人们感受到其丰富的内涵。

七是遂宁的观音文化在构建和推广社会主义核心价值观、推动和谐社会建设上的积极意义。

文化建设要与我们推广社会主义核心价值观有机结合起来。我们可以通过古今对比、古今回想来对中华优秀传统文化加以继承和弘扬，从而具体体现在今天我们的社会主义核心价值观建设和文化大发展大繁荣的发展之中，既表明我们在思想上的坚定性，又能有丰富的文化滋养。现在大家对社会主义核心价值观讲述得较多，这几年笔者也讲过在我们当代中国宗教文化与社会主义核心价值观的关联。遂宁以其深厚的历史底蕴，在社会主义核心价值观的推广和精神文明的建设中应该充分发挥其优秀文化传统，可以联系实际地把当地宗教文化特别是其观音文化彰显出来。以前人们不敢谈传统宗教文化的积极作用，习近平主席在联合国教科文组织总部的讲话，以及近期在人民大会堂纪念孔子诞辰的讲话，都一而再再而三地强调中国传统文化，其中也包括宗教文化的内涵和价值，主张对之加以积极弘扬。既然有这样好的社会条件和时代背景，那么我们就能够理直气壮地把宗教文化彰显出来，提高人们的人文修养、品格气质和精神境界，展现出全新的遂宁面貌。要给来访的其他人留下美好的遂宁印象，首先得有我们自己的遂宁精神面貌。遂宁的精神面貌是什么，文化气质是什么，这就需要我们在社会主义精神文明建设和核心价值观构建中展示出来。这里，就可以对宗教文化因素、包括观音文化因素加以很好地发掘，结合当前形势与时俱进地讲好遂宁的故事。我们在今天中国和谐文化构建中，一定要吸取西方文化"二元对立"所走的弯路，通过"扬弃"把古代的和今天的主流价值和传统的精神文化有机结合起来，取其精华、去其糟粕，形成在文化传承和建设上的有机互动，并能积极引导我们的传统宗教文化、民俗文化与社会主义社会文化相适应、相协调和达其统一，为社会主义建设做出新的贡献。我们可以在遂宁的精神文明建设进程中做出一种模式或提供一种思路，给四川乃至整个中国一种富有创意的启迪和颇为精彩的展示。因此，遂宁的观音文化如要持续发展，应该在这方面下一些工夫。

八是遂宁的观音文化不仅要让人走进遂宁，认识遂宁的文化特色，还应该在全球化的国际形势下，积极走出去，使遂宁文化尤其是遂宁的观音文化形成国际影响，有着全球的关注。

基于这种大思路、大手笔，遂宁观音品牌的打造、遂宁城市形象的塑造，那就应该是一个系统工程、立体形象，是要形成一个可以走出去的体系。遂宁走出去，包含哪些文化特色，这是值得我们认真思考的。在当今混乱的世界中，在出现会回到"丛林法则"的国际关系发展中，中国的和谐文化、社会的祥和关系，其实可以为之提供重要的启迪和更开阔的眼界。中华文化首先当然要包含儒佛道的宗教文化，这种文化在遂宁有着悠久的传统；其次，则要对长江上游文化做一个追溯，包括长江上游各个分支，但在这方面我们做得还不够。笔者到成都看了三星堆、金沙文化后很有感慨，在这种文化中，其文字语言还未出现时，宗教文化却已经达到非常高的水平。以前我们谈中华文化，主要强调的是黄河文化，但对长江文化提得很少，尤其是对长江上游的文化就说得更少。四川处于长江上游，在四川周边其河流分支也很多，其中就散落着历史上孕育出的丰韵文化，而把这种文化发掘出来，包括对其宗教文化的展现，对世人也应该是一种有益的启示。我们的两条河即长江和黄河，在世界文明的发展中尤其是在宗教文明的发展中，有着极为独特的意义。回溯宗教文明，乃至整个世界文明的历史，都是与大河文化联系在一起的。著名西方学者孔汉思曾以三大河系来描述世界宗教文明的起源，其中第一大河流区域在西亚，其文明起源与幼发拉底河和底格里斯河这两条河流有关，形成了犹太教、基督教，伊斯兰教等发展。第二大河流区域在南亚，即印度的恒河以及现在巴基斯坦境内的印度河，在印巴分治前，这两条河的文明是相互交汇的，乃婆罗门教和佛教的发源地，但伊斯兰教进入这里后则形成了今天复杂的政治、文化及宗教格局。第三大河流区域在东亚，即中国的黄河和长江，诞生了儒教、道教等文明形态，我们理应要对之高扬，这是东亚板块对世界文明的贡献。纵览今天世界文明的历史，真正有文化品位、有文化底蕴的宗教，也就是在这三大河流地域，即在西亚、南亚和东亚板块中产生的。古埃及、古希腊虽有宗教文明，但没传承到今天。原始宗教，比如原住民的宗教，其文化底蕴则不够。而当今各种新兴宗教，一般也是依附这些文明宗教衍生而发展出来的。我们认识到这一点，对中华文明的宗教文化加以持守也就有其独特的意义。而作为长江文化上游地区的遂宁，我们也有义不容辞的责任来弘扬自己的文化。所以，遂宁文化要走出去，要站得高，看得远，想得深，有着开阔广博的视野。四川地方文化的独特和精妙，我们要表现出来。例如，中国的戏剧中有各种各样品牌的剧种，但川剧的变脸是其他任何剧种都比不了的，能给人留下深刻的印象。对这些地方文化的独特和精妙，我们都要整合式地体现出来。就观音文化而论，观音文化是给人类带来慈祥、给社会带来祥和的文化。这样的文化底蕴是当今世界所迫切需要的，基于这一世界眼光，则可以使遂宁的观音文化建设结合和谐城市文化建设而可持续发展，可综合性发展，而且可开放性发展。

总之，我们要有宽阔的胸襟，远大的眼光，深厚的基础，让遂宁的观音文化发扬光大，使之既是遂宁的，也是中国的，更是世界的。

（本文为2014年在"四川遂宁观音文化座谈会"上的发言）

第十二章

佛教文化与"一带一路"

　　宁波是中国文化名城,有着丰富的佛教文化资源,因此,在宁波举办佛教文化与"一带一路"建设学术论坛,具有深远的历史意义和独特的现实意义。从其历史意义来看,宁波历史悠久,文化丰赡,地灵人杰,宗教底蕴深厚,中外交流源远流长。宁波是陆上丝绸之路和海上丝绸之路的重要交汇点,在中国对外交往中举足轻重,其佛教文化博大精深、影响广远,素有"东南佛国"之誉,其著名寺庙众多、信仰覆盖面巨大,而天童禅寺、雪窦禅寺、阿育王寺、七塔寺等更是闻名遐迩、广为人知,自古至今就不断在迎来各路香客、送走四方游者,吸引着国内外无数民众的关注和享有着世界各地佛教信众的敬仰。就其现实意义而言,习近平主席在2013年9—10月出访中亚和东南亚国家,提出了共建"丝绸之路经济带"和"21世纪海上丝绸之路"的倡议,作为其共建人类命运共同体这一伟大号召在亚洲及亚欧地区的具体践行,深具时代意义;而宁波则是中国走出去、迎进来之国际交往的重要之点、是连接"丝绸之路经济带"和"海上丝绸之路"的关键枢纽,其纽带作用极为独特、不可取代。因此,宁波在贯彻落实"一带一路"国际合作上有着非凡的使命、重大的责任;而且这不只是在社会经济建设领域,当然也会在精神文化建设领域都得以凸显。我们在宁波举办佛教文化与"一带一路"国际合作密切结合的学术论坛,正是要从理论到实践对宗教与"一带一路"的历史关联及现实意义加以深层次的研讨,这对于推动宁波社会经济建设、将宁波港建成对接"一带一路"的国际枢纽，以及对宁波佛教的系统研究等文化建设，都十分必要，而且有着重要的学术价值和现实意义。

关于佛教与丝绸之路的密切关联及其文化传播、交流的重要意义，习近平主席曾在巴黎联合国教科文组织总部的讲演等系列讲话中专门提及，习近平主席以佛教为例生动而深入地描述了这种宗教文化交流的意义，指出了佛教沿海陆丝绸之路的"传入"与"传出"所推动的充满积极意义的文化交流："佛教产生于古代印度，但传入中国后，经过长期演化，佛教同中国儒家文化和道家文化融合发展，最终形成了具有中国特色的佛教文化，给中国人的宗教信仰、哲学观念、文学艺术、礼仪习俗等留下了深刻影响。"[1] 随着丝绸之路的开拓，佛教从印度经西域传入中国，中国人"始闻浮屠之教"。佛教在西域流传数百年后于公元前2年（西汉哀帝元寿元年）进入中原，约公元64年（东汉明帝永平七年）始有中国人蔡愔、秦景等去印度学佛。此后中印双方因为佛教的传播而人来人往、交流频繁。因此，可以说佛教沿丝绸之路传入中国标志着外来文化第一次大规模的进入中华。

而且，佛教沿丝绸之路的传播带来的是不同文化的互动，它不只是被动地为中华文化所吸纳，更是在中国文化土壤中得到了创造性、创新性的重生，形成具有鲜明中国特色的禅、净等宗，涌现出像慧能那样的众多思想大师、文化名人。这些中国特点突出的佛教文化如禅文化、净土文化、观音文化、弥勒文化等在宁波等地也得以彰显、弘扬。也就是说，佛教在与中国文化的融合中得到了一种再创造，不仅使自我升华，而且更广远地影响了世界。习近平主席说："中国人根据中华文化发展了佛教思想，形成了独特的佛教理论，而且使佛教从中国传播到了日本、韩国、东南亚等地。"[2] 从这种佛教文化与"一带一路"的文化交

---

[1] 习近平：《文明交流互鉴是推动人类文明进步和世界和平发展的重要动力》，《求是》2019年第9期。

[2] 同上。

流、促进关系，我们可以得到对宗教更深刻、更透彻的体认。习近平主席早在浙江工作时期，就已经非常精辟地指出："宗教不仅是一种社会意识形态，还是一种特殊的文化现象，比如，浩如烟海的宗教典籍，丰富了传统历史文化宝库；智慧深邃的宗教哲学，影响着民族文化精神；深刻完备的宗教伦理，强化了某些道德规范的功能；异彩纷呈的宗教艺术，装点了千姿百态的艺术殿堂；风景秀丽的宗教圣地，积淀为旅游文化的重要资源；内涵丰富的宗教礼仪，演变为民族风情的习俗文化。"[1]正是以这种积极评价宗教的重要见地，使我们看到了今天在社会主义中国积极引导宗教的重要性及可能性。结合丝绸之路上的宗教文化传播，习近平主席还论及两千多年来佛教、伊斯兰教、基督教等先后传入中国的交流，指出中国文化善于吸纳外来文明优长的特点。这种优秀的中华文化传统在我们今天推崇社会主义核心价值观时仍然值得继承和发扬，其中就包括佛教等宗教文化在当代中国的与时俱进、创新发展。

我们这次学术论坛所讨论的议题包括丝绸之路与佛教文化传播、海上丝绸之路与佛教文化传播、佛教文化在"一带一路"倡议中的积极作用、"一带一路"与佛教艺术传播、佛教文化在"一带一路"地区的发展演变等方面，而且会以宁波的佛教文化特色为重点，由此而展开丰富多彩、充满智慧的研讨。"一带一路"构想是具有战略性、开拓性、前瞻性的设计，是以一种全方位的整体视野，以一种海纳百川的博大气魄来谋发展、求创新，是以人类命运共同体的全球共在来致力于国际合作、政治互信、经济融合、文化包容，而其中宗教文化则是一种不可缺少的重要构成。"一带一路"不仅是贸易交往和经济发展之路，也是文明互鉴、文化交流之路，而佛教作为中国优秀传统文化乃其文化传播大路的有机组成部分，在我们共建"一带一路"、推动和平发展上将会发挥其积极作用。如果不能深刻认识到佛教等宗教在"一带一路"国际合作共建中的意义、价值、作用和影响，则很难真正全方位地、成功地

---

[1] 习近平：《干在实处，走在前列——推进浙江新发展的思考与实践》，中共中央党校出版社2006年版，第264页。

推进"一带一路"合作发展。对佛教等宗教的历史存在价值及其现实意义的充分肯定，在当代中国社会对之加以积极引导，使之全面释放出其正能量、发挥其正功能，这正是我们本次论坛研讨的当下意义，体现的当务之急。此外，佛教文化在宁波的特色也应该得以凸显、高扬。仅以弥勒文化为例，我们就可以深挖其精神蕴涵，弘扬其大度、宽容、洒脱、超越的精神意趣，让心灵发出笑声，给世界一个微笑。弥勒文化既是化解现实张力的"微笑"文化，也是给未来带来憧憬、想象、期盼的"希望"文化。因此，我们要以这次论坛为契机，探究佛教文化、弥勒精神给人们带来的启迪和思考，积极贡献出我们的知识、智慧和才华。

（本文为2015年在宁波举办的"佛教文化与'一带一路'学术论坛"上的发言）

第十三章

法显：海陆丝绸之路的漫游者
——纪念法显西行取经海归1600周年

"纪念法显西行取经海归1600周年国际学术研讨会"在美丽的青岛举行，有其独特的历史意义和现实意义。法显（约337—约420年）是东晋高僧，山西平阳武阳人（亦有临汾、襄垣之说），于399年与慧景、慧应、慧嵬、道整等人一道从长安出发西行，去天竺寻求佛法真经，于405年到达摩揭陀国时仅剩道整同行，而道整留居当地后则只有法显一人继续四处收集佛经，最终获得《方等般泥洹经》《摩诃僧祇律》《萨婆多律抄》《杂阿毗昙心论》《摩诃僧祇阿毗昙》等梵文佛经，此后乘船到狮子国（今斯里兰卡）继续搜集佛经，多有收获，包括《弥沙塞律》《长阿含》《杂阿含》《杂藏》等；随之经耶婆提国（今印度尼西亚爪哇）沿海路回国，于412年抵达青州长广郡牢山（即青岛崂山）。青岛故此是法显西行游学30余国、在外漂泊十多年后携经返回祖国之地，因而在追溯中国对外开放、迎接海外游子回归上具有标志性意义。

法显留学天竺之举，实属中国最早的海外留学行为，具有开创意义，而其携经回返之举，亦可说为历史上中国海归第一人。法显回国后与佛陀跋陀罗合译了《大般泥洹经》《摩诃僧祇律》《方等般泥洹经》《杂藏经》和《杂阿毗昙心论》等佛教经卷，据传共译出佛经经典6部63卷，并撰写了《佛国记》（即《历游天竺记》，也称《高僧法显传》)。这一传记生动地记述其海外游学取经的见闻、感触,成为研究古代印度等国历史文化的重要资料。法显留学且归国的壮举,使他成为中国历史上著名的旅行家、航海家、外交家、翻译家、史学家和宗教学家,开创了中国古代历史上知识分子走出国门看世界、取来真经为中华的伟业,并使中国文化、中国宗教发展很早就具有开放性、开拓性、体现出"海纳百川、有容乃大"的气势和魄力。法显的出国求法影响很大,且直接成为玄奘、义净等人西行求法的楷模。玄奘就认为法显"求法导利群生"之举"岂能高迹无追,清风绝后",故立志"大丈夫自当继之"。义净泛海求法也是"仰法显之雅操,慕玄奘之高风"而"萌其志""游西域"。法显的译经、著述和游记,"叙述古雅"、范围广泛,为我们放眼看世界、融通强中华提供了宝贵经验,留下了珍贵史料。在法显之前,中国的佛教经典很少直接由梵文汉译,而多经古代西域即中亚地区的"胡语"转译,"梵书胡本混杂",胡人所讲佛教之八正道因"教义不清"而有"胡说八道"之说,故此才有中国僧人"西天取经"前往天竺之行,旨在获得"一本正经"。但这些僧人或是陆路前往,或是海道而行,"故海陆并遵,广游西土,留学天竺,携经而返者,恐以法显为第一人"。①所以说,中国人在历史上海外留学、负笈而归的,法显当属第一人。笔者自己作为一名当代海归,对其壮举很有体会,自然深感法显为中华民族、为中国学术做出的巨大贡献,树立的光辉典范,因此对这位海归老前辈也由衷钦佩、敬仰。

在现代历史上,青岛是中国重要的开放城市,有着丰富的对外交往、交流的历史。虽然在中国近代史上由于政治、经济、社会、外交等复杂原因和曲折的历史变迁,使青岛与德国有了独特的关系及关联,但这也使青岛在中德思想文化交流上占有着重要位置,其社会、城市的发展也留下了难以抹掉的欧德痕迹。中国今天的主流意识形态乃以马克思主义为指导,而马克思亦恰好为德国人,故而也可以说德国是马克思主义的故乡。因此,青岛在研究德国思想、促进中德交往及友谊上理应当

---

① 汤用彤:《汉魏两晋南北朝佛教史》(上),中华书局1983年版,第270—271页。

仁不让，走在前面。这也是我们今天纪念法显西行取经海归至青岛的现实意义，由此而可形成古今关联。因为笔者本人也是曾经留学德国的学子，而且专门研习其哲学与宗教，并很早就知道青岛与德国的联系，我所认识的德国朋友、德国教授中就有一些是在青岛出生或长大的，故而与青岛自然也有着一种亲近感和亲切感。有些德国朋友甚至会和我说起青岛方言，表露出一种别样的乡情；还有一位德国教授则曾和我开玩笑说，孔子也是"德国人"，因为孔子宣称自己是来自"有德之国"！曾经有一位抗战时期铁道游击队的领导来求问笔者，希望笔者能帮助他找到曾给他治伤的德国友人，结果在笔者给他看的来山东传教的天主教传教士集体合影中，他竟然找到了那位德国朋友。从古到今，青岛以其开放性、开拓性而有其独特地位，体现出大陆文化与海洋文化的天然联系，以及关注"走出去""请进来"的社会文化交往之历史伏笔。在今天中国改革开放的大势中，青岛的这种独特性和优杰性得以凸显。

　　中华民族是一个勤劳、好学、开放、创新的民族。在古今历史上，中国人多次向西方取经、学习西学，而且是主动走出国门，真诚迎接"他山之石"。从法显西行天竺引进佛学，到中国共产党人西行欧洲引进马克思主义，这种"西学"东渐都为中国社会及其思想文化发展带来了天翻地覆的变化。当然，我们引进西学并不是要全盘西化，并不是对之亦步亦趋、食古不化、搞教条主义、崇洋媚外，而是要以"拿来主义"来充实自我，从"跟着说"到"接着说"，由改造西学到创新东学，建立中国自己的思想文化及学术体系，并且更进一步还要"中学西传"，道行天下，以中华民族思想文化的博大精深来感染世界、影响世界，体现中华文化的软实力和自立于世界文化之林的强大竞争力。可以说，这更是我们这一代人义不容辞的神圣使命，也是我们今天纪念法显的现实意义、当下意向。

　　青岛作为中国著名的海滨城市，以其开放性而有着与作为马克思主义故乡的德国的独特关联，而青岛作为山东的文化重镇，又是中华传统核心文化儒家思想文化体系非常直接的传承者、传播者，在今天中国发展及对外开放上亦颇有建树。这种古今结合、中西合璧，使青岛在中国今天改革开放形势下的文化大发展、大繁荣中更有着突出而特殊的使命。这也给青岛社会经济发展、文化战略的构设带来了重要机遇和非常有利的切入点。因此，我们应该共同继往开来，迎接并促成中国思想文化高潮的到来。抱着这一宏伟目标，我们在法显海归1600年后共聚青岛，以文会友，回首过去，展望未来。让我们共同研习、纪念法显，给佛教文化积极、正面的评价，扎实、接地气地积极弘扬中华优秀传统文化！

（本文为2012年青岛"纪念法显西行取经海归1600周年国际学术研讨会"上的致辞）

第十四章

《心经》在"一带一路"沿线国家的流传

佛教在"一带一路"发展中起着非常重要的作用，陆上丝绸之路的贯通与佛教的传播有着直接关联，其传播者的东来和取经者的西往，使丝绸之路交通极为频繁，在物质交流之上又增加了精神文化交流的丰富内容，也促使佛教发展成为世界性宗教。而在佛教的东南亚地域传播中，海上丝绸之路的重要作用也逐渐凸显。正是这段佛教的传播发展史所留下的历史印痕，使我们今天在关注丝绸之路时必须面对佛教传播所形成的历史积淀、正视其信仰文化的广远影响。所以，我们研究"一带一路"沿线国家佛教的存在及影响，既有历史意义，更有现实意义。

在佛教传播中，经典的传播意义重大，影响深远。佛教经典的翻译则构成其文化交流的重要内容，起到佛教融入相关文化并对之改造、革新、重建的独特作用。而佛教大藏经众多经卷的汉译，在中华思想文化史和中外交通史上更是影响广远、功不可没。这些佛经的翻译，不仅在宗教沟通上起过不可磨灭的作用，而且还促进了思想、思维方法的发展，活跃了民众文化生活，提高了人们的文化爱好及认识水平。在众多佛经中，《心经》则是流传最广、最为简洁、最为大众化的一种。这次由《人民中国》杂志社和江苏省佛教协会联合主办的"一带一路"沿线国家《心经》文化论坛就非常具有世界文化交流、各国人民友好的重要意义，而其组织的"一带一路"沿线国家高僧、书法家用本国语言书写《心经》的创意更是匠心独具，妙趣无穷，文化蕴涵无限。

第十四章 《心经》在"一带一路"沿线国家的流传

《心经》即《般若波罗蜜多心经》的简称，全经只有一卷，共54句，约260余字，原为《大品般若经》600卷中的一节，被理解为般若经类的义理提要，因为"心"在此即意指"核心""心髓""精华""纲要"等蕴涵。《心经》在中国有着广泛的传播，被视为"言简义丰""词寡旨深"，特别是其经典之句"色即是空，空即是色"给人一种"般若皆空"的超脱精神、空灵境界，在宇宙观、人生观的理解上亦寓意无穷。甚至今天当人们在认识世界中意识到其主、客体复杂关联时，也仍会再次仔细琢磨这一表述的深刻意义。

历史上曾有多种汉译《心经》版本流传，其中有较大影响的汉译本包括玄奘译本、鸠摩罗什译本、敦煌石室本等七种。这些译本都传播久远，影响巨大，成为人们朗朗读经所喜用、脍炙人口的中译本，也是中国书法家、习字者经常练写的版本，亦为历代学者所反复探究。其中最为有名、引用最多的是后秦鸠摩罗什所译《摩诃般若波罗蜜大明咒经》和唐代玄奘所译《般若波罗蜜多心经》。除此之外，《心经》的哲理、智慧和逻辑，也给人启发和提醒，使人在体认大千世界、感悟人生命运、获知自我定位上收获颇多、遐想悠远。

《心经》在成就中国人理解佛教乃独特心学上作用巨大，在推动中国佛教发展出著名的佛心学理论上贡献巨多。佛教的世界观是时间理解意义上的整体论，人之此生此在被视为缘，其不生不死之状得以心悟灵觉，看透生死假象，人在永恒中轮回，在轮回中求得觉悟，而实现大彻大悟则为圣贤，即达成佛之境。在今天我们面对流俗的社会、浮躁的人心、贪婪的争权夺利、不义的冲突战争时，反思人类文化，推敲人生意味遂很有必要。因此，《心经》给我们所带来的"静心""修心"和"养心"之意蕴也是悠长而深刻的。其关键点就是让人有平常心、平静心、平和心，做到任运自然，空灵潇洒；这样，即便平民人生也为浪漫之旅，韵味无穷，得其自在。

《心经》中其辩证的阐述，洞观的智慧和超越的境界，明心见性，澄析本真，悟透无限宇宙，穿越时空轮回，给我们启迪、思索和觉悟，已求获得正确对待生死、生命及生活的心态和姿态。人的心境会影响到对其处境的调适和改变。以"心"观景，大千世界一收眼底；"心"虽内蕴却有无限外延，"心有多大，人生的舞台就有多大"；"心静"一切清，可以望穿时空，能够"水穷云起"。"心"可以心旷神怡，可以心驰神往，可以心平气和，也可以心心相印。"心"乃人认识世界的原端，"心"想到"它"，"它"即存在，否则就不知其存在。"存在即是被感知"这种说法曾经被视为"主观唯心主义"而已被批判，但今天当人们重新从科学、哲学的视角研究"意识"存在与"物质"存在的关系时，却发现情况并非那么简单。无论是认识无限扩大的宏观世界、还是认识无限缩小的微观世界，都不可能超出"心"之认知范围，如"大爆炸"之前的宇宙存在是什么，人心无法感知，因而有以"大爆炸"作为宇宙"起源"或"源端"之说。而"原子"之"原"被攻破之后，物质在"波""粒"之状忽隐忽现、忽有忽无，目前再无法进一步深究，一旦人心对之无知，则有"物质消失了"之惊叹。故从认识意义来看，所被认知的世界即一种"心境"。"色即是空，空即是色！"这大概也是孔子所体悟到的，"七十而从心所欲，不逾矩"（《论语·为政》）吧。因此，处境万变不离心境之观，"此心光明"则可照耀宇宙。而《心经》则正是恰当调整人的心境之经，使"心学"达到了"经典"的高度。"心"的人本意义、其主体性特征，在中国古代精神文化中有着极为重要的地位，是古代思想家们反复思考和推测的核心问题之一，在社会舆论中也经常被论及。在心性理解中，儒家重"仕"，着力于社会心态的调适，道家重"身"，修炼融入自然客体的超脱心态，而佛教重"己"，以其主体的洞观来调整好自我心态，故而曾发展出独特的佛教心性学。其《心经》即让人反观心境、调理心态，得般若智慧。在信仰问题上，一般也是"攻心为上"，其"信心"的建立即一种"心"变，也就是要"从心开始"，让人"心甘情愿"。

　　所以，对《心经》也可有不同层面、各个维度的研读和理解，其对我们的启迪亦在于宗教的修行实乃"修心"。这种宗教修行智慧在一定程度或范围内仍可适应当今社会，为人们依据其处境或心境而有益运用。在今天中国社会，关注佛教《心经》《金刚经》等经典的人数可能会远远大于信仰佛教的人数，其中的奥秘的确值得我们琢磨、细究。《心经》乃以其深刻的哲理、通俗的表达来面向大众文化，有着雅俗共赏之效。因此，《心经》文化论坛乃以心会友，通文大化，而"一带一路"的建设亦旨在从"心"开始的世界和谐，所以意义非凡、意义深远。

（本文为 2016 年 10 月 27 日在南京"'一带一路'沿线国家《心经》文化论坛"上的发言）

第十五章

西藏宗教文化的发展

西藏作为中国的一个民族区域，自唐朝以来即建立起古代唐蕃之间独特的亲密关系。唐贞观八年（634）松赞干布（Sron－btsan－sgam－po，617—650，一说617—698）18岁时遣使向唐太宗献贺礼，唐太宗派使者回谢，从此开始其官方联系。唐贞观十五年（641）唐朝文成公主自长安来到吐蕃与松赞干布成亲，这种唐蕃联姻加深了其政治、文化交往，亦因此而建立起宗教之间的交流，此即佛教从内地传入西藏之始。

唐高宗于公元649年嗣位后晋封松赞干布"驸马都尉"（phu－mav－tu－we）爵位和"西海郡王"（Zhi－has－cun－wang）王号。[①] 自公元13世纪中国元朝起，西藏全面纳入元朝统治。此后明朝中央政府亦实施了对西藏地方事务的管理，明朝皇帝对西藏地方掌权人士和佛教高僧都有封授，赐给官爵、名号，发给其掌管地方权力的诏书，明朝永乐皇帝还于公元1413年前后（亦有文献记载于1408年）曾想迎接藏传佛教格鲁派创始人宗喀巴大师（Tsong－kha－pa，1357—1419）来内地访问，并要赐给其金字诏书和封号。宗喀巴虽然没能亲自出行，但仍派其弟子大慈法王释加也失（Shvakya－ye－shes）前往内地，并朝见

---

① 参见恰白·次旦平措等《西藏通史》（上），西藏古籍出版社2004年版，第104—107页。

明朝皇帝。①

　　清朝政府成立后亦于1643年与第五世达赖喇嘛建立联系，清朝皇帝曾给达赖喇嘛和西藏上层统治者金册金印等封赏，并专门邀请第五世达赖喇嘛率西藏僧侣官员三千多人赴京访问。②在明代、清代，西藏活佛转世逐渐被纳入中央政府管理和国家典章法制范围之内。1792年，清朝政府公布法令，对呼图克图（ho‐thog‐thu，意为"圣者"）以上的上层大活佛实行"金瓶掣签"，从此形成藏传佛教的宗教仪轨，作为历史定制而延续至今。1995年，经过"金瓶掣签"和国务院批准，完成了十世班禅转世灵童寻访、认定和第十一世班禅的册立和坐床。自1792年至今，藏传佛教大活佛转世系统中有70多位转世灵童是经过"金瓶掣签"认定后报中央政府批准的。

　　自元代中国中央政府直接管理西藏地区后，以藏族为主，包括门巴族、珞巴族和僜人等西藏人民建立了与祖国各族人民的密切联系。但1840年鸦片战争后，西方列强对中国各地的侵略亦波及西藏。1841年，英国默认印度旁遮普的森巴（道格拉王室，锡克族人）入侵西藏阿里地区。1888年和1903年，英国更是直接发起了两次侵藏战争，为此西藏人民曾奋起反抗。③由于列强的侵略和清政府的软弱无能，加之西藏当时政教合一的农奴制度，使西藏的社会发展极为缓慢，老百姓根本就没有任何人权的保障。

　　1951年，西藏和平解放，西藏的社会发展从此发生了巨大变化。这种历史变迁可以从西藏人口的发展上清晰可见。13世纪元朝时西藏的人口约为100万人，至1951年时其人口为114万人，几百年间其人口仅增长14万人左右。西藏人口在新中国成立后获得明显增长，到

---

① 参见恰白·次旦平措等《西藏通史》（上），西藏古籍出版社2004年版，第494—507页。

② 参见恰白·次旦平措等《西藏通史》（下），西藏古籍出版社2004年版，第661—665页。

③ 参见伍昆明主编《西藏近三百年政治史》，福建鹭江出版社2006年版，第148—209页。

1964年时已增至120万人。中国实行改革开放以来，西藏亦进入了飞速发展阶段。其人口于2000年已达到261.6万人，其中藏族人口为242.7万人；2010年西藏人口增至300万人，其中藏族增至271.6万人，占西藏总人口的90.48%。从中国整体的人口平均增长率来看，2000—2010年全国人口年均增长率为0.5%，而西藏地区这十年的人口年增长率则为1.39%，远远高于全国的人口平均增长率。此外，西藏人的平均寿命也有很大的提高。1951年时，西藏人均寿命为35.5岁，到2006年，西藏人均寿命已达67岁。

西藏宗教以藏传佛教为主，亦有少量其他宗教的存在。佛教于7世纪因松赞干布与尼泊尔赤尊公主和唐朝文成公主结婚而传入西藏。两位公主在拉萨建立了佛寺即大昭寺和小昭寺，以能专门供养由内地和尼泊尔运来的佛像，因此"拉萨"意即"佛地"。[1]佛教传入西藏后于8世纪中叶创建的桑耶寺是藏传佛教第一座正规寺院，其大殿三层，分别为藏族、中原和天竺建筑形式，表明藏传佛教是多元文化融合的典型代表。

不过，有一些学者认为佛教并非从印度婆罗门教革新而来，相反，原始佛教所依存的印度土著民族文化与"汉藏语系藏缅语族民族文化"有着更直接的关联，[2]因为佛陀所在的释迦牟尼族属于汉藏语系藏缅语族尼瓦尔族，按人种区分则属于蒙古人种，这些民族原来分布在北印度一带，后来才逐渐往南、往东迁徙融入印度文化。所以，原始佛教最初主要在这些土著民族中发展，"释迦牟尼创立佛教，释迦族是其核心力量，尼瓦尔族以及其他同语族诸民族则是其社会基础和主要信众来源"，[3]其后来也主要是在这些民族中保存，而与印度的主体民族及主体文化反而没有太大的关系，故此佛教在印度基本处于其文化及社会的边缘地位。总之，在这些学者看来，"佛教起源于

---

[1] 参见李安宅《藏族宗教史之实地研究》，上海世纪出版集团2005年版，第17页。
[2] 参见吕建福《佛教起源于汉藏语系民族文化》，《五台山研究》2018年第4期。
[3] 同上。

汉藏语系民族，流传于亚洲诸多民族之后，最终落叶归根于汉藏语系民族，汉藏语系民族始终是佛教的文化家园"；佛教没有在印度扎下根来，"其原因也是汉藏语系民族在印度大部分地区没有文化根基和社会基础。只有在东北部地区以及孟加拉国的汉藏语系藏缅语族民族中，佛教信仰才顽强地保留下来；在尼泊尔也只有释迦族以及金刚行族中保留下来，其原因也是汉藏语系民族为佛教提供了文化根基和社会基础"。[①]所以说，藏传佛教主要是受同处喜马拉雅山麓的尼泊尔土著民族的影响，以及来自汉族文化的影响，与印度主流文化可能倒是并无直接干系。这种观点或许对我们今天研究藏传佛教以及原始佛教都提供了一个新的参考视角；对此观点，当然我们还需谨慎以对，应加以必要的考证或甄别。

在佛教传入之前，西藏的原始信仰为苯教（Bon-po，亦称"苯波教"），先是在阿里一带传播，后来则遍布全藏。苯教属于古代西藏的"象雄"（意即"大鹏鸟之地"）文化，早在公元2、3世纪，在阿里地区就形成了象雄国的中心辖区，此乃苯教的发祥地。藏族佛教徒则称苯教为"黑教"，以表明自己的信仰是"白"的，即纯洁的。不过，此后藏传佛教的发展亦结合了当地的苯教，使之成为藏传佛教中的一派，而苯教的神祇也被藏传佛教所供奉。现在西藏有苯教寺庙90多座，僧人约3300人，活佛近100人，信徒13万多人。

早期藏传佛教为宁玛派（Rnin-ma-pa），意即"古旧的学派"，在9世纪前为西藏佛教的主要教派，因其僧侣戴红帽而被称为"红教"。1073年具有半革新形式的佛教派别创建萨迦寺，故兴起萨迦派（Sa-akya-pa），"萨迦"意为"灰土"，意指在灰色土地上建的寺庙，但因其寺庙墙上刷有分别象征文殊、观音和金刚手菩萨的红、白、黑三色花条而史称"花教"。另一种半革新的佛教派别亦在11世纪兴起，称为噶举派（Bkah-brgyud-pa），因其信徒穿白袍而有"白教"之称。藏传佛教影响最大的革新派由宗喀巴于15世纪初创立，乃由11世

[①] 参见吕建福《佛教起源于汉藏语系民族文化》，《五台山研究》2018年第4期。

纪中叶兴起的噶当派（Bkav－gdams－pa）革新而来，称为格鲁派（Dge－Lugs－pa），意即"善规"派，也有新噶当派之说，而因其僧人戴黄色僧帽故习称为"黄教"，该派后来发展为藏传佛教中影响最大的教派。

从格鲁派中发展出两大活佛转世系统，一为"达赖"（Ta－lavi，蒙语，意为"大海"），始于1578年，此传承至今为第十四世达赖喇嘛；另为"班禅"（Pan－chen，藏文，意为"大学者"），始于1645年，今已传至第十一世班禅额尔德尼（Pan－chen－er－te－ni，即班禅大师）。这些教派发展流传至今，彼此和谐共处，形成西藏宗教的基本形态。藏传佛教为藏族人的主要宗教，目前西藏自治区境内有1700多处寺院等佛教活动场所，住寺僧尼约4.6万人，其著名寺庙包括拉萨三大寺即甘丹寺、哲蚌寺和色拉寺，大昭寺、扎什伦布寺、桑耶寺等，每年到拉萨朝佛敬香的信众就达百万人以上。今天的西藏处处可见佛事活动，信教者亦在家中设有小经堂或佛龛。中国政府尊重藏族人的宗教信仰自由，特别是改革开放以来先后拨专款2亿多元人民币用以维修、修复藏传佛教的著名寺庙及宫殿，并拨专款支持藏传佛教界人士及学者整理出版藏文《大藏经》（Bkab－stan－gyur），而且还帮助其在北京和拉萨分别开办了中国藏语系高级佛学院和西藏佛学院，培养出新一代的佛学人才。

藏传佛教在西藏经济、文化发展中起着重要作用。藏传佛教寺院既是"集市贸易"又是"高原城镇"的象征。以寺院为中心的城镇在西藏已成为比较兴隆发达的商品交易中心，如拉萨大昭寺目前每年的香客、游客都达到150万人次以上，围绕大昭寺形成的八廓街亦是目前藏族地区规模最大、最繁华的集市贸易中心。由于历史上藏族人主要过着半农半牧的生活，尤其是牧民逐水草而迁徙，并无固定居所，因此藏传佛教寺院在西藏的建造遂推动了西藏的建筑业和建筑艺术的发展，并曾作为西藏许多城镇的核心和发源地，其影响今天仍颇具规模。如拉萨的哲蚌寺、大昭寺、小昭寺、甘丹寺、色拉寺，日喀则的扎什伦布寺、萨迦寺等，都能让人尽情领略西藏宗教文化和古城风貌。[①]此外，藏传佛教的雕像、唐卡（thang‐ga，即"卷轴佛像"）等，也是西藏宗教给世界文化留下的宝贵遗产。目前，这些宗教艺术已经深入藏族人民的文化生活，也已成为藏传佛教贡献给广大人民的艺术珍品和精神享受。

藏传佛教是西藏最主要的宗教，此外西藏也还有伊斯兰教和天主教的存在。伊斯兰教约 11 世纪传入西藏，1716 年在拉萨建成了第一座清真寺。目前西藏有穆斯林 4000 多人，大多居住在拉萨市，他们的生活习俗已接近藏族，而且大多也讲藏语。天主教于 17 世纪先后传入西藏阿里等地区，但真正立足的是 19 世纪传入西藏昌都盐井的天主教会，目前仍有其小教堂存在，并有约 560 名藏族天主教徒。穆斯林和天主教徒今天在西藏也享有充分的宗教信仰自由，与藏传佛教信众和谐相处，共同发展。

（本文原为 2011 年 11 月在希腊雅典参加"中国西藏发展论坛"的发言）

[①] 参见尕藏加《藏传佛教与青藏高原》，江苏教育出版社、西藏人民出版社 2004 年版，第 319—327 页。

第十六章

纪念宗喀巴大师

青海民族大学和中国社会科学院世界宗教研究所联合主办的第二届宗喀巴学术研讨会在西宁市得以成功召开，这是藏传佛教研究领域的新进展，也反映出宗喀巴研究的新成果。研讨会由青海民族大学宗喀巴研究院具体承办，而中国宗教学会则参与协办。

党中央和习近平总书记多次强调，弘扬中华民族优秀传统文化是我们今天提倡社会主义核心价值观的重要民族基础和文化传承，为此亦支持各宗教深入挖掘其教义教规中有利于社会和谐、时代进步、健康文明的内容。随着全国宗教工作会议的召开，以及全国哲学社会科学座谈会对宗教学研究的强调，积极引导宗教与社会主义社会相适应已经成为宗教工作的主旋律，开拓、发展中国特色的宗教学也已成为我们宗教研究领域的主要任务。从宗教历史的发展来回顾，这些具有积极、进步意义的教义教规之制定，其宗教界的领军人物起了非常关键的作用。而藏传佛教格鲁派的创始人宗喀巴（1357—1419）大师就正是宗教界中这样一位重要人物，其对藏传佛教的巨大贡献，使之无愧于伟大的佛学家、思想家、文学家、教育家、社会活动家和世界性大师级人物之称。为此，我们理应展开对这些爱国爱教的宗教领袖的系统、深入和全面研究。

宗喀巴大师本名为罗桑扎巴，是青海湟中人，因藏语称湟中一带为"宗喀"，故而有宗喀巴之称。他天资聪颖、志向远大，幼年随噶当派名僧达玛仁钦出家，早年熟读显宗重要经典，随之又系统学习密宗典籍及其注疏，先后学习显密教法十余年，16岁起到西藏各地拜师学法，对五论、五明都深有研究，兼通显密二宗，成为博学多闻的佛学大家，有着"第二佛陀"之誉，因而是青海各族人民的骄傲，也是中国藏传佛教文化发展史上的巨擘，是中华宗教文化史上有着巨大影响的历史人物。宗喀巴大师的重要贡献则还在于他全面开展了对西藏佛教的系统改革，他从倡导戒律着手，有效制止了当时藏传佛教中僧纪废弛、生活腐败的下行状态，建立起严格持戒、出家独身、专心虔修等管理僧人僧院的制度，由此创立起藏传佛教的革新大派格鲁派。其宗教改革具有里程碑的意义，亦使其成为僧俗共同爱戴的藏传佛教领袖。此外，宗喀巴大师在传法授徒、开展佛教教育上也充分体现出其"续佛慧命"的睿智，他善于"应机施教，对机说教"，具有辩证思维的典型特色。

宗喀巴大师一生绝大多数时间是在西藏度过，西藏是他的第二故乡，也是他思想成熟、伟业完成之地。宗喀巴的改革形成了藏传佛教的文化特色，也对藏区发展产生了深远影响。因此我们研究宗喀巴大师一定要注意这种地域特色和思想侧重。我们今天审视藏区及其社会的现状，也绕不过宗喀巴大师这一宗教改革的历史及其产生的久远影响。特别是当我们关注藏区及藏传佛教的发展现状时，历史的经验教训意义重大，具有警醒作用。所以，我们对宗喀巴大师展开系统全面的研究，会从其改革及其结果中得到启迪，获取知识，有利于我们今天的现实洞观和科学决策。这种研究的历史意义及现实意义乃不言而喻的。宗喀巴大师一生著述颇丰，代表作有《菩提正道菩萨戒论》《菩提道次第广论》《密宗道次第广论》《现观庄严论金鬘疏》《入中论善显密意疏》《辨了义不了义论》《因明七论入门》《集密金刚圆满次第释》《胜乐轮根本经释》等。这些著作对于我们真正弄清宗喀巴的思想、把握其理论特征及意义都非常重要，值得我们认真研读。

这次研讨会得到了青海有关方面的大力支持，尤其是青海民族大学的领导及同事多次来京与我们协商研究，保障了这一研讨会的顺利召开。学术研究的突破亦在于其研究特色的凸显，青海学界研究藏传佛教、探索宗喀巴大师的思想，显然有其得天独厚的优势，因此理应当仁不让，起到引领作用。2014年8月，青海民族大学成立了宗喀巴研究院，并组织召开了第一届宗喀巴学术研讨会。青海民族大学尤其是其宗喀巴研究院的学者在宗喀巴学术研究方面已经取得了突出成就，值得我们学习和点赞。今年贵校又组织召开了第二届宗喀巴学术研讨会，真是可喜可嘉。而且，众人拾柴火焰高，全国各地的专家学者也积极响应，以高质量的学术成果来参加这一学术盛会；与会者中专家众多、学有专攻，带来了大家珍贵的学术成果和最新突破，准备了学术思想的精神大餐，从而给我们的研讨会增光添彩、使之成绩斐然。这一研究领域的全新展开应该说还是较新的发展，值得我们去大力投入，我真诚希望这一研究能够坚持下去、不断发展，在全国范围内形成宗喀巴研究的积极气场。也愿我们大家来共同努力，对宗喀巴大师的研究加以深化并大力推动，这样不仅有助于佛学研究乃至整个宗教学研究的拓展，而且也有益于今天青海乃至整个藏区的社会和谐、民族团结、同心协力、全面发展。所以，衷心感谢大家给研讨会带来的热情和智慧！并希望以此为契机而有力推动我们对藏传佛教的全面研究。

（本文为2016年在西宁召开的"第二届宗喀巴学术研讨会"上的发言）

第十七章

论禅文化

禅文化是佛教在中国实现其"中国化"后,最为经典的表述之一。所以说,我们对禅文化应从"中华文化传统"来理解。它既是一种海纳百川的吸纳,同时又是一种外来文化在中国本土的创新。一个"禅"字,意蕴无穷。今天,我们对于禅文化的研究,笔者个人认为要有更宽广的视野,既要基于佛教的理解,又要开创性地走出佛教。

本来,禅源于印度文化,亦有古代东西文明的交汇。其梵文Dhyāna中译为"禅那",禅即其译之略。禅的原意则指静虑、思维修等,"言静虑者,于一所缘,系念寂静,正审思虑,故名静虑"(《瑜伽师地论》卷三十三)。禅即主张"心注一境、正审思虑",意在以心传心,不重言语。梵文 Dhyāna 的意蕴与"瑜伽"(Yoga)的词义有着历史关联,瑜伽由日耳曼文化中"枷""驾"之意而最初有"牛轭"之意表,指"用轭连结",在印度文化中发展为管束、联系的思想,特别是指对情欲的控制、驾驭,此"枷"故为瑜伽,而瑜伽修行之持心就是后来所言之禅定。在中国宗教、哲学文献中,较早表达"禅"字的则有《庄子·寓言》等,以体现心修玄远、与道合一之境。

禅自菩提达摩传入中国,遂有禅之发端。他曾在嵩山少林寺"面壁而坐,终日默然",修此"壁观"达九年之久,由此而有禅宗一派在中国的发展之说,少林寺亦被视为中国的禅宗祖庭。当然,在菩提达摩之前,梵文 Dhyāna 已先入中华。这种禅之理解较为简单,突出的是

"禅定",主要是依循印度佛教静思寂虑之法。但禅宗真正被中国人体悟,则得力于其北宗神秀、南宗慧能,尤其是慧能所传"即心即佛""见性成佛",使人获得大彻大悟之"顿门",从此禅宗成为真正、纯正的中国佛教宗派,"禅"亦成为中国传统文化的关键词,此时之"禅"已经充满中国智慧,体现出中华辩证思维的精髓。

"中国禅"既保留了其"入定""静观"的原初寓意,更是中华智慧之自然主义、浪漫主义、神秘主义及其超然境界的结晶。这种言简意赅、微言大义的关键词在中国文化中有几个是必须了解的,一个是"道","道"在中国儒家思想中,有一脉相承的道统之说,在道教中,强调"道"的核心观念,另外,在佛教融入中国文化中,也体现出"道"。所以,"道"应该是中华文化比较关键的词汇之一,它体现出一种形而上的理解,同时又体现出对生命和生活的理解。它既有超越的意义,又有自然的意义。"道"是一个关键词。还有一个关键词就是"禅","禅"是一种生活哲学、生活智慧,它与道的不同是它更接近生活,体现出生活的丰富多彩,此外还更具有主体性意义,对人的内在心境及气质有着惟妙惟肖的反映;这种"禅"意也就是精神的追求与现实生活结合在一起。"道"与"禅"这两个词在文化领域里比较重要,一个反映出形而上之境,一个刻画出内在心之灵,二者生动呼应、相得益彰。当然在其他领域中,也还有各种各样不同观点,对不同关键字词的强调,比如像"仁""礼"、博爱等。但从宗教思想、从精神层面理解,笔者个人比较推崇"道"与"禅"二字,认为应该对"道"、对"禅"有更深入的研究。

笔者曾多次强调,"中国宗教能否脱敏,关系到其文化功能和社会功能在中国发展进程中能否充分发挥,也关系到中国和谐社会的建设能否深入落实"。其实,现在中国社会发展得非常好,老百姓生活从总体上来讲也比较丰富,我们的 GPD 在世界已经排名第二,物质生活基本上没有太大的问题。但我们也看到,国际上对当代中国人文化素质的评价较低,那就说明我们在今天的思想文明建设上,还大有文章可做,大有潜力可挖。在此,我们不能否认中国民众也有精神需求的存在,其中就包括对宗教精神的相关需求。而这种宗教精神有机融合在民众的生活之中，给人们的精神生活带来富有文化境界的蕴涵，则在禅文化中得到了比较典型的体现。从这个意义上来讲，我们要发现一些中国的元素以及一些中国思想的基本表达，禅文化是其中之一。

禅，基于对佛教宗教层面的理解，好像有其抽象性、神秘性；但佛教本身强调"生活禅"，有禅意书画、禅修茶道、禅味诗境等表达；禅的意境、禅的境界就体现在现实生活之中，是人们在当下真实处境中的修行、淡定、超脱、入化，由此在现实生活中提高了我们的境界和素质，使生活更加丰富，具有文化内涵。我们不能物质好了以后却生活在一种文化肤浅之中，不能让物欲横流、只满足于贪财爱财；相反，我们于此更需要有一种丰富的生活文化底蕴、一种使生活得以升华的精神追求。因此，禅文化不仅仅有一种纯粹的宗教层面，还有其社会生活层面，禅提供了一种生活的哲理和睿智。

至于中国人究竟有无宗教信仰，中国社会是否需要宗教，中国文化中有无宗教元素，过去我们有过太多的误读，需要加以必要的澄清。其实，中国有生活信仰的底蕴，而且对信仰的理解是多层面的，但应该说，在过去一百多年里，在社会的曲折发展中，我们遇到了信仰危机。对信仰的理解，对信仰精神层面的追求，由此颇有不同看法。所以，今天我们在精神的追求上，应该走出这个低谷，而不是妄自菲薄，或自暴自弃。我们能够看到自己有丰富的信仰、文化、宗教传统。但如何使宗教发挥正能量，体现文化软实力，这是社会比较忽略和颇有争议的，所以我们要在今天的现实当中为其改变而有所努力，达到禅境所喻"水穷云起"的转折。

基督教给西方社会提供了一个比较完备的精神价值体系。但我们可以看到基督教的本源，并不是西方，它在亚洲，属于今天的中东，以色列、巴勒斯坦这一地区。它不断扬弃、不断吸纳、不断充实，尤其在古罗马帝国的后期，终于发生了质变，成为西方文化的典型代表。古罗马帝国围绕着地中海，跨越亚洲、非洲和欧洲这些颇具开放性的地区。而这种开放性，其实中华民族也有体现，如从我们对于佛教的吸纳，对于佛教的改造，以及对于佛教的弘扬等，都能看出这种开放性。

就当下而言，对信仰、对人的精神层面、对超越追求，包括对禅境的体悟，都是我们走出这种信仰困境、脱离以往信仰低谷的可寻之途。所以，希望这方面能越来越多地得到社会共识，这样才能做到宗教脱敏，信仰脱敏。宗教和信仰在我们今天的社会，在充实我们精神文化生活上，是真正能够发挥其正能量的。但要真正做到这点也很不容易，需要我们全民达到一种共识，至少我们的社会应该有一种海纳百川的博大胸襟。

（原载 2015 年 1 月 8 日中华网禅文化）

第十八章

禅修茶道彰显中华智慧之光

一 禅宗是佛教中国化的典范

从宗教历史来看,世界三大宗教都起源于亚洲。但在发展过程中,逐渐形成了世界性的影响,地域文化特色也凸显出来。比如说,佛教主要是在东南亚开始它的发展。在世界三大宗教中,佛教的历史是最悠久的,它的发展是一种开放性的。佛教在它的发源地,已经有了与所在地印度文化的对话。又借印度文化而与西方文化尤其是古希腊文化相应对话,这是它的一个独特之处。

佛教传入中国后,逐渐完成了政治上和社会上的中国化,慢慢深入发展,形成了佛教文化上的中国化。在这个过程中,佛教文化的中国化应该是最难的,也是最有魅力的。佛教文化上的中国化体现在它形成了佛教在中国的宗派,这些宗派的构想和形象,在印度是没有的,其中最为典型的就是禅宗。

禅宗在中国的形成,使中国佛教的形象真正树立起来。禅的概念,原初虽然能够在印度找到,最早推广禅的思想,也是靠从印度西域来的佛教高僧大德,但是禅宗真正成为一种体系,真正达到人们对之心领神会,则是靠中国的高僧大德做到的。因此,形成了一种丰富多彩的禅文化。今天中国的佛教之所以对世界的佛教包括对周边国家日本、朝鲜、越南等产生影响,突出的就是禅文化的魅力。它体现在佛教的方方面面，不仅对知识分子有吸引力，对普罗大众也有吸引力。所以，讲到禅文化、论及禅修，就不仅仅是社会高层或知识阶层，其实广大老百姓也很关注。

在完成了政治上、社会上和文化上的中国化以后，佛教在中国就真正找到了家的感觉。佛教在中国成了自家人，现在的中国人没有谁把佛教看作外来的宗教，佛教早已被中国人当作自己的宗教。所以一讲弘扬中华传统文化的时候，自然而然就想到佛教文化了，与儒道并列。而且，我们也可以看到，在今天的中华宗教文化中，佛教文化的影响也是最大的，可能信众也是最多的。

佛教作为一种智慧、一种心学、一种主体意识，对整个世界的发展都有很好的影响。所以，我们要在中国把佛教建设好，成为一种适应中国社会，尤其适应中国社会当代发展的宗教。虽然它很古老，有两千多年的历史，但是它必须与时俱进，适应今天中国社会的发展。在今天中国当代文化的建设中，发挥它的重要作用。

二 禅修茶道超越宗教，彰显中华智慧之光

禅从印度来到中国，得到进一步升华，达到了一种禅境禅意，这就是我们的创新。这种创新使禅的境界不仅深入中国的宗教，而且彰显在文化艺术中。比如，"水穷云起"这种境界就是禅意，就是人生。它是一种复杂的状况，因为人的自我发展一般都不会是非常平淡或非常顺利的，多少都会有跌宕起伏的发展过程。这种水穷云起的境界，就使人在任何境遇中都能达到心灵上的平静。

禅修虽然源自印度，真正把禅的精彩辉煌展现出来的实际上是中国。禅茶文化就是一个很好的例子。很多人喜欢喝茶，但没有考虑到里面有很多的含义。就是平常见面喝喝茶，但是喝茶喝出这种境界来，是不容易的。所以用茶道来讲解、诠释禅意，以茶的形式包容进去，把禅修同茶道密切地结合后展示出来，是对中国文化的一种创造性发挥。禅茶是中华优秀传统文化的一种表达。宗教修行各种各样，禅修、坐忘、

瑜伽、太极等都是以静、缓之为而达超越之境。但以"茶"文化的方式来与修道结合，则是典型的中国特色。

在禅修茶道的基础上，用音乐会的方式表达中华优秀传统文化，是进一步的提升。中华原创禅茶音乐会上的原创诗歌、音乐，还有艺术家们表演的"高山流水""春江花月夜"，都是中国的艺术形式，是一种能够令心入静的音乐和表演。所谓禅意，应该既能走入老百姓的生活，同时也能给中国的知识精英一些启迪和深思，能从禅修里面悟出很多理解大千世界的道理。这一点，禅修茶道、中华原创禅茶音乐会旨在达到这种效果。用音乐、诗歌、茶道等具有中国特色的艺术语言来表达禅意，不仅给人带来心灵的净化，也使人们感受到中华传统优秀文化的博大精深，其神韵、开放、活力与创新，都是非常有启迪意义的。

实际上，禅修茶道及中华原创禅茶音乐会已经超越了宗教，而且已走进社会，直指人心。尤其是在现代工业社会，其发展节奏很快，人心也非常容易浮躁，怎么能让人心真正静下来呢？这对世人非常重要。心静不仅是对现代生活有益，对整个人生发展也是一种态度和境界的提升。浮躁的现代社会需要这样的清心剂，人们很有必要获得心灵的休憩。从这个意义上说，禅修茶道旨在使人得到心之宁静，这种心境之静乃超凡脱俗，彰显出中华智慧之光。

三 世界和谐需要不同文明的对话

20世纪以来，民族矛盾、宗教矛盾在世界各国中越加凸显，不同文明的冲突引发社会动乱，甚至发生战争，这种悲剧是我们不愿意看到的。世界的和谐需要不同文明间的互动与对话，不同文化圈文明冲突经常发生的地带，也是文明对话最容易展开的地方。

一方面，很多宗教都在扩大自己的地盘，加强其文化影响力、社会动员力，努力走出去影响世界。比如，在中东、南亚等地区，伊斯兰教成为人们抵制西方思想文化渗透的有效工具；而另一方面，大量穆斯林移民西方，使伊斯兰教在欧美等地区发展迅速，以致西方社会舆论惊呼，担心到2075年时伊斯兰教可能会取代基督教而成为世界第一大宗教。

宗教存在了几千年，有自身的发展规律、存在的意义和道理。研究俄罗斯的宗教史，可能斯大林最大的遗憾是没有能够在当时消灭东正教，本来对东正教实施打压的苏联为了联合全国力量反对德国纳粹法西斯对苏联的入侵，不得不在"第二次世界大战"期间改变观念而对东正教网开一面，但现在东正教却成了俄罗斯的思想精神主流。我们换一种想法来讲，如果当年斯大林不走处理宗教问题的极端道路，不全面打压东正教和整个宗教，苏联的历史也可能就是另外的样子了。对宗教的打压表面看来似乎省事、管用、见效快，实质上却没有改变根本问题，而只是使宗教转入地下，其隐而不见却仍然存在，甚至有可能成为可怕的"地火"，一旦爆燃其后果则不堪设想。当然，历史不能假设。所以我们现在就该观察和研究普京在俄罗斯所推行的宗教策略，于此我们应该注意到普京对宗教是非常认真的，并特别支持被视为俄罗斯传统文化代表的东正教。这也提醒了我们对于中国传统文化的反思，以儒释道为代表的中国优秀传统文化也需要在我们的社会及其文化氛围中得到弘扬，发挥其文化软实力的作用。而对待宗教也只能攻心为上，以正确的策略来使宗教界口服心服。

中国的优秀传统文化要走出去影响世界，佛教可以先行，发挥积极作用。有的佛教寺院已经走向海外，进行了很多的佛教文化活动，而且吸引了世界各地的民众。从这方面来讲，佛教文化的魅力是中国的，也是世界的。越是具有中国传统特色的文化，对世界的感染力就会越大，给世界带来的启迪也越多。让中国宗教文化走出去，对我们的社会形象是会加分的。

四　弘扬中华优秀传统文化任重道远

回顾和思考我们自己的历史发展，中国的优秀传统文化之所以能够延续数千年，是有它强大、顽强的内在生命力的。博大精深的中华优秀传统文化是我们在世界文化激荡中站稳脚跟的根基，而弘扬中华优秀传统文化是习近平主席所一直倡导的。

在中华优秀传统文化中，以"儒释道"三教为主的宗教文化占很大的比重。宗教文化要与社会主义核心价值观密切结合，提炼出代表中华民族独特精神标识、符合社会和谐与进步的部分。所以，中国宗教应该与时代融合，从文化层面来弘扬中华优秀传统文化，而不是去简单地宣教布道。比如，禅修茶道和中华原创禅茶音乐会，它源于宗教，但已经超越宗教，从文化层面传播中华禅茶艺术，为弘扬中华优秀传统文化做了有益的开拓和尝试。这种进路才会使中国宗教的道路越走越宽广。

习近平主席号召我们"为实现中华民族伟大复兴的中国梦不懈奋斗"，倡导"一带一路"，共建人类命运共同体，弘扬中华优秀传统文化。这是系统工程，需要各界一起努力，我们学术界做好学术界的事情，宗教界则当做好宗教的事情。用毛主席《愚公移山》中的话："我们一定要坚持下去，一定要不断地工作"，这不是为一己私利，而是为了整个中华民族的命运和未来去做，我们迫切需要有这样的使命感。弘扬中华传统文化，提升中国的国际形象和软实力，不论遇到多大困难和阻力，都不能气馁。只要对中国的发展有益，能传递正能量，我们就一定要坚持做下去。弘扬中华传统文化，贵在坚持，任重而道远。

（本文为2018年观看中华原创禅茶音乐会后的感言）

第十九章

佛慈祖德茶道祈福　和谐之路同心同行

　　由湖南省佛教协会主办、湖南省佛慈基金会等单位承办的"佛慈祖德茶道祈福——和谐之路同心同行系列活动",在我们全力构建中国和谐社会的这一历史时期,有着非常积极的时代意义和社会价值。为此,请允许我代表中国社会科学院世界宗教研究所、中国宗教学会和我本人向这一活动的举行表示热烈的祝贺和崇高的敬意!向圣辉大和尚以及佛教界和学界的各位专家、各界朋友表示衷心的感谢!

　　2011年是中国共产党建党90周年纪念和辛亥革命100周年纪念的重要年份,其相关的社会、文化、宗教、学术等方面的活动都有其独特意义。社会上以各种方式举行的这些活动涵括着对历史的反思、对现实的考量和对未来的前瞻,其目的就是要让我们中国人民同心同德、同步同行来共走和谐道路、共建和谐社会,为中华和谐家园的兴盛、为世界和谐发展的推动做出我们的积极贡献。

　　这次湖南省佛教协会组织的系列活动从构建和谐社会的立意提出了"佛慈祖德茶道祈福"的主题,而且表现出浓郁的湖南气息和开放拓展的包容精神,有着我们湖湘文化的特色。这是我们湖南以佛教界牵头、各界积极参与为社会和谐出力量、作贡献的独特创意和具体举措,对我们整个社会的和谐发展也将会起着重要的启迪和示范作用。

　　"佛慈"体现出佛教的信仰追求和社会关怀,佛教以慈悲为怀,旨在人类的救度、社会的安宁、世界的和谐,民众的幸福。这种慈航普度既有悠久的历史传统，更有现今的全新贡献。佛教的社会慈善事业正如火如荼、高潮迭起，在救灾、扶贫、助学、济困等方面有许多亮点，吸引了全社会的热情关注和高度评价。湖南省佛慈基金会成立十周年来贡献卓著、影响广远、受到党和政府的高度赞扬和嘉奖。在推进中国的宗教慈善事业上，我们湖南省佛教界亦发扬了湖南人"敢为天下先"的优良传统，敢辟新道、敢闯天下，把湖南宗教界的人间关爱洒向社会，送给民众，使遭遇天灾人祸的困苦百姓、社会转型过程中的弱势群体等能够及时得到援助、享有关怀、体会爱心。佛慈人善、"以人为本"，这是一条社会和谐的康庄大道，我们一定要携手同心、坚定不移地走下去。

"祖德"是对我们湖南近代史上的高僧敬安大师（1851—1912年）表达独特的崇敬和钦佩。敬安大师是中国近代史上著名僧人，有"寄禅""诗僧"之称，号八指头陀，为"人间佛教"创始人太虚的老师。敬安大师是湖南湘潭人，故而乃我们湖南人的骄傲。敬安大师于1868年（清同治七年）从湘阴法华寺东林和尚出家，后在南岳祝圣寺从贤楷律师受具足戒，出家后曾在岐山跟从恒志禅师参学五年，下山后赴阿育王寺礼佛舍利，燃二指供养，遂有"八指头陀"之尊号。敬安大师热心佛教事业，云游四方礼佛弘法，历住长沙岳麓山寺、衡阳罗汉寺、衡山大善寺、宁乡沩山寺、长沙上林寺、宁波天童寺等，且一生博学深修、诗文双馨。敬安大师忧世忧民、爱国爱教，留有"我虽学佛未忘世""国仇未报老僧羞"等感人肺腑、触动心弦的爱国警句。敬安大师于1912年被推举为中华佛教总会会长，随之到南京会晤孙中山，在保护佛教寺产、推动寺院教育等方面做出了杰出贡献，并在与僧界代表来北京请愿时于同年8月在北京法源寺去世。其著作包括《八指头陀诗集》《嚼梅吟稿》等。2011年适逢敬安大师诞辰160周年，因而我们一定要以此为契机来认真缅怀前辈、承继祖德、隆重纪念、发扬光大。

"茶道祈福"则是弘扬中华茶文化、凸显湖南茶文化特色的创举。中国为茶的故乡，中华茶文化历史悠久、源远流长，以品茗喝茶、问道古刹来祈福庆吉乃底蕴深厚、韵味无穷。湖南已创有许多著名的茶叶品牌,早就香飘神州及海外;而湖南的黑茶在中华多姿茶园中一枝独秀,以其稳健和含蓄而在湖南民间流传久远,但今天在全球化的社会中则要超越其深藏不露的隐逸,应与云南普洱等在改革开放新形势下脱颖而出的茶叶新品牌一同出台亮相、高歌共舞。正如这次活动的关键词所揭示的,在黑茶的香醇、古道的幽静中,通过佛教文化与湖南茶文化的有机融汇而让我们得到心灵的净化、境界的深化。

作为湖南人,我们要爱家乡、"走江湖",珍惜、弘扬我们的湖湘文化,展示湖湘佛教的地域特色。湖湘文化有我们湖南的精神特质和文化特色,反映出我们湖南的历史积淀和地域魅力,是我们湖南及整个中国的宝贵财产。在今天中华文化重建和高扬的时代,我们湖湘文化应积极参与和主动投入,为全球化时代的中华文化、世界文化之发展做出我们的不凡贡献。在同心同行共走和谐之路时,我们不仅应有"唯楚有材,于斯为盛"的怀旧,更要有"敢为""壮飞"的创新。为了湖湘文化的振兴、为了宗教文化的弘扬,为了中华文化豪情壮志地自立于世界文化之林,让我们携手并进、共同努力。

(本文为2011年在湖南"佛慈祖德茶道祈福——和谐之路同心同行系列活动"开幕式上的致辞)

第二十章

纪念弘一大师

非常感谢会议主办方组织这样一个富有意义的活动，1918年是弘一法师出尘之年，感慨光阴荏苒，已经到了其百年纪念之日，而这样一个特殊的日子的确非常值得纪念。我是带着学习的心情来的，谈不上主旨发言，仅谈自己的一点体会。

对弘一法师我一直保持着非常崇敬的心情，由于时代距离，主要通过阅读他的一些著作，听过他的一些传闻来认识他，知道他不仅才华横溢，还曾风流倜傥。而感性的认识则是自己看过《弘一大师》这一主题的影视剧等作品而深有感受，为此我还曾与扮演过弘一大师的著名演员濮存昕聊过天，特别希望他有一天能够扮演我心目中另一位值得敬佩的宗教领袖赵紫宸先生。我也特别喜欢听弘一法师所写的歌词"长亭外，古道边，芳草碧连天；晚风拂柳笛声残，夕阳山外山"。由此也会产生一种凄凉、悲怜之感，甚至会有些莫名的惆怅。其中，让我印象最深刻和不断去思考的就是大师出尘一事；现在转眼已是百年，我们面对现实应该有什么样的反思和启迪？尤其是对知识分子来说，"士"与社会、"士"同"宗教"到底是什么关系？20世纪中国知识界一个大大的谜就是李叔同为什么要出尘？这个问题直至今日依旧是众说纷纭，没有解答。如若真要解答，我们还需要回到大师本身，我个人理解大师经历的人生有三个阶段，即"凡尘人生""艺术人生"和"宗教人生"。

大师经历的第一个阶段是"凡尘人生"。同许多人一样，这个阶段的李叔同有他自己的寻觅，有他对人生的品鉴，也有他在凡尘的迷惘。其家境不错，有着很好的文化传承，这使他对俗世有其独特的体认。在这个过程中，他找到了另一条道路，从而进入人生的第二个阶段，即"艺术人生"。于是，他离开原来的家庭及社会氛围，去海外求学而成为一名留学生，并在学成归国后把西方许多艺术精华，包括音乐、绘画、戏剧、文学等引入中国，创立了不少新的领域，开一代风气之先。他不仅积极译介，而且身体力行。这是他在文化方面的一个独特、典型的表现。在艺术、学术方面，李叔同当时既是相关领域的首创者，而且还是力求做到极致者。这就是李叔同身上所体现的认真、执着精神，也是他的迷人气质、风度。在近代中国学术、艺术发展史上，李叔同先生无疑写下了浓墨重彩的一笔。在体悟人世上，他在世俗生活中曾到达了顶峰，一般人也很难达到他的艺术成就和人生体认这样高的一个境界。但是，李叔同并没有停止他的追寻，从凡俗人生转入艺术生涯，同样做的与众不同，成果突出。而在其艺术人生接近鼎盛之际，他却又出乎意料地再次表现出其人生的自我超越，进入了他人生的第三个阶段，即"宗教人生"。这一阶段既是他超越自我的升华，也是他人生中最为艰难的一个阶段。

　　从第三阶段起，人们开始忘掉李叔同，尽管不少朋友苦苦相劝，尽管他的日本女友柔情以留，但他去意已定，决心不与这种混乱且令人纠结的俗世再有任何瓜葛。李叔同从此消失了，而我们再接触到的则是一代高僧"弘一大师"。或许，这也是他一生最终结出的善果。此即他的宗教人生，是他唯美升华自我、达到了实现真正的自我，并且超越自我的信仰境界。这样，便成就了今日我们心中敬仰的弘一大师。在这个发展过程中，弘一大师的形象并非一蹴而就的，也不是一个抽象的概念，而是他一生经历的积累，是其才智的集大成表现，是他一生精神探索、止于至善的结果。

　　弘一大师一生体现出他为人行事的三个字："极认真。"他出家后特别选择了律宗，其戒律是最严的，一般人很难忍受，也很难达到严格持戒。而他本来是在那个不平等的社会过着上等人的生活，不仅衣食无愁，而且浪漫潇洒，但其大彻大悟之后却选择了苦修苦行，自觉自愿过一种最为艰苦、清贫的生活。在这一方面，弘一大师给我们带来了很多启示：这就是中国的"士文化"曾经有过的执着、坚毅精神，有着其特立独行的风骨。但是这种精神今天已经基本失落了，我们当代人基本失去了像他一样的"极认真"，现在时兴的不仅是不认真，而且还包括眼下媒体经常报道的"虚""假""空"。人们已不只是随遇而安，而乃以玩世不恭来面世。"极认真"的人已被视为傻子、另类，被人嘲笑食古不化、冥顽愚钝，且基本上会被从"识时务者为俊杰"的"出类拔萃之辈"中淘汰出局。这对于中华民族带来的不只是物质的伤害，还有更严重的精神的伤害。因为如果我们失去了"极认真"的精神，从而也就失去了做人的本真。面对社会上积重难返的虚情假意、敷衍搪塞、谎话连篇、两面三刀，我们需要重新找回弘一大师所追求、坚持的精神，需要他那种真诚和认真。今天我们要向大师所学习的，就是应该回到中华民族本有的真、诚、信的境界。这也是今天我们体悟大师为什么出尘的原因。这对于我们是一个非常重要的启迪。

社会现在依然存有对宗教负面、否定的评价，而一些公开舆论也发出反对、批评"同情宗教"之声，在各种矛盾、混乱、嘈杂的声音面前，自己也渐觉无言以对、深感无力回天。其实按照马克思主义宗教观的逻辑分析，否定宗教则势必引致否定其生存的社会。那我们现在的社会与其存在的宗教究竟是什么关系呢？现在当人们去负面贬损宗教时，几乎都在（故意？）回避这一问题，让人匪夷所思。由此我不禁感慨，弘一大师所体悟且身体力行的宗教文化的真谛、信仰精神的底蕴，有谁会去认真思考呢？其抛弃一切投身宗教的思想精神至今还没有得到很好的发掘和探索，更谈不上真正被人们所理解了。与之对比，而现在我们宗教界也确有一些不尽如人意、让人诟病的地方。所以，现在社会上很多人谈宗色变、对宗教之信不以为然，情况也颇为复杂。但归根结底，其实还是有很多人根本不懂宗教、不懂信仰，无法理解宗教的本真及其应该具有的正能量，故而在其应然与或然之间出现判断之差异。由此看来，弘一大师对于他们就成为一个永恒之谜，觉得不可思议。但是，如果我们不揭秘，不去体悟、欣赏弘一大师这样的精神境界和人格风骨，我们的中华文化、我们的精神传承就没有希望了，我们的宗教理解也会偏差无改了。为此，我们今天研究弘一大师，正是要促使我们至少自己在精神上会有一种反思和反省。看到今天座谈会的这个主题，让我想到当今社会强调的是什么、其实际情况又是如何呢？我们今天特别提倡的社会主义核心价值观，其基本内容就有着对中华传统精神之魂的充分体现。既然如此，那么我们就应该自觉传播中华优秀传统文化，这也就需要我们对中华宗教文化有一个更为客观、更加科学的审视和评价，并对之要有一种扬弃性、革新性、创造性的弘扬。我们应该从对李叔同的迷惑、迷惘，而达到对弘一大师的理解、钦佩。我们要呼唤中华魂的回归，要倡导"士"的精神高扬。我们应该有我们这一代人的责任、风骨、素质和境界，以无愧于这个时代。而这些思考，就需要我们在今天认真回顾弘一大师跌宕起伏、生动感人的人生，更透彻地体悟他的思想世界、精神之魂。

（本文原为2018年7月23日在"纪念弘一大师出尘一百周年系列活动启动仪式"上的发言）

第二十一章

纪念法舫大师

参加纪念法舫大师诞生110周年座谈会暨学术研讨会，这对我来说是一次非常好的学习机会。这一研究领域不是我的专业范围，所以我是一个一不留神的"闯入者"，因为以前有几次机会是通过朋友的介绍而让我参与进来，且只是作为一个旁观者或倾听者。尽管如此，当我仅仅是经过自己很浅的一段学习之后，就对法舫大师的人格魅力、影响范围和杰出贡献深感敬佩。使我得以如此接触、体认法舫大师，必须感谢一位热心的引路人，他就是梁建楼先生。梁先生多次主动找我，向我介绍法舫大师，并经常邀请我去参加研究、讨论法舫大师的各种会议。所以说，我是被梁先生所带动的、感染的。

一个思想伟人的出现、一种思想精神的弘扬，都需要有一批具有独到眼光而且有自己深厚学术功力的粉丝。这就是我们所说的精神追随者或思想同道。我们知道今天这个社会好像是产生所谓粉丝的时代，但很遗憾我们在俗文化方面的粉丝太多了，而在精英文化的追随上却粉丝太少了，我们今天看到娱乐界、体育界有很多粉丝，基本上占据着粉丝世界的大部分。我们的公共媒体也基本上围绕着他们转，形成造星、捧星、追星、炒星的舆论链条。大家津津乐道这些"星爷""星姐"们衣食住行上的小事，成为媒体的热点和焦点，而对思想、文化、学术却少有人问津，没兴趣宣传。花花世界、醉生梦死，这种状况令人可怕。没有社会舆论、没有媒体的关注，我们的思想家、学问家、精神世界的探索者就成了孤寂的独行者。那种志向高远、特立独行、不入世俗浊流的"清高",则为被人嗤之以鼻的"傻帽"。所以,这种逆向的世风必须要加以扭转,我们的社会迫切需要的是精神思想文化界的粉丝,这个粉丝的作用及其舆论场是非常重要的。

从我们研究所来讲,我们研究所曾经有一位徐梵澄老先生,学贯中西、文通古今,是大师级学者。中国研究梵文、研究印度文化有三个大家,季羡林、巫白慧、徐梵澄,前面两位先生大家都非常熟悉,但是徐梵澄先生大家可能就不是很熟悉了,因为他1979年才回国,在印度生活了三十多年的时间。当他回来的时候,给人的印象是鹤发童颜、飘飘欲仙,有着哲人睿智之尊,而且他翻译的书也是古色古香、深奥难懂的,加上徐老先生是湖南人,讲得一口乡音,使人听不大懂,所以大家对他是敬而远之、不敢走近。他回国这么多年一直没有带过学生,所以在中国社会的知名度相对来讲也非常小。其实,徐老先生最早翻译《苏鲁支语录》时就已初露锋芒,后来到欧洲给鲁迅先生收集过版画,在中国现代史上是一个非常有纪念价值的人物。当时我们所的科研处长孙波先生因为工作的便利经常去找他,被他的学识修养所深深感动,成为其粉丝。孙先生在退休前后这段时间,潜心研究徐梵澄先生,在他的努力下使《徐梵澄先生文集》十几卷得以出版。然后他以"走近徐梵澄先生"为名发表了不少纪念文章,并完成了《徐梵澄传》的出版发行,使徐先生在中国当代学术史上终被发现,得以留有一席颇为重要的地位。正是通过这样一个学术粉丝,我们才得以走近徐梵澄先生,了解其思想学问。可以说,徐梵澄先生在今天也因为孙波先生的介绍、研究在国内有了更大的知名度。最近,《世界宗教研究》和《北京大学学报》等重量级专业期刊都刊登了纪念、研究徐梵澄先生的系列文章,形成颇具规模的徐梵澄研究声势。

所以,从这个意义上来讲,我们研究法舫大师也需要一批这样的粉丝来热情宣传。我非常敬佩像梁建楼先生这样的热心人,感谢来自法舫大师家乡的一批粉丝。我每次见到梁先生时,对他敬佩之情就油然而生,我感谢他的执着、他的坚持。他送给我们多卷本的《法舫文集》,

从中可以体会其付出的心血,然后他自己组织了研究法舫大师的学术研讨会,同时又出版学术研讨会的文集,从而使法舫大师的崇高形象映入公众的眼帘,形成社会影响。然而,我又会感到非常惭愧,因为我现在会议太多、时间又太少,很少能挤出时间参加他组织的这样的学术活动,有时出席也只能是蜻蜓点水、虚晃一枪。但我内心里是非常佩服和支持他的,希望他越做越好。正是有这样一批粉丝,而且他们还有自己的学术追求及造诣,所以法舫大师的光辉形象就逐渐地展现出来,并使越来越多的人走近大师。当然,仅靠粉丝也是做不成事的,不能让粉丝成为孤立的群体,所以也需要我们政府的支持。非常高兴的是,我们看到现在地方政府也是非常支持对法舫大师的研究的。

我们感慨历史上佛教的发展与中国政治的有机关联,中国古代佛教因体会到"不依国主,则法事难立"而有着对中国政治的主动适应,从而也促进了自身的发展。我们今天的情况也是这样的,没有政府支持则一事难成,政府应该成为支持我们学术研究看得见或看不见的手。从这个意义上来讲,来自中国佛学院的教授提了一些很好的建议,就是强调我们今天是在宗教界呼唤大师问世的时代,而这种呼唤是要让我们的宗教界有榜样的力量出现。同样,既然我们历史上已经有这些佛教界和整个宗教界的大师存在,那么我们就要把他们展现出来,要彰显他们的业绩、树立他们的光辉形象,以便能让世人来学习、来仰慕。这样,在我们今天创新的时代又可能会涌现出新的大师。这是一个承前启后的过程,而这个过程则需要有人推进、形成良性循环和步步高的提升。所以,我们非常敬佩像梁建楼先生这样一批在我们现代社会积极推荐这种思想大师的人士。

这样的一批学术粉丝应该说是今天我们社会上学术普及、学术宣传的先行者、推进者,是让人敬佩的实践先驱,他们迟早会感动中国社会的。因为,实话实讲,我们今天在学术领域、思想领域、文化领域,这样的粉丝实在是太少了,几乎凤毛麟角,同我们的文化发展实在是太不成比例了。这无疑是今天中国社会文化发展上的一大遗憾,说明我们的社会氛围在某种程度上仍然缺乏对知识的尊重、对文化的倾心、对思想的关注。那么，我们也没有必要对之抱怨，因为今天这个局面需要我们大家共同努力来改变。以上这些话语是我谈到法舫大师的思想得以推广时自己的一点感慨，仅以此表达我对大家的支持态度和感激之情。

法舫大师（1904—1951）是河北井陉县人，1920年出家为僧，1940年时受太虚大师的委托而出国弘法，先后到缅甸、印度和锡兰（今斯里兰卡）等国，于1948年由印度取海道回国，途经缅甸、新加坡、马来西亚等国，1951年在锡兰去世。法舫大师在国外系统而深入地讲述中国古代文化，认为儒佛道三家思想乃其总本，其中儒家以孔孟之道为代表而为其伦理社会观，道家以易经及老庄思想为代表而为其宇宙观，佛家则以其因果轮回、众缘唯心的思想而与儒道携手共进；由此法舫大师认为中国文化实乃"三教合一"，其核心思想则乃信、义、和、平、忠、孝、诚、敬这八字要义。当然，法舫大师作为佛教徒还是以弘扬佛法为主，但在其对中国大乘佛教文化的突出强调上则充分体现出其爱国爱教的观点、立场。在这个纪念会议上，我还想就自己的初步认知来具体谈谈对法舫大师的四点感受。

一是法舫大师热爱祖国。

在法舫大师的一生中，祖国是他非常眷念、非常热爱的，这在他的关注中乃是重中之重。我们知道，法舫大师生活的那个时代，是中华民族处于一个非常艰难甚至饱受煎熬的时代——外敌侵入，国内社会机制的腐败，民众处于困苦之中；所以在这种情况下，法舫大师体现出对中国社会发展的期盼，对祖国繁荣昌盛的憧憬；如何能够使国家及人民富强起来，这是他发自内心的向往和关心。这种热爱表达出其中华赤子之情、拳拳报国之心。在他的一生中，为了国家的富强，为了抵御外敌，他全力以赴奔走呼号，千方百计想出各种各样的办法来尽心尽力支持祖国的崛起和兴盛。应该说，热爱祖国的情结在法舫大师的一生中得到了非常典型的体现。所以，今天我们强调中国宗教界的爱国，这就是最大的政治。当前我国国内对于宗教还有各种不同的理解，其中一个最为关键的理解，就是对宗教的政治定位问题究竟应该如何看待。如果中国的宗教能够充分体现出爱国的意趣，就应该肯定其政治定位，因为爱祖国就是最大的政治，这是宗教倡导的真善美在我们现实社会中的体现。应该说，法舫大师在这一方面是一个非常值得我们学习的典范。

二是法舫大师热爱佛教。

这就形成他爱国爱教的有机关联。他对佛教的热爱至少体现在三个层面：第一个层面是潜心研究佛学，他深感佛教有非常深刻的思想，非常悠久的历史，而且还有非常广泛的传播，值得毕生探究。所以，各位专家大德在研讨会上对于他的佛学思想有着非常精透的介绍和分析，反映出法舫大师在佛教领域的博学。我对佛学是外行，但我听了大家的发言之后也是很受启发的。刚才不少专家学者指出，挖掘他对于佛学思想的贡献，对于今天我们佛学的发展也是非常重要的，法舫大师思想的研究即能反映当今中国佛学的深入发展。第二个层面是在佛教的宗教修行上严于律己、以身作则，这种修持使他高僧大德的光辉形象栩栩如生，其在修行上所达到的境界也是人们由衷敬佩法舫大师的一个重要方面。第三个层面就是关注佛教的弘扬，法舫大师认为佛教的弘扬还需要中国佛教自身的改革、革新，作为太虚大师的高足，法舫大师在佛教的革新、深入人生中投入了很大的精力；我们知道，人间佛教的传道是太虚大师所倡导和推动的，法舫大师继承了这一传统并身体力行，朝着佛教同社会文化相结合的这个方向做出了他的努力。而且，他关注整个世界佛教的发展，以世界佛教作为一个更大的背景来激励中国佛教的生长与发展。在这三个层面上的所思所行，就把法舫大师热爱佛教淋漓尽致地体现出来。

三是法舫大师热爱文化。

法舫大师对中国悠久的传统文化有着非常深入系统的研究。此外，他对世界文化，尤其是世界佛教文化，也有他独到的理解和专门的探讨。他周游世界，到很多佛教国家去留学，又去传教，把人家好的东西吸收进来，把自己的文化精粹传播出去。这样，他实际上就已经成为一个文化交流的使者，于此才有我们提到的黄心川老先生高度评价他的题词（古有玄奘、今有法舫）。这种文化交流在法舫大师那儿有着非常鲜明的展示，留下许多佳话。这使我深深感到我们今天中华文化的复兴在于其核心层面的高扬，其真正要复兴的就是我们的思想文化，而我们的思想文化恰恰是目前发掘得很不够的，今天仍有重物质文明、轻精神文明的现象。所以，倾心思想文化，这是我们今天学习法舫大师的一个重要的方面。

四是法舫大师热爱和谐。

这个世界是多元共构的，包括佛教也有多宗多派，所以说世界不是平的，而是立体意义上的共建，如果要达到世界共存共在的话，和谐是非常重要的，和谐即人类命运共同体得以存在和维系的内在秩序。法舫大师在其思想中所体现的和谐，就是我们已经关注并论及的，他有着对不同的信仰、不同的文化、不同的宗教教派平等对待的观照或比较。我们知道，他的导师太虚法师在中国近代史上是最早提倡耶佛对话的，我拜读过太虚大师关于基督教的文章，其包容和大度令我深受感动。而且，我们在今天的人间佛教、人生佛教的实践中，仍然可以看到有很多对基督教一些社会实践的比较和参照。从这个方面来讲，不同宗教的对话和比较，不同文化的对话和比较，不同社会秩序的对话和比较，都是非常重要而且必要的，这样才能形成一种社会的和谐。我们今天说要构建和谐社会，要构建世界和谐，是人类美好的愿景；这就需要一种共构的努力，需要保持圆融的姿态。我们的地球是圆的，我们也应该具有和谐圆融的世界精神。其实，法舫大师是走在我们前面的，起到了一个非常好的引领作用。所以，我由衷敬佩他的前瞻和远见。

由于我对法舫大师的研究不多，认知太浅，仅就这四个方面谈点自己的感受，而这已经足够我们向他好好地学习了。

最后请允许我代表中国社会科学院世界宗教研究所、中国宗教学会对我们纪念法舫大师110周年诞辰的研讨会表示热烈的祝贺！向各位专家学者、高僧大德、各位朋友表示衷心的敬意和感谢！

（本文为2014年在"纪念法舫大师诞辰110周年座谈会暨学术研讨会"上的发言）

第二十二章

探究赵朴初的"人间佛教思想"

赵朴初（1907—2000）先生是当代著名的爱国宗教领袖、社会活动家、影响广远的文人、诗人和书画家，在20世纪中国社会文化发展中做出了卓越贡献，并为我们今天中华文化复兴、为实现"中国梦"的奋进探索留下了非常宝贵的思想文化遗产。赵朴初先生是当代中国名人，同样也是当代世界名人，其形象及影响已经跨越国界，在世界许多地方被人敬仰和学习。尤其在佛教思想文化领域，赵朴初先生在当代中国佛教发展史上代表着一个时代，是人们心目中光彩熠熠的丰碑。因此，我们在赵朴初先生的家乡安徽举办赵朴初"人间佛教思想"暨"太湖禅文化"学术研讨会，会后大家在太湖围绕其"禅文化"进一步深入调研，故而有着非常独特的学术意义和给人重要启迪的现实意义。

"人间佛教思想"发端于20世纪初，是佛教历史久远的"中国化"进程的现代延续和重要补充，这一思想为太虚大师所提倡，被赵朴初先生、印顺和星云大师等佛教界有识之士所全力推进，由此开启了中国佛教从近代到现代社会重大转型之路，代表着佛教积极适应中国现代社会发展及多元宗教对话而进行的理论创新及实践探究。在中国大陆，人间佛教思想尤其得到赵朴初先生的推崇和践行，其突出贡献就是将佛教思想的传承与中国社会主义社会的现实有机结合，达到其和谐共构。

赵朴初先生出生于1907年11月5日，为安徽太湖人，其自幼有着极好的家学渊源，且热衷于文史哲的钻研，后信奉佛教，并把其宗教信仰与其社会关怀密切结合。赵朴初先生在其人间佛教的实践中极为独特的就是他积极参加了抗日救亡运动和中国人民的解放运动。例如，赵朴初先生于1936年发起成立"中华佛教护国和平会"，1939年参加宪政促进运动，1945年参加发起组织中国民主促进会，1949年担任上海临时联合救济委员会总干事，1952年参加发起成立中国佛教协会，以爱国爱教的表率作用投身于中国社会主义建设事业。赵朴初先生曾深刻指出："我们提倡人间佛教的思想，就要奉行五戒、十善以净化自己，广修四摄、六度以利益人群，就会自觉地以实现人间净土为己任，为社会主义现代化建设这一庄严国土、利乐有情的崇高事业贡献自己的光和热。"我们党和政府倡导积极引导宗教与社会主义社会相适应，赵朴初先生对此积极响应，并从佛教理论意义上加以阐发，以佛教社会存在中的建设发展来实践，旨在获得在"社会主义社会的殊胜因缘"下的双赢，使中国佛教在这一当代处境中展示出其积极、和谐、融通的正能量、正功能。赵朴初先生于2000年5月21日在北京去世，留有《片石集》《滴水集》《佛教常识答问》等著述。他带领中国佛教徒积极弘扬佛教的优秀传统，坚持爱国爱教，而中国佛教今天也正是沿着这一道路而获得积极发展，由此亦使中国社会能越来越多地体会并鼓励中国佛教的"功德圆满"。此外，赵朴初先生还身体力行，积极推动国际宗教界特别是佛教界的友好交往与和平对话，因而于1982年被日本佛教传道协会授予传道功劳奖，被日本佛教大学授予名誉博士学位，1985年又被日本庭野和平财团授予和平奖。在赵朴初先生的积极促进下，世界宗教和平事业曾取得飞跃发展。

赵朴初先生在佛学造诣上亦很深，尤其是他深入浅出，把佛教思想讲得清楚透彻，使人容易领悟，得以及时开窍。自己不仅有幸聆听过赵朴初先生对佛学精髓的深入剖析和精辟解读，而且也曾经拜读过赵朴初先生所著《佛教常识答问》，这给自己后来编写宗教知识普及读物也带来了许多启迪和思路。

这次会议将触及的"太湖禅文化"，则正是赵朴初先生的家乡对中国社会文化发展的独有贡献。我们知道,"禅文化"代表着中国佛教真正在文化意义上实现了"中国化"。这种"禅"的智慧、思想已经成为中国精神的重要构成。而"禅"的意境、修炼也让众人所期盼。"禅"从印度文化传入时,鸠摩罗什曾译之为"思维修",玄奘称之为"静虑",表达了宁静安详地深思之意。据传禅宗始祖为菩提达摩,因其曾在少林寺"面壁而坐、终日默然"地禅修而使少林寺有着禅宗祖庭之说。二祖慧可始将禅宗传入太湖,由此结缘而为太湖禅之根。所以说,赵朴初先生的家乡有着特别的"禅缘",非常值得大家对其研究加以鼓励和积极参与。在中国禅宗的发展上,至六祖慧能则得以建立起真正中国意义上的"禅"思想文化,他在韶州曹溪宝林寺主张"识心见性、顿悟成佛"而使禅宗发扬光大、独树一帜,有了中国人的禅意、禅味和禅境,故此宝林寺亦有了中国禅宗之源的声誉。"禅"在印度只是传说,而在中国才成真实。为此,"禅文化"的研究乃是中国宗教特色之一的探究,值得我们花大气力。尤其在弘扬中国优秀传统文化、推行社会主义核心价值观的今天,我们更应该好好发掘禅文化的精神和其体现的睿智。当然,我本人对"禅"尤其是"太湖禅"知之甚微,来此也是抱着学习的态度,特别是希望在赵朴初先生的家乡获得一些灵气、吸收一些禅味。故而特别希望听到大家的精彩之谈,以增进自己的智慧和修养。在这种研习和践行方面,赵朴初先生都已经为我们树立了光辉典范,而这正是今天我们纪念、研究赵朴初先生的独特意义之所在。

对赵朴初先生的研究在全国已经积极展开,在安徽、北京、上海等地都相继成立了"赵朴初研究会",办有相应的研究杂志,并经常组织纪念赵朴初先生的研讨会。我在北京曾经参加过好几次这样的研讨会,对赵朴初先生的政治立场、学术造诣和人格魅力都深有了解、由衷佩服。赵朴初先生是中华人民共和国成立以来中国佛教新时代发展中的一代大师,是最具代表性的宗教领袖,他的生平经历及佛学研究都给我们留下了非常宝贵的精神财富。我们对赵朴初先生的隆重纪念,不仅是我们自己在精神上、学术上的重要收获,而且也是为了在中国社会主义社会发展的新时期中国佛教的继往开来、开拓创新。

（本文为在 2014 年 10 月 11 日于安徽省合肥市召开的"赵朴初人间佛教思想暨太湖禅宗文化学术研讨会"上的致辞）

第二十三章

简论中国佛教教育及其关联

缘起

关于宗教与教育的关系，当代中国的情况比较复杂，人们对之有着不同的理解，尤其在社会公共教育（国民教育、公立学校教育）领域，有关宗教教育似乎是一个不应论及的禁区，因为按照通常理解，宗教应该与教育相分离，宗教不得干涉教育；这样，似乎宗教与教育无缘。在此，宗教教育与国民教育之"异"比较明显。但实际上，若从全球范围来看，世界上许多国家和地区，宗教与教育并没有这样一条明确的禁线而区分开来，甚至宗教办教育也比较普遍，社会上有不少宗教大学等学校机构。在我国港澳台地区，宗教界办教育的范围也很广，从幼儿教育经小学、中学教育一直到高等教育基本涵括，尤其是大学教育由宗教界负责办学的情况比较突出。当然，宗教参与公共教育与其宗教内的信仰教育还是有区别的，公共教育面向社会大众，而专业宗教教育则属于相关宗教内部的独特信仰教育。在1949年之前，中国宗教界也办了许多大学、中学、小学以及从事特殊教育的学校，这类教育曾形成较大的社会影响。而1949年之后，这些宗教界所办学校则收归国有，从此宗教从外延型的社会公共教育领域退出，只进行内涵式的宗教建制之内的专门宗教教育。

当代中国宗教界内的教育开展情况，根据2018年4月3日《中国保障宗教信仰自由的政策和实践》白皮书的数据：目前经国家宗教事务局批准设立的宗教院校 91 所，包括佛教 41 所，道教 10 所，伊斯兰教 10 所，天主教 9 所，基督教 21 所。其中全国性宗教院校 6 所，即中国佛学院、中国藏语系高级佛学院、中国道教学院、中国伊斯兰教经学院、中国天主教神哲学院、金陵协和神学院。目前这些宗教院校在校学生共 1 万余人，累计已毕业 4.7 万余人。从以上数据来看，中国佛教教育的力量还是比较强的，这对佛教人才的培养比较有利。

不过，中国社会公共教育也并非彻底与宗教无缘。中国人民大学长期办有宗教界教职人员及各个教界精英人士参加培训的宗教研修班，有着较为系统或综合性教育训练，这就使国民教育也没有与宗教根本脱节，允许宗教界人士的相关参与，尤其是接受国民教育和通识教育。于此，尽管宗教界人士是公立高校中的受教育者，也不可能避免有着宗教内外涉及教育范围的交流与互动；而且现在也有宗教界人士以个人身份参加国民公共教育，在读硕士、博士学位，甚至参加博士后等国家正规教育，从而使宗教界人士以前只在宗教院校之内受教育的局限也得以打破。这些教育的内容乃非常丰富多元。为此，这里虽然是专门思考其体现为宗教人员结构上的那种内涵式的佛教等宗教教育，但也想从学术观察研讨的角度探究一下相关教育之间是否也有"求同"的现象。

一 从其词源、语义上对宗教与教育内在关联的思考

其实"教"涉及宗教与教育这两大领域的表述乃源远流长。在中国远古时代"教"早就被用来表示人们"对神道的信仰"，在《周易·易观》中有"观天之神道，而四时不忒，圣人以神道设教，而天下服矣"之句；儒家经典《中庸》中也曾指出："天命之谓性，率性之谓道，修道之谓教"；而《礼记·祭义》则说得更为清楚明确："合鬼与神，教之至也。"这种"教"字的宗教蕴涵始于殷商时期，最早曾指宗教"术士"，至春秋时期则有了"教士"之意，后演化为"教化""教

师""教育"等表达，从此触及教育领域，这就已经喻示了中国古代文化传统中宗教与教育的一种内在关联。故此蔡元培在其《佛教护国论》中把"教"与"国"相关联，认为"国者，积人而成者也。教者，所以明人与人相接之道者也。国无教，则人近禽兽而国亡，是故教者无不以护国为宗旨也。我国之教，始于契，及孔子而始有教士"。孔子于是既代表着宗教中的"教士"，也代表着教育中的"教师"。中国学界曾有人偏执地认为"儒教"之"教"乃"教育""教化"之"教"，而绝非"宗教"之"教"；殊不知在中国古代文化语境中，这种"教化"之"教"与"宗教"之"教"乃互通的，并无本质之别。其实，在儒释道"三教"并称时，不可能只有"儒教"是教化，而释、道则无教化；反之亦然，不可能只有释、道是宗教，而儒则与宗教无缘。

"宗教"二字合用最早始于佛教术语，所以其涉及现代意义的宗教之用并非日本的原创。梁朝袁昂（459—540 年）在《答释法云书难范缜神灭论》中已经提到"仰寻圣典，既显言不无，但应宗教，归依其有"，而隋朝释法经在《上文帝书进呈众经目录》中论及其修撰众经目的时也有着"毘赞正经，发明宗教，光辉前绪，开进后学"之强调。后来《景德传灯录》十三《圭峰宗密禅师答史山人十问》之九也有了"（佛）灭度后，委付迦叶，展转相承一人者，此亦盖论当代为宗教主，如土无二王，非得度者唯尔数也"等表述。而《续传灯录》七《黄龙慧南禅师》一文中也有"老宿号神立者，察公倦行役，谓曰：'吾位山久，无补宗教，敢以院事累君'"之句。这里都明确论及宗教，而且是宗教二字的合用。从此，中国佛教以佛所说为"教"，此乃其核心内容，而佛的弟子所说为"宗"，"宗"为"教"的分派，引申和演绎等发展扩大，故有宗派的区分。太虚对之曾说，"按之佛典原来意义：宗、宗派也，教、佛教也。教、为全教，宗、为一派；若佛教之法华宗，佛教之华严宗等"。[①]""宗""教"二者由此合称而为"宗教"。本来，"宗教"是指佛教中的"教理"；后来才被用来泛指一切"对神道

[①] 黄夏年主编：《太虚集》，中国社会科学出版社1995年版，第396页。

的信仰";由此以来,"宗教"这一中文术语实际上就有了"人生宗旨、社会教化"之意,也即有了宗教信仰之意。后来,"宗教"作为佛教术语而随佛教经典传入日本,日本佛教界在其理解中本来是将难用语言表达之真理视为"宗",而各种尝试解释这类真理的教义诠释则被视为"教",这里显示出日本文化在理解中文上的细微差别,其"宗教"理解与中国佛教故而有所不同。但在中日佛教的这种理解中,我们可以看到其显现的"宗教",却也可以体悟其所蕴含的"教育"意义及职能之潜在。日本佛教界对"宗教"的理解及其运用,已经奠定了日本社会在明治维新之后用"宗教"这一汉语表达来理解、翻译西文 religion 的基础,故而不可简单地认为这一层面的"宗教"理解和译解乃日本的原创。

而在社会层面,中国宗教理解强调"神道设教",这种"神道"乃虚实结合:在形而上层面,其"道"或"天道"乃虚,作为涵括整体的至上观念及宇宙本源"不可道"、难言语,却为自然规律之本、社会道德之源;所以,有学者认为中国古代宗教的本质乃"虚神"信仰。但在形而下层面,则有栩栩如生、极为实在的神仙、天尊、佛陀、菩萨等"多神"崇拜,有着其具象性之"实",甚至佛教的"觉悟"这一抽象理解也被其信众的具体崇拜物化、具体化为各种神灵形象。此外,中国宗教还有兼具宗教性和世俗性、建构性和弥散性的各种宗教结社和众多敬拜社团,其中也包括各种相关的教育形式,儒家孔庙、佛教寺院在古代都曾有其典型的教育功能,甚至古代书院这一典型的教育建构也没有根本脱离具有宗教性的精神意向或指导。所以,中国宗教具有体现"天人合一"的"人间"意向和相信"多元一统"的整体把握,与其他绝对一神教传统形成区别,故有"人文宗教"之称,而这种"人文"性质显然也很难根本脱离教育。欧洲大学这种高等教育的模式即始于宗教教育,原属天主教的修院、大教堂学院等与以宗教教士为主导的宫廷学院的结合,才产生了近现代意义上的大学,逐渐发展形成当今世界高等教育的繁荣景观。由此分析,宗教之"教"与教育之"教"在中外的古代历史文化中本来就区别不大,至少在古代社会中,"教"既是指

"宗教"之"教化",也是指社会大众之"教育"。其实,可以说人类的教育原初也离不开宗教教育,只是随着社会的世俗化才出现了宗教与社会大众教育的分离。

二 宗教(佛教)教育之三层面

就笔者个人的理解,中国的宗教教育(包括当代佛教教育)至少应该包括如下三个层面的教育,即本宗教的经典教育、跨宗教的通识教育和更大涵括的社会通识教育。

1. 宗教经典教育

从事宗教经典教育,这对于宗教界而言是最根本、也是最基本的教育,因为这是宗教教义之源,是宗教信仰的理论依据,也是其宗教传承之源端。基督教以《圣经》为其最基本的宗教经典,以此研习而形成基督教最基本、同样也是最普遍的圣经教育,由此发展出圣经经典学、圣经文献学、圣经诠释学、圣经神学等。伊斯兰教则以《古兰经》为其最重要、最基本的宗教经典学,由此形成伊斯兰教经学教育等发展。这两大宗教的基本经典比较集中、突出,形成其内容丰富的宗教经典教育。

佛教的情况则比较复杂,其经典浩如烟海,且比较分散,历史上佛教经典翻译史在整个中国佛教史上占有重要地位,许多佛教知名人士都是翻译佛教经典的大师,如来自西域的鸠摩罗什和真谛以及西天取经的玄奘、义净等人。但佛教宗派众多,故而不同的宗派则会有其经典教育的不同侧重,而突出强调其师承的经典。在多达数千卷的佛教经典中大致可分为疏释类、史传类、总集类、类书类、音义类、感应兴敬类等,逐渐形成佛教大藏经的巨大规模。佛教典籍统称佛经,包括经、律、论三大部分,习称"三藏"。其中"经藏"为佛教说教内容,按其文字包括梵文、巴利文、汉文、藏文、蒙文、满文、日文、西夏文等佛经,如汉文佛教就分为以"阿含经"为主的小乘经和包括各大部类的大乘经,一般包括般若部、宝积部、大集部、华严部、涅槃部等。"律藏"为佛教戒律书，也包括小乘律和大乘律。而"论藏"则为佛教的论述、注解等，同样有小乘论和大乘论等。

不过，在中国大众社会（俗界），对佛教经典也特别热心，比较流行的佛教经典如《心经》（《般若波罗蜜心经》）、《金刚经》（《金刚般若波罗蜜经》）、《六祖坛经》等已被多人研读，有着脍炙人口的广泛流传，而且教外一些学者对之讲习、解读也形成了巨大社会影响，"粉丝"如云。例如，中央党校曾有一位教授所讲《金刚经》等佛教经典就颇受欢迎，受到普遍关注。曾经有人质疑党校的教师为何也讲佛教经典，后被解释为是弘扬中华传统文化的一种方式而使之得以解脱，不再被追究。对于社会上的这种宗教经典教育等情况，中国佛教界除了对自己传承的经典有专门研究之外，可能对社会外界这种解经现象也应该有适当的观察和关注。这是一个很有意味、颇值得探究的当代社会文化现象。

基于这种宗教经典的教育，则可扩展为对其宗教历史、教义理论、教规教法（清规戒律）、礼仪崇拜、宗教传承、文化艺术、道德伦理等方面的教育。这些教育都属于其宗教内的基本教育，是作为其信仰者所理应具备的宗教知识。此外，佛教还有自身修行体验等方面的教育内容，当然这就属于宗教教内研究之专论了。

2. 宗教通识教育

这一层面的教育是佛教信众在基于佛教本宗教基本常识和重要知识的掌握之后，对其他宗教的了解和学习。目前世界学术界流行一种"经文辨识"的当代发展，其特点就是对各种宗教经典加以比较研读，通过所谓"辨识"来求同存异、展开诠释和对话，它从根本而言实际上是一种宗教比较与对话，其教育的基本精神是找到并体悟世界各种宗教的普遍特征及其独有的个殊性。欧洲中世纪最后一位经院哲学家库萨的尼古拉在比较、研究犹太教、基督教和伊斯兰教之后，就曾认为它们是"同一种信仰的三种不同崇拜方式"，这给人们带来了巨大启迪。近代启蒙思想家莱辛就曾以论人类的教育来专门谈到过宗教教育的特点及其历史发展演变，认为既要有其明确的发展观念，也需要历史性地回顾、审视古代宗教教育的特点及其历史局限性。当代西方宗教哲学家约翰·希克就把世界各种宗教所信奉的神明集中表达为"终极实在"，认为各宗教信仰观念其实都是对一种"终极实在"（Ultimate Reality）所达到的理解，而"神名"如"神""道""梵""天主""上帝""安拉"等则是有着不同民族、地域、文化、语言熏染的多元解读或处境化表达，是世人理解"绝对"的"相对"之言，人类各民族实际上是可以"情同此心""心系此理"的。其多元的神明观念反映出对同一种"终极实在"（绝对、整体、无限、永恒）的领悟，甚至佛教中"佛陀"虽有"觉悟"之原意，在此却也表达了一种神圣的升华和抽象过程。这里"同"是绝对的、"异"乃相对而言，由此使各宗教最为本真的神明理解达到了整体意识上的共识，也使丰富多彩的宗教现象在整体思维之框架中获得思想表述、逻辑结构上的关联与整合。此外，这些探究主要是在一些高等院校中来展开，包括一些公立的大学同样也在积极讨论这类话题。显然，其与教育的关联乃十分密切的，而这种教育则已经打破了教内、教外之限，成为比较普遍的高等教育现象。例如，2018年杭州灵隐寺佛学院曾专门请笔者去讲了半天"西方宗教学"的历史与现状，笔者与参加会议的法师们也有积极的互动，双方都颇为受益，开阔了眼界。中国当代佛教比较流行"人间佛教"或"人生佛教"运动，而这一思想的先驱之一太虚法师在20世纪初就曾专门研究过基督教，写过相关专论，如《中国需耶教与欧美需佛教》[①]等，其"人间""人生"等构思和创意，其实也曾受到基督教的一定启迪。

自20世纪60年代以来，国际宗教界曾流行不同宗教之间的对话运动，其理论与实践就是主要以教育的形式来展开。笔者于20世纪80年代在德国慕尼黑大学留学期间，就经历了这种不同宗教间的教育互动。

[①] 原载《海潮音》第十九卷第八期，参见黄夏年主编《太虚集》，中国社会科学出版社1995年版，第437—441页。

欧洲不少天主教修会如本笃会、耶稣会的修士就曾到日本禅宗佛寺去修行、学习和体验，而日本相关佛教寺庙也曾派出佛教僧侣到欧洲大学学习天主教神学、到修道院修行等。笔者曾接触到一位来慕尼黑大学进修、住在德国本笃会修院的日本和尚，印象中好像他特别喜欢踢足球，此乃欧洲非常流行的运动，他也会参加各种宗教研讨会，我们常在会上碰面。这其实就是跨文化、跨学科的宗教教育。目前在欧美的不少神学院，不仅有基督徒担任教师，而且也有相当比重的佛教徒、印度教徒、穆斯林等学者担任其神学院的教师；所以，基督教神学已不再只是传统的基督教学问，而有着更为广泛的比较宗教学知识，是"各宗教的神学"，即一种教育领域的"世界神学"。

通过这种宗教通识教育，则可从比较、对照的方法而找出世界宗教所共有的问题意识、超越追求，以及其不同的表达方式或认知进路。这在国际上当代宗教教育中极为普遍。由此，大致可从抽象、思辨层面总结出如下一些思索：

从宗教问题的类型来看：有尝试证明各教神明、神圣之存在的宗教探讨，有对各教教义思想的哲学思辨，有在各宗教理论层面上的理性论证，有对各种宗教宇宙观、世界观和人生观的评价或批评，有对各种宗教发展的现象学描述，有对宗教价值判断之批评性释义，有对各种宗教语言的语义探究和结构分析上的比较研究。

从宗教理论的体系来看：涉及认识论、对象论、反映论、接受论、构成论、生成论和简括论等认知取向，从而形成各种宗教的思辨体系、经院体系（或新经院哲学体系）、唯心体系（或新唯心论体系）、推理证明之逻辑体系（因明）、文化史体系、比较文化体系、话语体系、怀疑体系、批判体系以及分析体系等。

从宗教研究的对象来看：则关注各宗教的真理问题，包括其宗教的本质、本真、本原，哲学与神学的关系、思想与信仰的区别、理性认识在宗教信仰中的作用与地位，神秘思维及其特征，以及宗教与哲学、政治、道德、艺术和文化的关系等问题。其重点则是探究人的"宗教性"问题，涉及其作为宗教的标准和范畴、宗教概念或定义、宗教及神秘体验、宗教修行、宗教的神话、象征与意义、人神关系、宗教的逻辑、宗教与科学的关系、宗教生存方式及其真实性、宗教的文化意义、道德意义与审美意义等。

从宗教研究的内容来看：有宗教的形而上学体系及其基本哲学含义，宗教信仰与宗教体验的关系问题，宗教的象征范畴及其归类，宗教神话及其神秘象征的文化关联与思想渊源，各教神明问题（如神的属性、神的存在、人对神的认识、证明、信仰、怀疑或否定、梵、佛、道的形而上问题及其神明意蕴问题等），包括有神、无神之论（有人就认为佛教就是"无神"的宗教，但也有人认为大凡宗教必定"有神"），一神、多神之解，中国宗教中的"虚神"问题，西方宗教中的绝对"一神"问题，人类历史的宗教影响及其信仰特色，宗教产生与消亡的历史意义及其规律问题，宗教与人类文化发展史的关系问题，宗教意识及神学理论在整个人类思想史、精神史中的地位问题，宗教哲学（玄学、佛学、道学）在科学理论上和文化历史上的意义与价值问题，宗教与意识形态及社会存在的关系问题，宗教评断、评价和批评问题，"宗教之人"在整个人类社会中的构成及理解问题，宗教在人类民族的道德伦理、政治体制、思想气质、民族气质、经济文化等方面的区别与特征问题等。

这些不同层次及视野的宗教问题探讨和宗教知识的吸取，不仅会深化人们对宗教的认识和理解，丰富当今宗教教育的内容，而且也使信众意识到自身宗教所具有的更加鲜明的个性特色，认识到宗教教育自身严谨缜密的理论体系，以及与公共教育的联系和区别等。总之，宗教通识教育的目的就是扩大视野、加强对话、取长补短、各美其美、美美与共；相关宗教信众在了解其他宗教的本真之际，亦可能会更加深入体悟、坚信自己信仰的优杰及可持续发展的活力。

3. 社会通识教育

首先，这一层面的教育则包括作为基础的世界史与中国史、世界文学与中国文学、世界哲学与中国哲学、世界伦理与中国伦理、各族文化传统及其民族习俗等。

其次，对当地社会法律法规的学习教育，有利于宗教的"中国化"进程，具有遵纪守法的公民意识。

最后，对党和政府方针政策、中国社会政治层面的学习教育。佛教有着理解"不依国主，则法事难立"的丰富经验，当前也有"庄严国土、利乐有情"的抱负；为此，应该如何正确对待今天的政教关系，则必须有新的学习教育任务以及及时熟悉其社会政治话语体系和思想价值观的必要。这种教育也还必须有对执政党方针政策的深入、透彻了解，有对我们社会的"一带一路"国际合作，共建人类命运共同体所需要的相关知识等。这里，也自然包括对马克思主义的相关学习教育等。

自近代以来，许多国家的宗教因为"教随国定"而增加了许多国家教育的内容，不仅增加了世俗文化的内容，更多的是必须有着相关社会的主流意识形态及核心价值观内容，这是当代宗教教育也不可回避的。例如，我在西德学习时，当时东西德没有统一，作为社会主义国家的东德基督教神学院，马克思主义（宗教观）是神学院的必修课。这种教育特点，在我们国家当前的宗教教育中同样已经得到充分体现。所以，并没有因为宗教是"唯心论""有神论"而就脱离我们社会的主流价值观、当代意识形态教育，这种"求同"虽有张力却非常明显，毋庸置疑。因此，我们对中国的宗教教育在当下也必须要有更宽、更广的理解，这既体现了其时代社会特色，也反映出宗教界在宗教教育领域与整个社会的积极对话和与时俱进。

当然，这种社会通识教育信息量大，内容丰富，一个人终其一生也不可能穷尽这些知识。故此，这一层面教育的目的主要是表达一种"海纳百川，有容乃大"的意向、一种积极对话、寻求相互理解的姿态，依此而保持宗教教育中全面教育、"全人"教育的活力，使之在可持续发展中亦增强其自身宗教的可持续发展、闪现文明之光的能力和魅力。

（本文为 2019 年 10 月 18 日在南海"佛教深圳圆桌会教育分论坛"上的主旨发言）

第三编 道教研究

第二十四章

中华之道　启迪世界

一　"道"在中华文化及中国宗教中的意义

"道"之观念，是中华文化"一以贯之"的核心思想，也是中国宗教本真最经典的表述。对"道"的理解乃是对中华文化及其宗教精神之精髓的把握。

"道"最直接的字面意义，一为客体之路径："道路""大道"；二为主体之言述："说道""言道"。

"道"最关键的意蕴理解则是融贯天地、涵括宇宙、揭示生命。这里，"道"贯通天、地、人，乃"三材之道"，故有"天道""地道""人道"之说。《周易·系辞下》云："《易》之为书也，广大悉备。有天道焉，有人道焉，有地道焉。"

"天道"指具有超然、超越之意的秩序、法则、规律、理念。"天道"体现了形上、神圣之意，故亦为"神道"。人们需"仰以观于天文"，"大观在上"，"观天之神道，而四时不忒。圣人以神道设教，而天下服矣"（《周易·观卦第二十》）。

"天道"之超然、神圣而使人感到"天道远""天道无常"，给人留下神秘、敬畏之感。不过，由于"天道"与"天命"相关，并非完全与人类无缘，故让人形成宗教信仰，使"道"与"教"紧密相连。"天命之谓性，率性之谓道，修道之谓教"。要达到"天道"之境，世人必须修行,这种"修道"即为宗教。

"地道"乃指自然规律,万物生灵之所依,故需"道法自然","俯以察于地理,是故知幽明之故"(《周易·系辞上》)。自然的奥秘很难为世人所彻底洞观,但人们必须遵循自然的规律,不与自然相悖。"地道"具有生态意蕴,亦乃科学探究之法。人对"地道"的窥探,方能体悟"道通千古"的深远意义,形成人们的发展观念和历史意识。

"人道"即人世之道、社会规律。在此,"人道迩","道不远人",与我们的生存及其生存意义息息相关。以"道"为人方体现出"德","德"即"道"的人世实践,故有"道德"之称,形成人的价值观与实践观的有机结合。

"道"体现在天、地、人之中,虽各有特色,却因"道"而融通。其特色"是以立天之道曰阴与阳,立地之道曰柔与刚,立人之道曰仁与义"(《周易·说卦》)。其关联则在于"一阴一阳之谓道。继之者善也,成之者性也。仁者见之谓之仁,知者见之谓之知","成象之谓乾。效法之谓坤。极数知来之谓占。通变之谓事。阴阳不测之谓神",只可惜"百姓日用而不知,故君子之道鲜矣"(《周易·系辞上》)。

上述之"道"很难透彻说明,因为其极为抽象、极为玄奥。实际上,"道者,无之称也,无不通也,无不由也。况之曰道,寂然无体,不可为象"(《论语释疑》),遂有"形而上者谓之道"(《周易·系辞上》)的解释,这需要人们的体悟、思考、修炼,由此才能把握其"道理","理"即对"道"之理论层面的说明;虽然相对而言可以说"道不远人""理无分殊",对人的努力会有"天道酬勤"的回报,却也只是相对的,故而不能忘记"道可道,非常道"(《道德经·一章》)的终极意义,认清人在悟道上的相对性及二者之间始终会有的距离,对人之自己有着清醒的认识和恰当的知足。"道"在人们的文化质感上会给人圆融、阴柔的印象,反映出中华文化含蓄、包融、以柔克刚的气质,也给中国宗教带来一种独特的哲理意向和其宗教性模糊难猜的自然装饰。中国宗教自古给人一种"哲学宗教"或"自然宗教"的印象,也被人视为是一种具有整体观的"普世信仰"。为此,有中国哲人认为

"宗教"一词很难涵括西文 religion 的蕴意，而最为恰当的中文表述则只有"道"一字，因为"道兼涵体用两面，Religion 亦具宗旨及方法两面；道可以完全表示个人与宇宙本体之嘘吸关系，同时亦不遗落个人对于社会之活动及适应"。①"道"流淌自如，两极沟通，广为弥漫，无所不及，因而可以用"水"的特性来比喻。《道德经·八章》说："上善若水。水善利万物而不争，处众人之所恶，故几于道"。正因为道家、道教领悟到这一点，因而才成为具有逍遥、洒脱、浪漫、超越精神的学派及宗教，道家思想已成为独树一帜的"道哲学"，而且既是"宗教哲学"，也是"艺术哲学"，把人生灵性、美感、空灵、任运的气质发挥得淋漓尽致。

除了"形而之上"的层面，"道"在中华文化中亦充分体现了其自然生命的蕴涵。如"道养千年"的思想，一乃体现人与自然的和谐，二乃反映人际即社会的和谐，此为自然与社会之道的有机结合，是"道"接地气、道法自然的具体展现。所以，中华文化中的养生之道，一方面是要保护自然生态，另一方面则是纯化人世心态；这种养生在于自然生命和人世生存，即不违背自然规律，顺自然之势而为之，身心都应保持一种自然平和的处境，望穿时空，任运自然，不以物喜，不为己悲；平淡、清净、潇洒、超然，摄取自然之精华，去除人为之累赘，由此发展出的养生运动在于合乎自然，体现圆融，既不要懈怠，也不走极端，动静结合，快慢有度，采天地之精华，避人世之喧嚣。在此，养生的环境在于清、静、纯、雅，主张自然淳朴、行云流水，结合处境与心境来返璞归真，以达上善。因此，养生需要自然社会之外在的大环境和心态气质之内在的小环境，既需适应环境，也有必要改善环境。外在环境应是"山色水韵"，体现自然之美，内在环境则宜"仙风雅气"，反映心灵之秀，故此而成秀美之境。这是"道"给我们带来的基本生活精神，为此就需要我们问道、修道，体悟生命的奥秘，认识自然及社会和谐才是世界发展的坦途。"道"在中华文化及宗教传统中所起到的上

---

① 谢扶雅：《宗教哲学》，山东人民出版社 1998 年版，第 204—205 页。

下沟通作用，已经成为外在超越与内在超越得以有机结合的一个典范，因而使中华之道可以启迪世界、对话环球。

二 "中华之道"对世界的启迪意义

在中西文化理解上，中国被欧美视为"东方之地"，而欧美则为"西方之地"。这里，"东方"被理解为"黎明""早晨""本原"之地，而"西方"则为"傍晚""日落""终结"之地。但除了这种地理方位上的理解之外，西方认为自己秉承古希腊传统乃具有"阳刚"气质，而东方文化则为"阴柔"之性。西方文化有着"二元分殊"的习惯，很少从整体、共构的角度来思考文化问题。与这种非此即彼的极端分殊不同，中华之"道"的思想理路则是强调一种整合、共构，既承认"各美其美"的异在，又突出"美美与共"的一体。所以，中华之"道"的包容性可给西方气质的排他性很重要的启迪。人类发展经客体、主体时代而进入整体时代，因此我们的世界文化发展也需要形成一种整体观，需要构建人类共有的整体哲学，而中华之"道"则恰好可为这种整体观、整体哲学提供最基本的构思和模式。

根据上述理解，"道"为世界提供了至关重要的整体和合观念，"道"本身即为涵括万物的象征："道"即体现为"有物混成，先天地生。寂兮廖兮，独立而不改，周行而不殆，可以为天地母"（《道德经·二十五章》）。这段表述亦被人们视为老子对宇宙生成的理解，其所解释的"道"即宇宙之"源"、世界之"本"，"吾不知其名，强字之曰道"。不过，现代人把"道"比喻为宇宙得以生成及发展的内在"程序"，以前亦有人将"道"称为"宇宙规律"。于是，寻根溯源、追根揭底到"道"这儿就打住了！其问题也就出现了。因为宗教则会把这个"程序"的编辑者或这一"规律"的提供者视为"神"，故此"道"遂成为"神"，而"道"成"宇宙"也就成为宗教中的"神创世界"了。过去中国哲学研究一直分不清老子究竟是"有神论"还是"无神论"，哲学史家把老子在这两个身份之间来回调换就说明其犹豫不决、难定主意。如果认为"道"这一"程序"或"规律"就在那里而无问其"由来",那么老子就看似为"无神论者";但如果视就在那里的"程序"或"规律"本身为"神"或来自"神",那么老子也可被理解为"有神论者"。而孔子尊老子为师,曾经向老子请教过问题,故则老子、孔子是"无神论"还是"有神论"的定位就会决定中国古代思想传统究竟是"无神"还是"有神"的性质。显然,对于分析者而言,这种"有""无"之解也是一念之间,分析者之"主体"决定了存在者"道"这一"客体"的性质,其"观"之、"思"之则"有",脱离其主体感觉则"无"!而"道"自体本身"就在那儿"与我们根本就"没有关系"。"物自体"不问有无,而"为我者"则会出现"有""无"之究。这里,我们又会想起主观唯心论者贝克莱"存在即是被感知"的名言,以及现象学关于"现象"就是"客体之主体""主体之客体"等描述。"自在的世界"是一种"不知"的绝对"真实";而作为"人"的认识,则是有限的、主客交织的所谓"获知"之相对"真理"或"谬误"。从老子这儿,或许我们会学到对这种"有无之境"的超脱吧!所以,理解老子、论"道",则恰好就是科学、哲学、宗教之认识"共同体"的综合之言了。将之分清楚是认知者自身的追求和意义所在,并不会改变"道"之"自体"本有的存在及性质。由此,我们就可以归根结底地醒悟到"无,名天地之始;有,名万物之母。故恒无,欲以观其妙;恒有,欲以观其徼。此两者同出而异名,同谓之玄。玄之又玄,众妙之门"(《道德经·一章》)的奥妙了。而正是基于这种超越无、有的本原之"道",才有了宇宙的生成:"道生一,一生二,二生三,三生万物。万物负阴而抱阳,冲气以为和。"(《道德经·四十二章》)混沌乃无极,一为太极,以圆为象征,由此至阴阳两极,化生万物。整个宇宙世界的发展得以"道"之整体一元的表达。经过这种"玄奥"之思,我们遂理解了老子为何开章名义、开门见山地说出了"道可道,非常(恒)道;名可名,非常(恒)名"这句惊世之言了。

当人们习惯强调"一分为二""二元分殊",彼此矛盾、不可调和之际，中华之"道"却提供了化解矛盾的另一种有机思维，即"合二为一""二元共构"。在对"道"的理解中，"阴"与"阳"、"无"与"有"、"虚"与"实"，都是对同一个"道"所取的两个不同的名称，体现出"道"之对立统一的辩证思想。这里，"阴""无""虚"乃代表着作为天地万物之初始的"道"，宇宙创始之前、时空之外对于人的认知而言，只能是"阴""无""虚"之"道"；而"阳""有""实"则意味着作为创生天地万物之母的"道"，是宇宙时空的真实存在之"道"。其"二元分殊"之质的区别却在"道"这儿达到有机统一的整合、共构、和谐。所以说，"道"之统一思想是对西方对立思维的一个重要补充和完善。

在宗教对话上，道教之"道"最直接的对应即基督教"逻各斯"之"道成肉身"中的"道"之表达。这里，作为终极实在的超然本体以"言"的方式而成为肉身之"道"，与中华之"道"打通"形上""形下"之别形成呼应。这种"道与言"的关系以逻辑严密、论证充分为特点的基督教思维形成其历史悠久的"神哲学"传统，以间接叙述"神言"或"圣言"。但其弱点是给人枯燥、呆板、机械之感。而与之相对应，中华文化中的"道哲学"却与之风格迥异，其飘逸、洒脱的表述，超脱、忘我的诗意，平静、自然的界说，既与之有着鲜明对比，又给哲学之思提供了另一种选择。

除了神圣之道、哲理之道，中华之"道"对世界的启迪还体现在生活之道、存在之道、科技之道等方面。近代西方发展体现出"工业之器"的强大，但缺乏"生态之道"的周全。今天，人类已经进入"生态文明"的发展，使中华之"道"的生态意蕴得以凸显。20 世纪在全球曾风靡"新世代运动"，其关键词就是关注、诠释东方之"道"。西方学者卡普拉的代表著作就冠以《物理学之道》的名称，尝试将西方科学主义与东方神秘主义有机结合。李约瑟、汤川秀树等人都主张要重新认识道家文化，透彻解读"道"之思想。"道"所表达的超越性、想象力和给人世带来的惊讶、感叹和敬佩，成为当今科技创新发展的思想之源和巨大动力。而称卡普拉等人为"当代新道家"的董光璧先生也曾撰写了《道家文化与当代世界文化观念演革的流向》[①] 一文，认为科学观念作为工具理性不能至善、分析理性走向细微局部而难以把握整体，因此预言了东方思维的"弘道"之"中国风"会吹向世界的前景。可以说，这种"道行天下""道通世界""道化全球"也是我们的"中国梦""中华情"。道育中华、中华弘道，以"道"引领，我们会走近世界，世界亦会走近我们。

三 中华之"道"在西方宗教与哲学中的意义

西方宗教与中国文化的对话主要体现在基督教各派开展的这类对话，包括"耶儒对话""耶佛对话"和"耶道对话"等。从历史发展来看，明末清初的西方耶稣会以意大利传教士为主，其兴趣重点在儒家思想的"四书"，如利玛窦等人主要精力在于研究孔子，对"四书"翻译、诠释、研究下过很大工夫，其对"五经"的探究则明显不够，尤其是忽略了《易经》的重要意义，因而对中华之"道"仅有初步接触。17 世纪末至 18 世纪上半叶，以法国耶稣会为代表的传教士开始关注"五经"，其兴起的"索隐学派"（Figurism）尤其对《易经》产生了浓厚兴趣，随之又有了对《道德经》的摸索和探讨，这样就从"耶儒"对话扩大到"耶道"对话，其对中华之"道"的体悟则更为全面。当时法国耶稣会士比较强势，以其基督教的优越性而推出了中国文化"源自"其圣经文化传统的"索隐"路径。但无独有偶，随着当代中国社会经济的强劲发展，"风水轮流转"到了中国，也有一些当代中国人亮出了他们"逆索隐"之思路，即宣称人类"源自"中国古人，西方文化、语言乃至古埃及、两河流域文明等也都"起源"于远古中华文明，甚至还有"耶稣是中国的颛顼"之论！在跨文化视域的比较中，这两种"迷途"或许都需要"知返"。

法国耶稣会士白晋（Joachim Bouvet）开创了对《易经》的深入研

[①] 见《自然辩证法研究》1993 年第 9 卷，第 27 页。

读和译介，其对《周易》中阴爻、阳爻等的研习引起西方学术界的关注，当时正在发明二进位计算的莱布尼茨受到巨大的启发和鼓舞，深深感受到中华之"道"的独特魅力和奥妙精神。这个时期并无西方学界及社会对华的傲慢，西方知识精英对中华文化的折服曾使伏尔泰、莱布尼茨、孟德斯鸠等西哲先贤们对中国思想赞不绝口，他们甚至希望能够引进"中国之道"，借以刺激西方精神的发展。

第一个比较深入、系统研究道家思想的西方传教士应是白晋的徒弟、索隐派重要代表傅圣泽（Jean Francoise Foucquet）。他从《易经》的研究入手，借儒家道统之说而转入道家学说之探。据传傅圣泽写有《道德经评注》一书，尝试以"索隐派"的思路来重新解读"道"的蕴涵。在当时来华耶稣会的"神名"之论中，他主张以"道"释"神"，"道就是基督宗教的天主"。在《道德经》"道生一，一生二，二生三"的文句中，他认为就隐含着"三位一体"的奥秘。在他眼里，"道""太极""天理""天"都是中国文化对"天主"的表称和展示，都"与最根本的宇宙真理有关"。不过，其基督信仰持守使傅圣泽在悟"道"上并没能走得太远，在他看来，《道德经》所言之"道"，"仅仅是关于三位一体和化身说之神圣的象征和谜语的一层帘幕"。[①]但从历史意义上来看，傅圣泽对"道"的研究使西方人在体悟中华之"道"上已经迈出了关键一步。

西方哲学对中华之"道"较为深刻而独到的研究以德国存在主义思想家海德格尔为典型代表。通过海德格尔的关联，中华之"道"得以与海德格尔所理解的"在"或"是"相提并论。中国学者萧师毅在其文章《海德格尔及我们对〈道德经〉的翻译》[②]中提到海德格尔在1946年春天建议他们两人合作翻译《道德经》，此后亦曾断断续续地翻

---

① ［美］魏若望：《耶稣会士傅圣泽神甫传：索隐派思想在中国及欧洲》，吴莉苇译，大象出版社2006年版，第195页。

② 见《中国哲学》杂志（Paul Shih - Yi Hsiao, Heidegger and Our Translation of the Tao Te Ching, *Journal of Chinese Philosophy*, University of Hawaii）1984年第11期，在美国夏威夷出版。

译出部分经文。不过，海德格尔对中华之"道"的探讨在西方思想界实属凤毛麟角。"在有重大影响的西方哲学家中，海德格尔几乎是唯一一位与中国的'道'发生了真实交流的思想家。而且，在各种东方思想中，'道'是唯一一个被他公开地、认真地讨论过的'主导词'。更重要的是，他对于道的解释与他自己最基本的思想方式（'开道'和'缘构发生'）相一致，与他当时最关心的问题相配合，反映出这'道'对于他的深远含义。"①"从初期海德格尔讲的现象学和解释学意义上的'实际生活体验'开始，这湍急和充满了间隙引发力的道路就一直引导着他。如果他没有在'老子的诗化思想'中认出这湍急和几微畅然之道，这位开道型的纯思想家能被中国古道吸引数十年吗？"②

从中西方哲学通常所理解的"道"为"终极实在""万物之所由"等形而上寓意出发，海德格尔从抽象走向具体，将"道"与其语词原意的"道路""言述"互相对比，从而既与老子的本原思想相结合，又解释了他正在构思的"在""在者""此在"等蕴涵。海德格尔在其名著《在通向语言的途中》写道："作为提供道路的 Wegen、Be-wegen（开辟道路）和作为让通达（das Gelangenlassen）的道路（Weg），与动词 wiegen（衡量）、wagen（冒险）和 wogen（波动）有相同的源流。也许'道路'一词是语言的原始词语，它向深思的人道出自身。老子的诗意运思的引导词语就是'道'，'根本上'意味着道路。但是由于人们太容易仅仅从表面上把道路设想为连接两个位置的路段，所以人们就仓促地认为我们的'道路'一词是不适合于命名'道'所道说的东西的。因此，人们把'道'翻译为理性、精神、理由、意义、逻各斯等。"

"但'道'或许就是产生一切道路的道路，我们由之而来才能去思理性、精神、意义、逻各斯等根本上也即凭它们的本质所要道说的东西。也许在'道路'（Weg）即道（Tao）这个词中隐藏着运思之道说

---

① 张祥龙：《海德格尔传》，河北人民出版社 1998 年版，第 315 页。
② 同上书，第 18 页。

的一切神秘的神秘,如果我们让这一名称回复到它的未被说出状态之中而且能够这样做的话。也许方法在今天的统治地位的谜一般的力量也还是并且恰恰是来自这样一个事实,即方法尽管有其效力,但其实只不过是一条巨大的暗河的分流,是为一切开辟道路、为一切绘制轨道的那条道路的分流。一切皆道路(Alles ist Weg)。"① 或许可以说,正是老子所"诗意运思"的"道",才启迪海德格尔打通了"诗与思"的关联,构建起"诗化哲学"的博大体系。

总之,中华之"道"不仅影响了中国上下五千年的思想文化,而且给世界带来了有益的启迪、为人类精神做出了重大贡献。据传《道德经》译本众多,涉及的译文种类仅次于《圣经》。例如,美国学者邰谧侠(Misha Tadd)最近就统计出《道德经》已有73种语言、1576种译本。② 无论此说是否真实可靠或具有权威性,都反映了世界普遍关注老子及其《道德经》这样一个基本事实。所以,中华之"道"既是中华思想精神的核心表述,也是人类文化遗传中的闪亮瑰宝。

(原载盖建民主编《道在养生》,巴蜀书社2015年版。)

---

① [德]海德格尔:《在通向语言的途中》,孙周兴译,商务印书馆1997年版,第165页。

② 参见[美]邰谧侠(Misha Tadd)《〈老子〉译本总目》,载《国际汉学》2019年增刊,外语教学与研究出版社2019年版,第14页。

第二十五章

学贯中西　道通天下
——祝贺道教与宗教文化研究所建所 35 周年

2015 年是四川大学道教与宗教文化研究所建所 35 周年的纪念之年，我们来自全国各地的众多学者聚集在此，以召开道教学术研究前沿国际会议的独特形式来进行这一具有重要意义的纪念活动。为此，请允许我代表中国社会科学院世界宗教研究所及中国宗教学会向四川大学及其道教与宗教文化研究所表示热烈的祝贺及衷心的祝福！

四川大学道教与宗教文化研究所与我们中国社会科学院世界宗教研究所及中国宗教学会有着密切的联系和独特的关系，保持着长期的学术合作和交往。1979 年，卿希泰教授应邀出席首届中国宗教学的学会会议，参与制定中国宗教研究发展的宏伟蓝图。1980 年，四川大学宗教学研究所创立，卿希泰教授出任首任所长。1981 年，我们世界宗教研究所在四川大学设立的道教研究基地正式运作，当时我院刚硕士毕业的王卡先生来四川大学具体开展相关研究工作，从此开始与四川大学宗教学研究所的密切合作。

35 年来，四川大学宗教学研究所开展了广泛而深入的宗教研究，以道教研究为重点，但不局限于此，有着开阔的研究视野和系统的研究计划，硕果累累、成绩斐然，成为我国西南地区宗教研究的重要机构。正因为这一研究特点，四川大学宗教学研究所得以于 1999 年被批准为教育部人文社会科学重点研究基地，更名为四川大学道教与宗教文化研究所，由此完成了其从研究初创到学术成熟的过渡，在世纪之交、即千年之交前实现了其学术研究发展的华丽转身。

四川大学道教与宗教文化研究所的研究与教学既有宗教学学科的基本要求与专业涵括，又有其独当一面、引领学术思潮的优势学科及其丰硕成果。在宗教学基本理论和学科建设上，研究所有着对宗教学分支学科的全面研究，在关注宗教学基本原理的研究时又突出对马克思主义宗教理论和无神论的研究，还有着研究宗教心理学、宗教政治学等重点。在宗教概况及通史研究上，研究所在对世界宗教普遍探究的基础上则侧重于中国宗教的研究，尤其是在中国原始宗教研究和西南少数民族宗教研究上情有独钟、匠心独运，体现出其研究明显的中国特色和浓厚的西南风情。在世界各大宗教的研究上，研究所以道教、佛教和基督教为重点研究方向，在其理论、经典、思想、现状的探讨上都有着既深又广的爬梳、耕耘；除了道教研究的强大实力之展示外，其佛教哲学、思想、礼仪及地域发展等研究亦很深入，而基督教圣经研究、基督教出版及西部和少数民族地区宣教研究也令人瞩目、广受关注。结合这些研究，研究所主办的期刊《宗教学研究》成为国家社科基金支持的重点期刊，而且《宗教学研究》还是全国高校唯一公开出版的宗教学专业学术期刊，有着突出的学术地位。这些研究领域的开展，有力推动了我国当代宗教学的发展，在学科理念、资料搜集、体系构建、学术特色、国际交流等方面都摸索出成功之路，积累了宝贵经验。宗教学作为一种跨学科的人文学科建构，涉及的领域极广，横向关联和比较颇多，知识和信仰含量也很大，四川大学道教与宗教文化研究所以一种开放性、比较性的姿态来展开其学术研究，因而既有海纳百川的收获，又有学贯中西的影响。

当然，四川大学道教与宗教文化研究所研究与教学的重中之重仍然是道教，其道教史研究、道教思想史研究、道教哲学研究、道教经典研究、道教与自然科学及中医研究、道教教派研究、道教仪式研究、道教与地方文化关系研究，以及道教文学艺术研究等特色突出，有着研究队伍强大、学术资源厚重等明显优势。这些特点使整个四川大学成为世界道教研究关注、调研、合作、交流的中心，其广泛的国际合作以及与世界许多高校及学术机构的频繁交流，也使之有着道通天下的实力及气势。

在中国宗教及中国文化研究中，非常值得突出和强调的应该就是道教研究。对此，四川大学理应当仁不让，敢为天下先。在世界范围特别是中国本土，对道教的关注及重视仍然很不够。因此，召开道教学术研究前沿国际会议，是我们中国人的使命与担当，是当前中华弘道之有力举措。其实，"道"是中国宗教文化最为核心的观念，有着中国思想价值理念的丰赡蕴涵。在哲学意义上，"道"乃宇宙本体、天地之源，这种哲理之道是"虚无之系，造化之根，神明之本、天地之源，其大无外，其微无内"，表达出中国人对宏观宇宙及微观世界淳朴却透彻的认知。但这种"道"之体认又并非西方文化所强调的与人无关或人根本无法企及的"绝对另一体"，而却可以"通贯天人"，从而使中国人的宇宙观与人生观有了自然有机的关联。在宗教理解上，道教以"道"这种终极实在、绝对本原作为其最高信仰，体现出最为精准、恰当的中国文化象征、中国精神符号。道教之"道"作为"神道"可在"天道""地道""人道"中得以体现，对之可悟却不可言，有着"道可道，非常道"的神秘意蕴。此外，"道"在探索层面有"道路"之行，在解释层面有"说道"之言，而形而上之"道"亦可在实际、实践层面以形而下之"德"来体现，成为"生活道""生命道"。总之，一个"道"字融贯时空，蕴寓无穷。这种"道"之理解可以打通形上、形下之隔，形成中国认知的独特整体观；而且"道"既为思辨之论、又乃民俗之行，已经构成中华民族尊道贵德、抱朴守真、超脱潇洒、任运自然、清静无为、率性潜修、慈爱善行的传统性格。深悟中国道教之真义的鲁迅故此曾感叹"中国根柢全在道教"，对之有着特别复杂的感觉和极为深邃的反思。今天，将这种蕴藏中华之道的道教智慧弘扬于世界，这是我们中国人义不容辞的责任和使命，而四川大学专门研究道教的宗教学者们理应走在前列。

此外，道教文化更是与长江文化有着特别的关联。按照孔汉思的理解，宗教的起源及发展与相关河系联系密切，故有其"三大宗教河系"之说。无论这种理论是否成立，我们可以明显看到道教起源及发展变迁与长江，特别是长江上游的地域文化之交织，其不解之缘值得我们展开文化之探、哲学之思、宗教之悟。对于丰富的长江上游文化，我们过去关注不够，以往的重点只是黄河流域及儒家文化，而今天长江文化及道教信仰已映入人们的眼帘，引起了各种研究的浓厚兴趣。可以说，这种探究也是讲清楚中华文化及其特质的关键之一，是我们可以取得突破性进展的可能领域；那么，地处长江上游巴蜀文化的学术川军对之必须奋勇向前、披荆斩棘，起到筚路蓝缕的开启作用。

今天我们讲宗教的"中国化"，则需要弄清楚中国文化的思维特点、表述特点及传播特点。对此，反映中华文脉一以贯之的"道统"就很值得我们认真发掘和仔细解读。中华之道为我们奉献了阴阳和合、多元一体、天地共构、对立统一、大同圆融的和谐文化，其整体性、模糊性、调和性等形成了与西方全然不同的思维方式、社会理念和天人关系，成为西方人困惑、不解的"东方神秘主义"或"东方智慧"。哲学就是爱智慧，而"道"之智慧、奥秘尤其值得我们去爱、去钻研和探究。过去我们所注重的儒家之"仁"与"礼"，更多是在社会层面、人际关系上发挥着作用，主要是社会哲学、政治哲学、实践哲学之表达；而需要形而上思维的"天""道"之究却明显不足。一百多年前的"新文化运动"曾出现过对我们中国传统文化"抛弃"而不是"扬弃"的偏差，也有着过度引进"西学"、模仿"西器"的失误；"新文化运动"解决了打破"旧文化"的任务，但尚未完成建立"新文化"的使命。而这种"新"的建立并非凭空得来，必须"接地气"，要对中华优秀传统文化加以弘扬；这也是我们今天谈宗教文化之"中国化"的深刻含义。我们在文化建设上正以一种开拓、开放的视野来"究天人之际，通古今之变，明中西之交"，其中悟"道"乃关键之在。我们要悟"中华之道"，并使之走向世界，完成"道通天下"这一时代使命、当务之急。虽然"路漫漫"、其修远，我们必须"只争朝夕"地尽全力去探索。而我们对自己文化传统的发掘、发现，对"道"的彰显、弘扬，则是中华民族对人类的重大贡献。

仅我肤浅之知，尝试初级"悟道"。这次道教学术研究前沿国际会议乃群英荟萃，故而是聆听方家"论道"、结识高道大德的极好学习机会。我们当然要珍视，争取满载而归。

（原载盖建民主编《回顾与展望：青城山道教学术研究前沿问题国际论坛文集》，巴蜀书社2016年版。）

第二十六章

大道至简　春风化雨
——纪念卿希泰先生

卿希泰先生的离去，是我们中国宗教学术界的重大损失，大家一直在缅怀卿先生的学术生涯、重要贡献，尤其是其研究成果对中国道教意义的揭示和对中国宗教学的推进。因此，我们组织召开"生命道教暨卿希泰先生道教学术思想研究国际论坛"非常及时，很有价值。卿先生与我们世界宗教研究所有着密切交往，和我们有过愉快的合作，并共同培养了道教研究领域的众多人才。卿先生以其慧眼独具和不凡睿智而悟出了"大道至简"的真谛，从而带领其学术群体对千古道教之奥秘展开了深入、细致的研究，达到了探赜索隐、洞幽悉微的奇效。而且，卿先生以其渊博的学识、极大的热情教书育人，带出了一支研究道教的劲旅，形成了中国学术界独树一帜的团队，给人以一种非常温馨的春风化雨、大地碧绿之美感。对于一生辛勤耕耘、桃李满天下的卿希泰先生，我们充满了崇高的敬意，有着不尽的仰慕。

通过卿希泰先生对道教的透彻探究，我们可以体察询问宇宙万物及人类社会根本的终极问题之缘由，其实人生之问，与其定位有关，"生命道教"可以将对无垠宇宙和微观世界的探索融贯一体，触类旁通，回到原点、回到人类关心的最基本问题，从而得以大彻大悟，达到洞观一切的澄明之境，并可简化任何深邃、深奥之问题。这里，一个"道"字可以"冠古今""通时空"，涵括一切，解释一切。悟透了这一道理，我们则可以如卿先生那样"为学日增,为道日减",在融贯中西、博采众长而达到博大精深之境后对这些知识体系加以整合会聚、去粗取精,并进而对其统摄大化、推陈出新,获得开拓、创新的升华。

宗教关于人生真谛,通常会以"真、善、美"来概括,"真"乃求实,获得事物的"真实",还原其"真相",说出其"真理",遂为科学的基本标准;"善"乃施仁,讲究行为中的仁慈博爱,这种慈善、仁义乃人际交往的准则,在社会实践中应该遵循,"止于至善"是公共伦理的理想表述;"美"乃向往完满,旨在尽善尽美,从而为艺术追求的最终目的。而能完全达到"真、善、美"之境,则可视为"神圣",由此而进入宗教之维,"圣"是人之完美境界,由此则可升华为"神"。这种"至简"思维既可推演,亦能还原,使人认识到"万物之始,大道至简,衍化至繁"的意蕴。中国道教的基本思维,就是追求和回归根本之"道",说明中国智慧以最简练的一个"道"字已经说明一切、涵括一切。其实,这个"道"本来就是中国哲学思想及宗教信仰对人类最根本、最原创的贡献。所以,中华民族理应悟透并说清代表我们本真的"道"文化,并将之弘扬,在共建人类命运共同体的进程中也能使"道行天下"。

从观察及解释世界而言,需要一个主体,主体不同其定位也不同,而其观察、行动的定位也就大不一样。例如,生物世界不同生物的观察能力和生存状况是各不相同的,其对色、声、嗅、味、触的反应功能不同,那么所观察到、能适应的世界也会截然不同。人的存在与观察也有其定位,由此而决定"人"究竟是什么的问题。人立于天地之间,其观察及探究可以向宏观宇宙及微观宇宙无限扩张。从硕大无朋、渺无边际的宏观到无限内蕴、微乎其微的微观,世界都会还原为壮观的粒子运行图景。天体与粒子世界既然可以简化为类似形态即所谓归于物质之"一",那么溯其源则恰如《道德经·四十章》所言"天下万物生于有,有生于无",而这种"原始形态"之"无"正是物质世界起源和归宿之"道"。对此,《道德经·一章》已经开宗明义地指出:"道可道,非常道。名可名,非常名。无,名天地之始。有,名万物之母。故常无,欲以观其妙。常有，欲以观其徼。此两者同出而异名，同谓之玄，玄而又玄，众妙之门。"到了本原、终末之境，无、有则已相同、相通。无或一，都是描述着整体、一统之境。同理，生物的细胞、基因等，也是由多彩复杂的身体还原于类似、相同的图例。

至于至简大道如何衍化至繁的，《道德经·四十二章》亦说得非常清楚："道生一，一生二，二生三，三生万物。"

"一"即整体、不分的形态，物质世界的最基本元素。对之，中国文化体会最为深刻。一元整体乃中国人最为习惯的思维定式。古希腊文化也在"火""水""气"中找寻世界的本原、最基本的元素。"一"象征着一体、整合、完整，以固定、静止形态，没有变化为特点。"天得一以清，地得一以宁，神得一以灵"（《道德经·三十九章》）。

"二"则一分为二，形成"二元分殊""二元对立"。而西方世界观则基本上是"神""人"区分，天堂、人间相隔开的审视。这种二元区分包括物质与能量、时间与空间、生命与精神、彼岸与此岸、绝对与相对、天堂与人间、天与地等对比。而犹太文化在受到西亚文化等影响时在《圣经》的卷首也留下了"起初，神创造天地。地是空虚混沌，渊面黑暗，神的灵运行在水面上"（《创世记》第1章第1—2节）之记载。"二"的特点即出现变化、流动，形成对比、对抗。

"三"就为世界万物的创造奠定了基础，由此而可以形成"三生万物"的格局。例如，当基本粒子整合为世界的具象时，我们则可观察到物质的三种基本形态，即固体、液体和气体。显然，"地"即固体，是物质世界存在最为典型、也最具象之态，其特点是稳定、静状。"水"即液体，其流动性、活力得以展现，老子亦有"上善若水"的赞叹。这种流动、多变的液态，使人们意识到勃勃生机或顽强的生命力，因此"水"之动感使人联想到"生命之泉""母亲之河"，成为思想、宗教等之发源。而"气"则是气体之存在方式，有"气"则有"场"，人仰望天空，其实感觉到的也主要是"气"或其流动，形成风、"气场"之感。"气"是对物质存在形式最精微的表达，给人腾腾向上飞升之感，而"道"则可与这种"气场"相关联。记得有一次来川大访问，与卿先生一起吃饭前就曾听到一位来自海外的学者论及道教"场论"。这也是为什么一些西方宗教术语在译成中文时往往以"道"来表达的缘由，如表达"神灵"降世用"道成肉身"等。宗教所描述的灵性精神世界，正是这种"场论"的表达，如"神圣风"、精神场等。实际上，对于精神世界的描述，最为恰当的就应该是对这种"场"的领悟及表达。

随着"三生万物"这种衍化至繁的发展，世界呈现一种多元之境。在中国文化中，"道"之"一（1）"分化为伏羲八卦之"二（2）"，有了阴阳对立和共存。"三（3）"使平面世界上升为立体空间，有了多维的拓展。从无极之圆推导出天乃完满之"圆"和地乃有限之"方"的"四（4）"之形象，"四极""四方""四维""四季""四时"等表达。随之，金木水火土之"五行"、仁义礼智信之"价值"均与"五（5）"结缘了。而"六（6）"在犹太文化中得以彰显，其"大卫之盾"的六角标志格外鲜明。"七（7）"则被早期巴比伦观星定周所运用。"八（8）"乃中华民俗文化所特别器重之数。"九（9）"则为阿拉伯民族所情有独钟。而古印度数学对"零（0）"的发明让十进位成为可能，更使人类数学得以突飞猛进，又为代数、微积分等发展奠定了基础。不过，这种无穷无尽之多最终却返璞归真，在电子网络时代又回到了中国远古就有运行的二进位计算方法，作为八卦基本要素的阴爻、阳爻二进位成为今天的数学语言，带来了世界发展的巨大突破。这样，我们对世界及人类的认识又回到了"术数"时代，今天所谓的"大数据"正是这种"术数"之"术以穷理""数以论象"的充分发挥。也正是这种"术数"之重新认识，我们也才意识到道教文化乃至整个中华文化的根源。

道教追求悟透宇宙的奥秘，同时亦醒悟生命的奥妙，因此宇宙道教与生命道教乃并驾齐驱、共同迈进，究天理、悟人生。"天行健，君子以自强不息。"宇宙的千变万化，人生的跌宕起伏，这一切在"道"中都微不足道，至简之道乃"道法自然"，故感"大音希声，大象无形，道隐无名"（《道德经·四十一章》）。在学问研讨的行程中，也是学海无涯、学无止境,我们因而应该具有一种崇高而微妙的"道境",体会"知人者智,自知者明"(《道德经·三十三章》)的道理,意识到"善为道者,微妙玄通,深不可识"(《道德经·十五章》)。而卿希泰先生就是一位"善为道者",因而永远是我们的榜样、楷模。

(原载《宗教学研究》2018年第2期)

第二十七章

道教坚持中国化方向应发掘
中华优秀传统文化

　　首届北京"东岳论坛"的顺利召开，意味着我们学界与中国道教界联合开启了研究道教的一个新平台，大家积极参加这一论坛，说明有着共同的学术兴趣，旨在一起来探讨中国道教当代发展以及如何坚持道教中国化的诸多学术问题。

　　在党的十九大报告中，习近平总书记提出了"要全面贯彻党的宗教工作基本方针，坚持我国宗教的中国化方向，积极引导宗教与社会主义社会相适应"的指导思想。从基本国情来看，我国宗教坚持中国化方向这一命题非常重要，得到了各大宗教的积极响应，因为这是我国宗教当下健康存在和顺利发展的基点和基础。当然，如何坚持中国化方向，也有着各种理解，已经引起了广泛讨论。实际上，我们所强调的这种"中国化"的坚持，是体现出我们的文化自知、自觉和自信，这首先就需要我们对中华优秀传统文化进行系统梳理和正确评价，弄清中华文化的根源及本真，由此方有这种坚持的基石和依靠。因此，坚持中国化方向既是当前中国宗教社会发展的必然趋势，也是我们深入研究中华宗教文化的重要任务。

　　关于道教是否需要坚持及如何坚持中国化方向，亦出现过一些不同看法，需要加以讨论和厘清。在当前中国存在的五大宗教中，道教是唯一产生于中国的本土宗教，其发源于中国社会，扎根在古老中华文化土壤之中。这种从中国本土生发出来的传统宗教是否也有"中国化"的任务呢？对此就涉及如何理解的问题。追溯中华文化，我们可以深刻体会到道教源远流长，根深枝繁，有着深厚的文化底蕴，在两千多年的发展中对中国人的思维方式、性格特征、精神气质等都产生了深刻的影响。其实，我们说道教坚持中国化方向，实际上就是指明道教在弘扬中华优秀传统文化、体现中华文化智慧与优杰之元素上的突出使命和独特责任，这是坚持宗教中国化方向的重要构成。此外，在当前日新月异的现代发展中，如何使中华优秀传统文化在新的社会及时代处境中得以体现及弘扬，这也涉及道教的现代发展及与时俱进的必要。所以，适应当代中国社会发展形势，融入奔流不息的时代大潮，这也是道教坚持中国化方向的重要内容。

道教以"道"为核心，体现出宇宙之道及生命之道的指归，因而是出世与入世、超脱与务实兼顾的宗教，自古以来就有着洞观寰宇、融贯天地的气势，而且道教也非常接地气，秉持了关注自然、关注社会、关注人类、关注生命的优良传统。这种特有的历史文化内涵和天人文化价值取向，注定了道教与现实社会的密切联系。从其整体审视和人间关注的特性来看，道教充分展示出中华优秀传统文化的气质及魅力。

道教不仅有"道"之形而上的体悟，而且也有"德"之形而下的践行。"尊德贵道、和谐共生"，是道教文化的优秀品质，从而形成"道"与"德"的有机共构，道德共辉乃中华智慧的奥秘，也是当代道教发展的重要使命。在注重全球生态形势、保护人类生态环境的今天，尊重生命、善待万物，是道教生态伦理观的重要内容，也充分体现了道教兼济天下苍生的人文关怀传统。这与当代世界发展的核心关注有机吻合，彰显出道教思想的现代价值及警示意义。面对地球生态环境的恶化，中国宗教资源可以提供重要的弥补、修复思路。道教认为，自然在道，道法自然，而且万物莫不尊道而贵德，故此万物平等，不分贵贱、没有等级之区别。自然世界中的山川草木、飞禽走兽等都"内含道性"，"道非独在我，万物皆有之"。这种道通天下、万物归道的理念，对于现代社会的生态和谐、环境保护等焦点问题的应对与处理无疑都具有启迪、发人深省。今天世界文化发展的一个重要议题，就是如何处理好人与自然的关系，这是人类永恒关注的命题，而在当今则更是我们生态文明中的主旋律，是可持续发展的根本保障。也正是在面对这种生态环境的变化中，道法自然的智慧昭示出一条走向光明的道路。

习近平总书记指出：没有高度的文化自信，没有文化的繁荣兴盛，就没有中华民族的伟大复兴。弘扬中华优秀传统文化的真谛，就是表达出我们的文化自信，这种文化自信是中华民族强大的精神指引和生生不息的动力，也是今天坚持我国宗教中国化方向的内在根基；文化兴则国运兴，文化强则民族强，文化工程是民族生存发展的最基础工程。内容丰富、积淀深厚的中国特色社会主义文化，正是植根于中华优秀传统文化的沃土之中，由此获得孕育滋养，得以发扬光大。这一厚重的历史积淀将在今天中华民族伟大复兴的新时代发挥出重大作用，产生新的影响。我们这种悠久、杰出的文化精神也将引领中华民族迈向新的征程、迎来更加辉煌的发展前景。

近年来，中国道教取得了突破性发展，在哲学层面对宇宙大道的体悟和实践层面对生命大道的应用上都取得了突破性进展，而在教理教义诠释和组织管理制度的现代化，以及人才素质的培养和提高等方面也成就明显。以此为基础，中国道教必然能搞好自身建设，增强道教的文化认同，以及国家、民族的主体性意识，彰显出中华文化的感召力。

探讨宗教中国化，就必须正确评价中华优秀传统文化，我们理应探赜索隐，发掘并弘扬中华文化智慧，认真研究探讨中华优秀传统文化的本质及其特点，在一种文化比较对照的氛围中彰显其与众不同、独立于世界文化之林的特色。比如，道教思想的一大特色就是体现出"致虚极，守静笃"这种虚静之"柔"，而其辩证意义则在于"天下之至柔，驰骋天下之至坚"（《道德经·四十三章》）。道教主张"上善若水，水善利万物而不争"（《道德经·八章》），其对"水"的睿智之解就在于"譬道之在天下，犹川谷之与江海"（《道德经·三十二章》），"江海所以能为百谷王者，以其善下之，故能为百谷王。是以圣人欲上民，必以言下之；欲先民，必以身后之。故处上而民不重，处前而民不害。是以天下乐推而不厌"（《道德经·六十六章》）。这样遂有"治大国，若烹小鲜"（《道德经·六十章》）之境。而且，发掘中华优秀传统文化本真及道教等宗教精神的精微，对当今世界共建人类命运共同体也有着独特贡献和启迪，指引其建立"以其不争，故天下莫能与之争"（《道德经·六十六章》）的和谐社会。道教思想中包含有中华优秀传统文化的整体哲学构思，体现出多元合一、多样共存、多彩共辉、和生共聚、一以贯之的精神传统遗存，彰显出圆融统摄的辩证思维特色、和谐和顺的家国观念，亦展示出关注今生此时而投身社会变革的人文关怀。这些内容对于坚持中国化方向都是极为重要的文化构建及精神元素。

"人能弘道，非道弘人。"人的主观能动性在坚持中国化方向上起着关键作用。特别是在全球化发展出现迷茫的当今世界，我们正需要这种源远流长、博大精深、海纳百川的中华传统智慧和中华民族的崛起及其担当。当下世界乱象频现，政治经济冲突加剧，民族宗教矛盾被不断激化，全球化与反全球化的博弈升级，极端主义、文明冲突思维更为盛行，给人一种人心惶惶、太平不再的深刻印象。国际社会的动荡不安，自我主体的缺失或躔沉，给人们带来担忧及渴望。为此，在中国正积极步入世界舞台中心的当下，希望中华大道能给世界带来希望，指点迷津；这就首先要求这种"道"思、"道"境能在多元共构、阴阳平衡、和谐一体的中华太极文化传统中得以凸显，给人们以启迪，对社会有引领。我们中国人作为中华传统文化的守护者和继承者，大家都有责任、有义务保护好中华优秀传统文化遗产，而中国学者更是有着阐释中华古老智慧的当代价值之使命，有着自觉担当弘扬中华传统文化的神圣职责。只有这样，我们才可能完善自我、以充分准备走向世界。

《东岳大帝宝训》中说："琴日行善，福虽未至，祸自远矣"。为善贵德是生命之道的核心蕴涵，由此方可实现"大道和生"的天人合一，达到永恒与现实之间的有机沟通。所以，我们要深刻体悟"天道无亲，常与善人"的精妙蕴涵,在求知上,"善为士者,微妙玄通";在做人上,行善即是修道,弘道即能得福!

(本文为在"首届北京'东岳论坛'学术研讨会"上的致辞)

第二十八章

道教天后信仰与中国信仰特色研究

　　中华道文化在信仰层面以海纳百川、涵括众多民间信仰的道教或"大道教"存在形式而底蕴深厚、影响广远。据相关统计，全世界有各种民间信仰的信众约4亿人，其中受中国民间信仰影响的民众达2.9亿人之多，加之中国境内约上千万道教信徒，则实际上构成了本源为中国文化传统的第一大宗教。道教中的天后信仰即妈祖文化现象，在全世界影响到大约2亿人，尤其对中国沿海一带民众和海外华人有着广泛影响。中国道教体现出两大发展方向，一是强调哲学、形而上意境之"道"，深邃独特、蕴含无穷，代表着中华民族及其思想文化对宇宙人生的体悟、洞观；二是深入基层，形成中国最有大众崇拜特点的信仰即道教传承，成为中国社会文化的根底所在。这两个方面的领悟可以作为我们破解、说清中国社会基层文化及其信仰特色的重要钥匙。可以说，中国民间信仰在神秘中蕴藏有哲理，在敬拜中体现出崇高，以原始质朴的形式保存了中国民众对真善美、仁爱、慈悲、公义的信守和敬仰，有着乐善好施、舍己救人的丰富内容。

　　道教天后信仰研究，是当代中国妈祖文化现象探讨中最为核心、最为基本的构成，其涉及的范围很广，而且很有现实意义和社会功效，因而引起了教界、学界和政界的高度关注和特别重视。自宋以来，妈祖信仰逐渐形成中国沿海一带的独特文化现象，并作为道教天后信仰体系而形成普遍影响，为中国人的信仰特色及气质提供了重要内容。本来，妈祖信仰的原型出自宋代都巡检林愿之女林默娘之传说，其心地善良、治病救人的故事在云游海上救护遇难渔民和客商的传奇上达到高潮，由此形成独特的妈祖信仰文化而广为流传、深入人心，多代相传，受到人们尤其是沿海民众的拥戴供奉，以海上救难女神形象而获有"妈祖""天后""天上圣母""碧霞元君"等神名，并被列入国家祀典，其信仰流传上千年而依然兴盛，到2009年又被联合国教科文组织政府间保护非物质文化遗产委员会以"妈祖信俗"之名列入"人类口头与非物质文化遗产"名录，是中国首个列入信俗类的世界级非物质文化遗产。由此而言，中国妈祖信仰这种信仰文化蕴涵得到了世界的承认和肯定，有着重要的价值和意义。

在妈祖文化中，这一道教天后信仰所反映的中国信仰一大特色，即"功德成神"的信念及其历史实践，中国自古就有着"有功于民而祀之"的传统，这在中国人的信仰生活中极为典型，由此也形成了与西方宗教信仰的截然不同。西方文化有着"二元分殊"的特点，此岸与彼岸、天上与人间、神明与世人绝对分离，二者之间有着不可逾越的鸿沟。其绝对一神教传统强调神人之间有着无限距离，由人上升为神之路是根本行不通的，人靠修行最多能够成为圣徒，而与神之论还有着本质不同，所以西方信仰文化至多只能达到"因信称义"或"因行称义"之境，修道称义之人最多有"圣者"光环，但离成为神、仙仍相去甚远，不可以神称之，不能和神相提并论。而中国文化包括信仰文化则基于一种时空整体论的传统，神、俗可以二元共在，并处于不断发展、转化之中，并没有绝对的分殊，神人之间也绝非不可逾越，如中国信仰传统认为天神犯罪可被打下人间，导致贬低式投胎转世；而如果世人功德圆满则可升华入天际，成仙成神。这种神明观念有着更多的人道主义和人文关怀，也形成了中西宗教观念及精神信仰的差异和区别。所以，不可形而上学、机械地照搬西方宗教理解来界说、解释中国宗教信仰传统，而这种照搬照套则只可能得出"中国无宗教"的错误结论，对宗教做出非常狭隘的理解和界定，从而大大减少了人类精神信仰生活的丰富多彩。

比较中外民间信仰传统及其神话体系，可以发现西方民间特点的海神或水神信仰与中国的妈祖信仰差异巨大。如古希腊罗马神话体系中的海神波塞冬（罗马神话称为尼普顿）更多体现出其阳刚之特点，他的神威是以掀起海浪，导致风暴和海啸，以及使大陆地震等巨大破坏、损害来展现，让海员和渔民不得不对之敬畏、膜拜；而身为女性的水神却实际为诱人灭亡的水妖，如古希腊神话中的海妖塞壬即河神之女，人首鸟身，她用迷人的歌声让路过的水手失神落魄，结果导致船只触礁沉没，船员遂成其食物，沿途只留下累累白骨；希腊英雄奥德修斯在经过此处时用蜡把水手的耳朵封住，自己则为了听到其美妙的歌声而让人将之捆在海船的桅杆上才得以生还；同样，德国神话中的莱茵河水妖罗蕾莱貌美歌甜，诗人海涅曾在其诗歌《罗蕾莱》中有所描述，据传她坐在莱茵河中礁石上用金梳子梳着其美丽的金发，以迷人的歌喉唱着动人的歌曲，吸引路过的水手发呆走神，结果其船触到险峻的礁石而沉入河底，水手们遭到灭顶之灾。所以，这些西方神话中的水仙不是给人带来幸福的女神，而是使人遭殃的女妖，类似中国神话传说中的"白骨精"。与之对照鲜明的是，中国水神如海神妈祖作为女神是救人脱离苦难而不是诱惑人至灾难处境，从而与西方民间神话中有着奇异能力的女仙截然不同。妈祖虽然体现为阴柔之特点，却更多表达出危难时刻的神奇救度、舍身救人、仁慈博爱的旨归和立意。这样，妈祖作为海神不是让人害怕、畏惧，而是让人感到平安和慈祥，得到获救的希望。

其实，宗教并非纯然的彼岸之思，遁世之道，相反，宗教中有着浓厚的现实情怀和人间关爱。正是基于这种宗教理解，我们才能真正体悟中国宗教中的神爱世人，以及人达神圣之蕴涵，由此在宗教信仰中给人带来希望、期盼和努力、升华的可能。以道教天后信仰传统为例，"林氏女"之所以获得"天妃之名""水神之本号"，之所以成为"神者"，就是在于她"以死生祸福惊动人，为妃生人、福人，未尝以死与祸恐人，故人人事妃，爱敬如生母"（元代黄渊《圣墩顺济祖庙新建蕃厘殿记》）。中国人对神的理解，看似有着具象之形，铸有很多神明的塑像，但实际上其信仰追求乃其"象"之后、其"器"之上的"功德"之

第二十八章　道教天后信仰与中国信仰特色研究　215

"道",即对"功德"实践的价值之升华、对此意境之敬仰。在此,抽象之"道"的虚玄,可以留给哲人、贤者思考、体悟、反复玩味、琢磨和推敲,而对于广大百姓而言,则需要在形而下之"德"中坐实,给人一种看得见、摸得着的可靠感,获得对"道"与"德"之现实关联的真实体悟。这也才是中国人宗教信仰中的"绝对依赖感",它有抽象之质,却必须给人以显现之实,以彰显中国人的宗教信仰中以超然之境担入世之责的启示。舍己、博爱、救人、"护国庇民",这就是中国人所信之神的真实之在。形而上抽象、彼岸,对人世不闻不问、不食人间烟火之神,只是哲学思辨的概念或符号,而真实的宗教实践却是敬仰救世的菩萨、救人的天后,正如西方基督教中更主要崇拜的是被钉十字架以普救世人的耶稣基督一样。在中国信仰文化中,神救人,人爱神这一思想体现得更为主动和生动,尤其是神圣救度这样的主题极为鲜明,人们在现实生活中需要的是"济度宗教"而非"形而上神",神人之间这种神救人、人敬神的逻辑关联是宗教信仰最深刻的人文底蕴,神人奥秘。离开功德,则难言神圣。

　　道教天后信仰除了其宗教传承本身的意蕴之外,还有很多文化扩展的意义,在今天中国改革开放、走向世界中可以起到与众不同的积极作用。例如,妈祖文化以其信仰形式高度涵括了中国儒释道信仰文化的本真,这种民间信仰的一大特点,就是能够非常自如、灵活地整合、融摄中国各种宗教信仰元素,使之有着自身的整体表达,即浓缩为一些如仁慈、博爱、和谐、正直、公义、英勇、舍己、无私等基本道德文化观念和信仰价值表述,为中国民间保留及弘扬中华优秀传统文化做出了独特贡献。此外,妈祖信仰可以超越政治障碍和阶级对抗而达到一种中华文化的和合与和谐,促进其人心及社会的和平。妈祖崇拜已经成为全球华人中颇为典型的中华情结,形成在世界各地心向中华的一股向心力和凝聚力,为走到天涯海角之海外华人中的一种重要乡情、乡愁和思乡曲,为保持和促进中华文化认同、民族认同发挥了巨大作用。如在海峡两岸关系的发展中,就有"三通未通、妈祖先通"的佳话,加快了海峡两岸的来往、交流和沟通、理解。

特别是在今天"一带一路"国际合作和共建"人类命运共同体"的联合努力中，道教天后信仰有着宝贵的价值和极大的意义。其从最初的福建、广东一带扩展到中国沿海各地区，并形成更加深入的信仰辐射，是我们促进海上丝绸之路发展的重要精神文化资源，弥足珍贵，颇值弘扬。我们在关注海洋文化共建 21 世纪海上丝绸之路的时候，必须要有文化的观念，其中信仰是文化观念的重要因素，妈祖文化就是体现出海洋文化当中的信仰和精神层面，应该引起高度重视。尤其是在连接世界信仰文化、凝聚海外华人信心上，道教源远流长、传播广远的这一天后信仰就可为我们开拓海上丝绸之路、走向大海的可持续发展保驾护航，提供神威。妈祖形象的塑造是对我们今天发掘、拓展过去曾被忽略的中华海洋文化深厚蕴涵的启迪、开示。所以说，妈祖文化对于 21 世纪海上丝绸之路的建设，有着发掘和弘扬中华传统优秀文化、面对现实社会的发展而不断得以深化、推进的价值。共建 21 世纪海上丝绸之路的参与国家众多，这些国家在历史上与中国文化有着千丝万缕的联系，过去华人去海外开拓闯荡时已经把中华文化传统和相关宗教信仰带了出去，这些信仰文化成为他们在异国他乡的精神家园，其中就包括妈祖文化。我们今天"一带一路"的共同建设，不只是经济、政治、社会层面的国际合作，当然也有文化精神层面的相互理解与合作，以此把相关国家及地区的民众调动起来，这种文化精神层面的努力可以为"一带一路"国际合作的可持续发展提供动力。这里，妈祖信仰文化一方面可以把海外华人紧紧地联络在一起，另一方面也可促进"一带一路"参与国家的民众更多地了解中国传统文化，了解中国信仰精神中的妈祖文化，形成一种亲和力，达到一种精神沟通和文明对话，以确保这种合作的可持续发展、顺利展开。在共建 21 世纪海上丝绸之路之际，精神文化的交流、宗教信仰的理解有着独特地位，起着巨大作用。

妈祖信仰文化在今天与共建海上丝绸之路有着密切的关联，起着相关的精神支撑作用。而从海上丝绸之路到海洋文化的探究，则会进一步提醒我们应该深刻领悟老子"上善若水"之意，加强我们对水文化、水哲学、水信仰的思考和研究。在今天的文化战略思考中，这也可以作为我们探究南海文化的重中之重,是对其重要文化品牌的确立,也是对中华海洋文化之信仰元素的复兴、彰显。由此,我们则可以更乐观地期盼、更完美地体悟中华大"道"之"道行天下""道通世界"。

(本文为2017年6月10—11日在"道教天后信仰与南海文化学术研讨会"上的发言)

第二十九章

大道至简　上善若水
——关于长江上游道教文化的畅想

在中国传统文化中，可能关注不够的主要是道教文化。鲁迅曾言"中国根柢全在道教"，揭示了道教对中国社会的重要意义。在中国五大宗教中，道教是唯一在中国土生土长的宗教。而"道"之观念，应该是中国宗教文化最核心的观念。"道"意蕴主体的言述、客体之路径，又具有超越之意的秩序、法则、规律、理念，从而表达了"道可道，非常道"的终极意义，故此才有形而上之"道"模糊、抽象、神秘的理解和感悟。此外，道家的逍遥、超脱精神也体现出中国文化所独有的浪漫灵气。在过去百余年间，我们比较注重西学，本来"为用"之西学已经影响到中国社会政治、经济、科技、哲学各个方面，而希望"为体"的中学则被淡化和边缘化，其"体"已经非常模糊、难找。而与西方政治、经济更为接近的韩国、日本，反而对中国传统文化更为重视、更多保留。当然，我们的文化在这些国度也有了本土化的经历及嬗变。我们今天对中国传统文化的复兴仍主要停留在表层，其深层次之"体"、其核心观念及礼乐传承则不敢过多触动。当我们的传统文化"礼崩""乐坏"之后，我们更多是外求，寄托于"拿来主义"。而韩国最近以许多中国传统文化元素的传承来申遗，的确带给我们很多刺激和感慨。听说韩国又以书院来申遗，而我们的传统书院已在百年前基本中止，只有钱穆等少数人曾苦苦坚持其延续。笔者亲身接触书院是从我们湖南家乡的岳麓书院开始，书院大门"惟楚有材，于斯为盛"的对联给笔者留下了深刻印象，在那里也开始体悟出"湖湘性格"的蕴含和意义，感受到其历史的传承和责任。中国改革开放以来，民间开始兴办书院，其立意既有对现行教育体制的默默抗议和另类选择，也更有恢复、弘扬中国传统优秀文化的抱负及努力，中国的传统文化教育虽有其落伍之处，但其教育理念也保留有中国精神传承的精华，故而在"千年学府，弦歌不绝"的真实中得以顽强的体现。笔者在 2013 年全国人民代表大会上提出了"关于文化建设应支持文化书院、学术书店发展的建议"，希望有关部门能对之高度重视。近几年来，笔者参加了旨在弘扬中国文化的太湖世界文化论坛以及由许嘉璐先生发起的尼山世界文明论坛，先后接触到尼山圣源书院和四海孔子书院，颇有"文兴靠书院"的感触。上述书院以弘扬儒家传统为主，但亦体现出其开放性和开门办学的理念。我第一次接触青城书院，是在 2012 年 7 月到四川做客巴蜀讲坛，主讲《全球化的宗教与中国文化战略》，[①]当时曾提出了如下建议："应办好青城书院，提高青城山的文化档次，使之成为读书、研究、修炼、养生的重要基地。使'水利都江堰、修道青城山'交相辉映，天下闻名。"青城书院基于青城山，这里"山色水韵，仙风雅气"，有着得天独厚的地理位置，我们应该紧抓两个方面的探讨：第一是四川特色，即蜀文化，由此也能体现出长江上游的文化特色。第二是道家文化，特别是道教的历史文化传承。在人类许多民族的发展中，我们可以看到其信仰是灵魂，文化是表现，科技是动力。为此，我们也要将这三者有机结合，使之浑然一体。

一 道教与长江文化

道教尚水，《道德经》第八章讲"上善若水。水善利万物而不争，

[①] 该次讲座的报道详情可见《四川巴蜀讲坛举办"全球化的宗教与中国文化战略"公益讲座》，http://www.foyuan.net/article-696785-1.html。

处众人之所恶，故几于道"。纵观人类历史，各大宗教与水均有着密切关联。著名天主教思想家孔汉思教授提出了"三大宗教河系"理论。其中第一大宗教河系是"两河流域"，即底格里斯河和幼发拉底河流域。该河系的宗教由近东游牧部落的原始宗教传统发展而来，形成了"亚伯拉罕系统的三大宗教"，即犹太教、基督教和伊斯兰教。第二大宗教河系是恒河和印度河流域，形成了源出印度文明的"神秘型宗教"，包括吠陀教、耆那教、佛教和印度教。第三大宗教河系就是黄河和长江流域，形成了中国的"哲理性宗教"或"圣贤型宗教"，最主要代表就是儒教和道教，广义上还包括日本的神道教。[①]人们习惯以"流水"比喻历史、比喻人生，我们也可以借此对人类的宗教"追忆似水年华"。

德国汉学家卫礼贤曾将中国文化划分为黄河文化和长江文化，即北方文化和南方文化。黄河文化被视为主文化，即北方文化的象征，黄河故有中华文明的"摇篮"之称。这种北方文化以孔子为代表，强调礼仪、正统、秩序和集体意识，体现阳刚之气。孔子突出"礼"和"仁"的文化被作为中国主要的文化。南方文化则以长江为标志，以老子为代表，主要特点是逍遥、自在、浪漫，以道法自然之"道"而显示出空灵、洒脱和超越，展现以"水"为代表的阴柔之性。[②]若从"道家""儒家"的意义来看，道教和儒教可以视为"哲人宗教"。若加以哲学解读，道教可称为"艺术哲学"，儒教为"政治哲学"。比较而言，道教有着更多的逍遥，其任运浪漫、淡化人生，旨在空灵、超脱，"成仙"即体现其超脱感，为其自我解放之追求；儒教则有着更多的悲壮，其忍辱负重、圣化人生，示其凝重、责任，"成圣"即说明其责任感，为其自我牺牲的精神。[③]

[①] 参见秦家懿、孔汉思《中国宗教与基督教》，生活·读书·新知三联书店1990年版，第2—8页。

[②] 卓新平：《学苑漫谈——讲演集》，中国社会科学出版社2010年版，第63页。

[③] 同上书，第82页。

在过去相当长的时间内，国人比较集中关注黄河文化，乃至有"黄河中心论"之说，对长江文化则所知甚少，研究不多，这不得不说是一个遗憾。根据现在新的考古发现，长江文化的地位已被公认，其内涵正在不断被发掘。道教是长江文化的典型代表，其发展印迹在长江流域有广泛的流布。杜光庭在《洞天福地岳渎名山记》中列出了道教的118座洞天福地，约70%分布在长江流域。①四川位于长江上游，有"天府之国"的美誉，这片土地上孕育的巴蜀文化是长江文化的主体文化。巴蜀文化在长江文化这一由多个亚文化层次构成的庞大文化体系中具有举足轻重的地位。笔者曾参观过三星堆博物馆和金沙遗址，其与众不同之处，就在于其虽然尚未发现文字记载，却有着远古丰富的祭祀遗物留存，这说明古蜀文明宗教发达，礼仪完备，着实令人震撼，为之神往。宗教在人类文明中的长久存在及其重要作用，是无法根本否定的。因此，对于长江上游文化及其精神特色，理应有着特别的关注。中华文明上下五千年，目前还有许多元素讲不清楚，而作为其主干之一的长江文明也仍有诸多未解之谜，所以我们一定要留下研究与遐想的空间。如长江上游以三星堆为代表的古蜀文明之源，以及三星堆—金沙文明与后续文化的历史关联及传承，都值得我们去发掘、研究，由此得以凸显长江文化因子。而在其后的历史发展中，中国道教与川蜀文化更有着尤为密切的联系。张道陵正是在鹤鸣山创立天师道，于青城山弘道，对中华文化的走向产生了深远影响。道教浸润蜀地，对川人作用甚大。自三国之后，蜀之帝都地位退隐，但从此川人很是超脱、逍遥、自在！从政治文化的角度来看，成都处于内地，历史上很少成为全国性的政治中心，远离政治。而这种超脱心境，显然就是受到道教文化的影响。在西方基督教文化传统中，其政教合一的地位曾使天主教思想发展出其强调权威、正统的"神哲学"；而相比之下，道教这种飘逸、超然之风，完全可以形成其风格迥异、突出平静、天然的"道哲学"。在体系化的哲学

---

① 参见卢世菊《紫气清风——长江流域的道教》，武汉出版社、中国言实出版社2006年版，第249页。

构建中，中国哲学完全是不同于西方哲学发展的另一种类型。青城山作为古蜀圣山、道教发祥地，具有重要的历史文化意义。因此，坐落于青城山山麓的青城书院，应当主动承负起这份宝贵的历史文化遗产，主打长江文化这张牌，发展、完善中国的"道哲学"。

同中国文化书院、北京四海孔子书院、尼山圣源书院、厦门筼筜书院等业已在国内外发挥一定影响力的书院相比，四川的青城书院是后起之秀，应当充分发挥其后发优势。在笔者看来，青城书院最大的优势之一就是得天独厚的道教文化资源。我们应该发掘好这一资源，同时与长江上游文化的研究有机结合。

二 道教在当前中国宗教发展中的地位及意义

改革开放近40年来，中国的宗教现状早已突破了"五大宗教"的传统格局，存在着"包括传统宗教和民间信仰在内的信仰多元生态景观"。目前来看，中国佛教鼎盛，势力最大；基督教的发展势头最猛；道教则最为弱小。在全球化背景下，中国的宗教有着格外引人注目的新动态，各宗教发展打破其传统地域之限而形成交织之状："福音西进"使基督教传入了以往伊斯兰教、佛教的传统流行地区；"伊教南下"则让原来本无穆斯林群居的南方地区因经营生意、外出打工等方面的流动而出现了清真寺及相应的伊斯兰教活动；"藏密东进"也使藏传佛教进入内地，形成与汉地佛教共在、对应的状况。这种"教随人动、宗教入市"的现象已成为我国市场经济时期的宗教特色之一。[①]例如，2012年12月11—12日，我们在北京举行"2012年中国社科论坛（宗教学）·'宗教慈善与社会发展'国际学术研讨会"，当时五明佛学院的索达吉堪布也去了，好多内地企业家来拜访他，在北京颇受追捧，其著

---

① 参见卓新平《"全球化"的宗教与当代中国》，社会科学文献出版社2008年版，第248页。关于我国宗教新状况，亦可参见王作安《我国宗教状况的新变化》，载金泽、邱永辉主编《宗教蓝皮书·中国宗教报告2008》，社会科学文献出版社2008年版。

作《苦才是人生》也非常畅销，显得人望极高。藏传佛教的这种巨大影响力，却也非常值得我们认真思考和深入研究。

中国社会当前对待宗教的基本态度是"一体多元""扶本化外"。"一体"是指中国社会、文化本体的"大一统"格局；"多元"则为中国对外开放、海纳百川的开明姿态。"扶本"则体现了中国文化的身份认同及其精神发展的追本溯源；"化外"更是表明了对外来宗教的吸纳和符合国情地融入。① 既要海纳百川，诸教并立，也要扶本化外，以我为主！那么，何为"本"？何为"外"？如何"扶"与"化"？这些现实问题需要做出科学选择。当下佛教影响最大，可佛教的根源毕竟是在印度文化土壤，尽管也有学者认为佛教与汉藏语系的民族文化更为接近，却也不能从根本上代表中国的本真文化。亨廷顿曾言：佛教在印度的遭遇"以及它之适应于和被结合进中国和日本的现存文化，意味着它虽然是一个主要宗教，但却一直不是一个主要文明的基础"。② 当然，"佛"现在已是跨文化、跨宗教、跨民族、跨国度的宗教象征，表明了"众缘和合"。佛教可以为中华文化锦上添花，却不可能成为中华文化最为本质的身份符号，这是我们理应清醒认识的。中国要向世界输出自己的文化影响力，必须借助自己的文化符号。本是什么？本就是儒道，所强调的是其体现的中华文化的"道"统，这才是灵魂所在。

从中国宗教文化可持续发展的视角来看，除了佛教之外，将来还有三种宗教会影响中国宗教分布的格局。第一是"儒"。儒学与儒教是热门议题，无论认可不认可儒教的提法，都必须承认儒学对中国人的影响是根深蒂固的，而且在其性情、气质上都颇具宗教性，这种影响正在恢复与凸显。我个人认为儒家思想在宗教层面对中国的影响会极大。现在书院、读经如火如荼，势不可当，这就是明证。马克思主义从其根源来看是西方思想，它只能说是我们的政治信仰，党的指导思想，是一面鲜

---

① 参见卓新平《学苑漫谈——讲演集》，中国社会科学出版社2010年版，第254页。
② ［美］亨廷顿：《文明的冲突与世界秩序的重建》，周琪等译，新华出版社1998年版，第32—33页。

明的旗帜。这种政治信仰并不可能涵括整个中国文化的方方面面。但在这种氛围中，儒学思想观念若想恢复以往在中国文化中"核心价值观"的地位尚任重道远，很难预料。当前港台新儒家返本开新，惨淡经营，很可惜后继乏力。而中国在全球开设的孔子学院施教热情有余，基本是汉语教育，文化准备不足，罕见孔子的身影及精神。

第二是基督教。它有着深厚底蕴，现在又处于文化强势地位，有西方强大的综合实力支撑。1949年之前，基督新教出现了赵紫宸、吴雷川、吴耀宗、谢扶雅等思想家，天主教出现了马相伯、徐宗泽、吴经熊等思想家。1949年之后，基督教虽经历挫折，毕竟潜力巨大，将厚积薄发。基督教从其历史发展就可以看出其有顽强的生命力和强大的社会适应能力，很难从根本上对之打压或使之消失。因此对待基督教我们有必要改换思路，认识到对之唯一正确之途只能是"积极引导"。而我们讲"基督教在中国的本土化、本色化或处境化，就是要求其'中国化'，使之融入中国文化，成为中国宗教"。[①]不过，从"在中国的基督教"到"中国的基督教"仍旧有漫长的本土化路程要走。

第三是道教。目前看来它发展得并不太理想，在文化精神层面对中国影响也不是很大，在社会层面相对而言则比较低。但从长远来看，它还是大有可为的。对道教的理解一定要广阔，一定不能落入道家、道教判然有别之类的窠臼当中。笔者也提倡并呼吁"大道教"的观念，提醒人们看到道教与中国基层社会的紧密关联。在中国本土宗教意识和核心精神上，道教及"道"这一基本观念应得以突出和高扬。"道"在整合中国宗教价值，提供中华文化的宗教象征符号及精神标志上有着不可取代的作用。道教在现存中国宗教中最能体现和代表中国本土宗教精神。当然，作为中国基本宗教精神的象征，加之其与民间信仰的广泛联系，道教应该走一种"大道教"的发展。

---

① 卓新平：《心曲神韵——随感集》，中国社会科学出版社2010年版，第154页。

关于"大道教",[①]笔者也曾有过一些基本思考。其实，在儒家观念及随后佛教的中国化中，"道"也占有重要地位。在传统儒、释、道三教之中，对之"一以贯之"并加以整合的正是"道"。由于儒教"宗教"性质的模糊，其核心观念"礼"被理解为"社会秩序"，而"仁"也常被从"人际伦理"、公共价值的层面来界说，故此"道"之思想并没有得以突出。中国宗教在远古传统中就已被理解为"对神道的信仰"，《易经》早就论及："观天之神道""圣人以神道设教"，在此基础上故有《中庸》"天命之谓性，率性之谓道，修道之谓教"的解释，而"儒"一旦"不可谓之教"，则亦被视为"天下常道"。在此传统中，可谓"神""道"并称。佛教在中国，由于其"佛法"并不被普遍视为"至高法"，而只得走以"变俗以达其道"的方便之门来实现其中国化。道教的"道"字基于老子所论及的"通贯天人"之含义，宗教的奥秘和本真即"观天之道，执天之行"，而"天乃道，道乃久"，天人相通即"道成肉身"。中国思想传统中的"天、地、人"观念实质上也是靠"道"来贯通，故此才有"立天之道，曰阴与阳；立地之道，曰柔与刚；立人之道，曰仁与义"（《易传·说卦》）之说。所以说，儒、佛、道本身就可在"道"中"三教合一"，故可形成一种广义上的"大道教"观念，构成中国本土宗教的基本特色和象征符号。

道教发端于黄老思想，黄帝乃华夏民族的人文始祖，老子为中国精神的思想先驱，孔子亦曾向老子问道，由此反映出中华文明的源远流长和炎黄子孙的一脉相承。与其他宗教不同，道教的发展道路是汇聚涓涓细流而成江河，从多元走向统一，从分散达到聚合。诸多传统信仰和民间宗教与道教有过共构与整合，二者之间有着密切关系。这也使得道教将来可以在一定程度上起到整合民间宗教信仰的作用，从而形成具有"大道教"特色的中国宗教发展，使之获得本土宗教的共识、共鸣，以便能"执古之道"，行"大道生活"，有助于当代社会生活的道德教化。

[①] 卓新平：《学苑漫谈——讲演集》，中国社会科学出版社2010年版，第255—256页。

所以,"大道教"可以彰显中国本土宗教与众不同的个性及特色,从而启发人们在这种聚合性的"大道教"中看到中国宗教的本土意蕴及真正奥秘,获得其原创性的体现和表现。"大道教"的构设及发展,将可客观反映、恰当表达大多数中国基层民众的信仰归宿,并逐渐显露出中国宗教本有的、普遍的自我意识。而且,"大道教"所涵括的信众在中华民众中显然也会占有更大比重。所以说,"大道教"在中国社会范围中的发展应该是得天时,占地利,有人和,呈现出巨大潜力。

在国际宗教对话中,道教之"道"可与基督教"逻各斯"道成肉身之"道"媲美、论道。除了哲理之道,还有科技之道、生活之道。道教与科技有着天然联系。20世纪西方兴起了"新时代运动"(New Age),其与东方的对话就主要包括同道教的对话。卡普拉的著作《物理学之道》讲的就是"道",而且是把现代物理学理念同古代宗教相关联,用了"道"的表述。尽管对这一运动性质的评价颇为复杂,但由此折射出的以李约瑟、汤川秀树、卡普拉等为代表的西方科学家重新认识道家思想,却值得我们三思和探究。中国大陆学者董光璧曾写有《道家文化与当代世界文化观念演革的流向》一文[①],代表着科技界对道家思想的一种新见解。道教充满了想象力、惊叹感,这是科技创新所必须有的要素。今天网络时代更加需要想象力,道教过去对科技发展做出了巨大贡献,未来也有广阔前景。此外,道教对建筑、音乐、戏剧、武术等均有着深刻而广泛的影响。今天,我们的道教艺术、道教武术、道教医学、道教养生等也可以走出国门,形成"弘道"之"中国风",让世人真正认识中国文化的底蕴、神奇。如此一来,宗教意境的道行世界,道吞天下,道化全球,将是何等气魄。直言之,我们今天应对道教及其反映的道文化高度重视,意识到"道"乃是我们中华传统文化软实力的核心之所在,是中国古代精神的精髓之构成!"道"象征着人的终极之问及其终极之解,其中既富哲理,亦容科学,且不离宗教之维。在中国古老的思维传统中,乃蕴含有青春的跳跃,反映出其博古通今、

[①] 见《自然辩证法研究》1993年第9卷第11期,第27页。

开放迈进的禀赋。中国人需要重新回首,"认识你自己"!在中国社会开始"文化寻根""文明溯源"新"高潮"的当下及今后,寻根问道,继往开来,将是中华文化复兴中的重要使命。

(原载卓新平《信仰探索》,首都师范大学出版社2015年版。)

第三十章

凝眸云水　研道修道

"尊道贵德、和谐共生",这是当代道教发展的重要使命,也是当代中华文化自觉、自强的关键之处。如何弘扬中华文化,形成中华民族的文化自知,这首先就需要我们回溯中国源远流长、博大精深的历史传统,阐发其思想底蕴、文化精髓。而宗教文化则乃中华传统文化的核心真谛,是其发展和弘扬的根本始基。在今天中国发展态势最为强劲的五大宗教中,道教是唯一在中华文化土壤中土生土长的宗教,其所承载的文化蕴涵及寓意故而不言而喻。道教以其"道法自然"的姿态经历了中华民族跌宕起伏的历史命运,见证了中华文化沉浮消长的"苦难辉煌"。正是基于这一深刻洞观,鲁迅先生才有"中国根柢全在道教"之感慨。因此,"认识道教"应是我们中国人的基本功课;"大道无名""海纳百川"则应是我们中华民族的博大胸襟;而我们对自己文化传统的尊重、敬畏、弘扬,就是中华文化可持续发展的内在动力;只有"唯道为尊",我们的文化传承才能历久弥新。

正是在这种展开文化反思、重获文化自知和确立文化自觉的时代氛围中,袁志鸿道长向中国读者推出了他的力作《凝眸云水》,为我们关于中华文化本真及其命运的思考与讨论提供了他的真知灼见。袁道长才思敏捷、博学多闻且勤于笔耕,我们在多年关涉宗教研究之以文会友、切磋商议的沟通中已经成为至交,并且形成了许多共识。所以,我衷心希望大家能与袁道长一道来凝眸、沉思,关心中国道教的发展,关注中华传统文化在当下应该如何来继承与弘扬的雄图大业。

　　道教在中国文化传统中具有独特的地位，体现出中华文化精神与众不同之处。道教的核心思想源自老子、庄子等先哲先贤的智慧之学及其智慧人生。最为引人注目的道教之"道"，则以其飘逸、灵动、含蓄、潜隐、神秘、奥妙和"上善若水"而代表着中国悠久文化的象征符号、核心标志。"道"有着宗教的意蕴、哲学的睿智、自然的本真，体现出中华文化的核心理念和华夏精神的中和旨归。"道"乃融贯天、地、人三界，形成"人法地，地法天，天法道，道法自然"的有机共构关系。"道"揭示出了自然、社会、精神所共同需要之基本维度，这种关联使人可以面对自然、社会和精神这三维来究问其本质、寻觅其本真，达到"道生之，德畜之，物形之，势成之，是以万物莫不尊道而贵德，道之尊，德之贵，夫莫之爵而恒自然"（《道德经·五十一章》）的领悟。以这种"道"之精神和底蕴，中华民族获得了其生生不息的"价值理性"和"实践理性"，形成其"形上"追求与"社会"运用的结合，即以"道"为本，以"德"为用，以"道"立"德"、以"德"载"道"："德无道不立，道无德不载"。在"道德"之中，我们窥见了永恒与现实的统一，体悟出超然与自然相关的社会意义。中华文化最为基本的关键词"道德"乃展示出天、地、人共构一体的有机和谐，亦给我们带来了"知和曰常，知常曰明"的文化共识。

　　以"道"之核心观念，则可推演出中华文化复杂多元的发展。从"道"引申出"道路""道理"二义，"道路"为发展方向及行进轨迹，而"道理"则为其论证言述之理论证明的"说道"。对此，进而又有"神道"与"人道"的对比。"圣人以神道设教"，既描述了"道路"与"道理"在超越及实存二维上的结合，又说明了神人之间的关联与互动。而"人道"则涵括了人对天、地、人，对超然与自然的领悟及言述："道可道，非常道。"人们对这一表述至少有两个层面的理解，一为"可说"之"道"不是"永恒之道"，"常道"或"恒道"乃"不可言述者"，超越了世人的理解，具有终极意义；二则觉得"道"仍是"可说"的，人们理应去设法对这种"非常"之"道"加以理解、界说；当然，人在其言述、解说中应该自知其认识之局限，意识到其把握的相对性。而对这种"道"及其涉世关联的"德"之言述的典范、精品，正是老子所著《道德经》。可以说，《道德经》乃中国古代宗教经典最为典型的代表，正因为其得天独厚的经典地位，才使之成为在人类思想文化经典中翻译语种之多、印刷版本之众在这两个方面只是仅次于《圣经》的宗教典籍。其在中国宗教经典中得天独厚的地位和在世界文明中的影响，据此亦可确立。

从"道"之理论及实践，遂诞生了"道教"这一中国本土宗教的基本建构。由于对"道"的多元理解及多种实践，故而有着中国道教"百川汇流"、多元共聚的发展特点，以及聚散自然、流变任运的存在特色。其内涵型"道教"及外延式"大道教"，都在很大程度上潜藏着或体现出中华文化内在的"软实力"和可以充分发挥的"巧实力"。所以，道教在中国乃至整个世界的发展，可以在多个层面上展示其神秘及魅力。在自然层面，我们可以基于"道教"来弘扬中华养生文化、健身文化，在餐饮、茶道、医药、修身、武术等方面大有作为。在社会层面，我们可以借助于"道教"来开展我们的基层社区及民俗文化建设，使道教在经济社会发展、社区文化生活丰富多彩上做出其积极贡献。在精神层面，我们则可继承并弘扬道教思想精华，学习道家智慧与哲理，以道家人生观来返璞归真，以道家自然观来天地自立，以道家文化观来点缀山水、净化心灵。从这一意义上讲，道教与当今世界的关系及其互动之途径，即应该是文化强教、以道修行，由此而"修之于身，其德乃真；修之于家，其德乃余；修之于乡，其德乃长；修之于国，其德乃丰；修之于天下，其德乃普"（《道德经·五十四章》），贡献"格致诚正，修齐治平"的中国智慧，为争取天下太平、"世界大同"而努力。

在永恒与现实、无限与有限、越然与自然之间，宗教会给人带来"寻根"的体验、"回家"的感觉。对于处于生生不息、行进在其生存旅途之中的世人而言，宗教意味着超凡脱俗、追求神圣的志向和清静无欲、修道行德的生活。这既是对俗界世人的劝诫，亦是对教内之士的自律。各宗教对人世、命运的领悟有其同异，而道教对此则提供了一种

"中国特色"的注解，以其生死道教、生命道教、生活道教的体悟来引导人们在人生道路上实践其生命之旅、文化之旅、精神之旅，并使之成为和平之旅、清静之旅。"人能常清静，天地悉皆归！"

　　细读袁志鸿道长的《凝眸云水》，有着许多感悟和体会。这本书语颇隽永、思亦深邃，让人在遐思之间觉察到视之开阔、享受到心之宁静。袁道长在其修行、为学上对当代中国道教的发展进步情有独钟、而其身体力行也有着楷模及引领作用。其文笔潇洒、字字珠玑，见识超凡、令人回味，很自然就能将人引入道教那内在超越与外在超越共构之境。我们在欣赏之际亦会随其思索，有着"水穷云起"的发现和激动。顺着袁道长"关于道教文化的思考与阐扬"，自己在此也情不自禁地流露出了上述感触和随想。袁志鸿道长这部他多年来"研道修道"所成就的大作，给我们带来了知识交流和心灵启迪，是一种诚心相邀的精神聚会，让我们一起来研道修道、论道悟道、行道弘道，积极参与和袁道长的心灵对话、精神沟通，共同关心中国文化命运及中国道教的未来发展，向世界彰显我们中华文化的本真及精髓，以达"道通天下"之境。

（原载袁志鸿《凝眸云水》序，中国青年出版社2012年版。）

第三十一章

《道德经》对宗教和谐的贡献
——《道德经》与《圣经》比较初探

《道德经》提出了"道"这一核心观念,对世界宗教发展及其沟通有着重要意义。当代西方著名宗教思想家孔汉思(Hans Küng)有一段影响全球的名言:"没有世界伦理就没有共同存活。没有宗教和平就没有世界和平。没有宗教对话就没有宗教和平。"[①]从宗教和平反观宗教对话,则发现"和平"与"对话"都需要其"和平"及"对话"之"道","道"乃"对话"之途、"和平"之本。而《道德经》对"道"的展示和诠释,正是为人类理解"宗教"之本真、达成宗教之和谐及世界之和平,做出了有益贡献。在《道德经》的启迪下,人类"尊道贵德""弘道畅玄",则有可能走上通往和谐社会、和谐文化、和谐世界之坦途。

"道"在《道德经》的理解中,乃"神圣之道""宇宙之道""生活之道",由此以"道"而构成了"神圣""宇宙""人生"这三维之共在及其和谐,使"形上"与"形下"、"超然"与"自然"、"超越"与"内在"、"主体"与"客体"、"彼岸"与"此岸"得以打通,形成整体共构之关系。而这正是理解人类宗教奥秘的关键之所在。对此,中国宗教哲学家谢扶雅曾感慨而言之:"若求中国辞书中是与 Religion 相

[①] [瑞士]孔汉思:《世界伦理构想》(Hans Küng, *Projekt Weltethos*, Piper, München 1990),慕尼黑,皮珀尔出版社1990年版,第13页。

当之名，唯'道'字勉可充数。道兼涵体用两面，Religion 亦具宗旨及方法两面；道可以完全表示个人与宇宙本体之嘘吸关系，同时亦不遗落个人对于社会之活动及适应。"①当然，这种解读亦仅是从"人之道"出发而论，并不能完全涵括"道"这一概念之丰赡。但仅从这一维度，已可窥出"道"之内蕴所具有的"和合""包容"及"涵盖"意义。而《道德经》中对"道"的阐述，已使各种宗教之间核心观念和信仰实践上的对话与沟通奠定了基础，为其成功之可能提供了根本。

在中国宗教与基督教的比较研究中，"耶儒"对话与"耶佛"对话已有悠久传统。至少基督教与儒教的对话与沟通，可以追溯到明末清初天主教耶稣会士与中国士大夫的宗教精神及生活诸层面的对话。而基督教与佛教在中国历史上虽然多有冲突，但其相遇与对话却远远早于"耶儒"之间的此类关系，可从唐朝景教时景教文献之汉译上见其端倪。与"儒""佛"相比，基督教与道教的对话似乎在历史中颇为模糊，难寻其踪。尽管朱谦之曾根据唐代景教《宣元至本经》中"妙道能包含万物之奥道者""妙道生成万物囊括，百灵大无不包，故为物灵府也""善人之宝，信道善人达见真性"等内容与《道德经·六十二章》"道者，万物之奥，善人之宝，不善人之所（不）保。……人之不善，何弃之有"相似，而认为"《宣元至本经》作为景教文书看，则属于伪作"，"为道教的信徒所作以注释《老子道德经》者"，②从断言开元五年（717）"传写"者张驹为"道教信徒"这一见解，而否定了景教与道教的关联，然而 2006 年在洛阳发现的"景教宣元至本经幢"（此幢建于元和九年即公元 814 年）却证实了此经乃唐朝景教经文，而且揭示出其内容的确曾"模仿汉译佛经的结构，并频繁使用佛、道、儒及摩尼教的词语和表达方式"。③这样，将敦煌景教文献与洛阳新出土的《大秦景教宣元至本经及幢记》加以认真对比，考证，或许又能

---

① 谢扶雅：《宗教哲学》，山东人民出版社 1998 年版，第 204 页。
② 朱谦之：《中国景教》，东方出版社 1993 年版，第 126—127 页。
③ 罗炤在 2007 年 3 月北京召开的"世界汉学大会"论文中的见解，他认为"《大秦景教宣元本经》是唐朝景教大师景净所造的伪经"，但其内容主要是模仿佛经而具有佛教表达特色。

找出一些唐代景教与道教"对话""相糅"的蛛丝马迹。不过,在"道"之表述和理解上,道教与基督教却似乎更为贴近,颇能给人一种"英雄所见略同"之感。而且,基督教在其教义传播和理论翻译中,亦频频使用了"道"这一观念,由此使这两大宗教的当代对话与众不同、新颖独特而又相互呼应。特别是在《道德经》与《圣经》之对照、比较上,这种"求同"感及"和谐"感乃尤为突出。

首先,"道"在"神圣"论层面乃指不可言状、不可定名的"自在永在"之"超越""大道",其预示的即"大道之隐"。于此,"道,可道,非常道;名,可名,非常名"(《道德经·一章》),"无名"之"道"乃"天地之始",超乎宇宙、"逆乎自然",给人以"玄之又玄"的敬仰感觉。在此,"道者,虚无之系,造化之根,神明之本,天地之元"(吴筠《玄纲论》),体现出本源、超越的至上本质。这种理解在基督教等世界宗教中也可达对其信仰对象"永恒实在"("天主""上帝")之认知,由此构成相关宗教"神明"观念上的理解"和谐"。"道"作为"神圣实在"乃"自有永有的"(《圣经·旧约·出埃及记》第3章第14节),即基督教所强调的"太初有道""道就是上帝"(《圣经·新约·约翰福音》第1章第1节),其本体特点按《道德经》的描述即"独立不改,周行而不殆"(第25章),"大盈若冲,其用不穷"(四十五章),按景教《宣元至本经》之言则为"无元真主"。至于世人对"道"的认识,则只能"强为之"字"道"、名"大"(二十五章),因为实际上人对之乃"视之不见,名曰夷,听之不闻,名曰希,搏之不得,名曰微。此三者,不可致诘,故混而为一。……绳绳不可名……是谓无状之状,无物之象,是谓惚恍"(十四章),"绵绵若存,用之不勤"(六章)。这种解释在基督徒中也引起了共鸣,他们曾引用《圣经》来加以对照,说明"主所作的,在我们眼中看为希奇"(《新约·马太福音》第21章第42节)。[①]有趣的是,他们甚至将《道德经》中上述"夷、希、微"三字与希伯来文耶

---

① Joseph Petulla, *The Tao Te Ching and the Christian Way*, Orbis, Maryknoll, New York 1998, pp. 2 – 3.

和华（Jehovah，指"上帝"）的发音相比较，认为"耶和华更早的发音是 Yhwh，中文译成'耶威'或'雅威'，其始音和尾音与'夷希微'更相近"。①尽管这种解释不一定准确，却说明人们在《道德经》中找到了宗教认知求同上的"和谐"。

其次，"道"在"宇宙"论层面为自然之和谐、万物之有序，其意指的为"大道之行"。《道德经》指出："道生一，一生二，二生三，三生万物。万物负阴而抱阳，冲气以为和"（四十二章）；"天下万物生于有，有生于无"（四十章）；"人法地，地法天，天法道，道法自然"（二十五章）。宇宙天地，其中乃有一根本规律可循，"昔之得一者：天得一以清；地得一以宁；神得一以灵；谷得一以盈；万物得一以生；侯王得一以为天下贞"（三十九章）。这里，"道"乃体现为"顺乎自然"、隐于自然之宇宙规律。"道隐无名，夫唯道，善贷且成。"（四十一章）对此，基督教亦有"创世论"意义上的求同，恰如《圣经》所言："这道太初与上帝同在。万物是藉着他造的"（《新约·约翰福音》第1章第2节），"上帝创造万物之上为元首"（《新约·启示录》第3章第14节）。这样，自然规律体现出神性之维，宇宙乃上帝的"缩影"和"复写"，"宇宙乃上帝之书"（库萨的尼古拉之语），通过观察奇妙的宇宙则会体悟到"上帝的荣耀"乃"充满全地"（《旧约·诗篇》第72篇第19节）。此外，这种规律的追寻和回溯，还可在基督教神学中关于上帝存在之论证中得到印证。从宇宙规律的巨大因果链条中，如果一环接一环地回推，则可找到体现为"最初原因"或"第一推动力"之"道"。②

最后，"道"在"人生"论层面上则是"生活"的"真谛""人生"的意义，以为人世存在求得"和睦"与"安宁"，其表达的乃"大道之言"。从"道"之形而上学意义上，乃是"不可道"的，有着"非常道""无言"之深奥。但从认识论和人性论意义上，老子以抽象、

---

① 袁步佳：《〈老子〉与基督》，中国社会科学出版社1997年版，第9页。
② 同上书，第101页。

象征、比喻、神秘等形式却仍然写了"五千言",从而对此"永恒不变之道"加以了想象和描述,构成其对"道"的经典言说。这里,"道"则成为与"人"贴近、关联的"人生之道""生活之道";"道"以"言"之形式而为世人指出了其寻得"生命意义"之"路"。当然,"人生之道"不只是"言"出、而更是"行"出,"孔德之容,惟道是从"(《道德经·二十一章》),由此而达到"道"与"德"的统一。这里,则有了从"天之道"到"圣人之道"的角色转换,认识到"天之道,利而不害。圣人之道,为而不争"(《道德经·八十一章》)的境界。闻"道"与从"道"乃有其回溯和体认,尽管"古之善为道者,微妙玄通,深不可识"(《道德经·十五章》),但经过努力则仍可"执古之道,以御今之有。能知古始,是谓道纪"(《道德经·十四章》)。因此,应该有"上士闻道,勤而行之"(《道德经·四十一章》)之举。其实,"生"本与"道"相关联,"生,道之别体也"。① 人生的意义就在于"观天之道,执天之行",通过领悟且实行"天道"而达其"人道"。道教思想家葛洪曾对之加以引申,指出:"立天之道,曰阴曰阳;立地之道,曰柔与刚;立人之道,曰仁与义。"② 只有推行这"天、地、人"之"道",才能达"圣人常善救人,故无弃人;常善救物,故无弃物"(《道德经·二十七章》)之境。这里,《道德经》的解说也在基督教《圣经》中有着共鸣,反映出其"圣人""灵修"等"修道"之意蕴。这种"圣人"在基督教中尤指"道成肉身","形上""大道"成为"人生之道","道"以"圣言"之态而成为"生命"之"路",让人感触到"圣灵"的亲在。"耶稣说,我就是道路、真理、生命"(《新约·约翰福音》第 14 章第 6 节),而其追随者则成为"地上的盐""世上的光"(《新约·马太福音》第 5 章第 13—14 节)。所以,《道德经》在"生活之道"的意义上,亦为宗教的灵修、实践提供了其修行意义上的"和谐"。

---

① 《老子想尔注》。
② 葛洪:《抱朴子内篇》卷十,与《易传·说卦》的表述相同。

第三十一章 《道德经》对宗教和谐的贡献 237

综上所述，《道德经》乃提供了宗教对话与沟通上的"通途"，使人得以找到避免宗教矛盾、消除宗教冲突的方便之"道"。比较基督教的《圣经》及其教义神学，基督徒亦可以"原道篇、圣人篇、灵修篇"这三个部分来解说、领会《道德经》的精髓。①其"原道篇"指"老子宣示了大道本体的属性"，与基督教的"上帝论"相呼应。在此，"道是自在者，他以自身为法度。道是造化者，万物之母，爱养万物。道是超越者，视之不见，听之不闻。道是生命者，众妙之门，没身不殆。道是启示者，不言之教，以阅众甫。道是公义者，天道无亲，常与善人。道是拯救者，常善救人，有罪以免"。②其"圣人篇"为"老子预言了道的化身'圣人'"，与基督教的"基督论"相对照。在此，"圣人"作为"道的化身"而生动体现出"圣人的职分""圣人的本像""圣人的使命""圣人的降卑与大爱"以及"圣人的受难与功成"。③其"灵修篇"则说明"老子有精辟的为道、修道之论"，与基督教的"圣灵论"相关联。在此，《道德经》涉及"修道的原则""修道的功夫"和"修道的比喻"，④从而以"道"在"人间"、在"人心"之中来形成"肉身成道"之"修身养性"的系统灵修学及其信仰实践。按这种理解，则可体悟到《道德经》之精神已超越其具体宗教之界，为各种宗教之和谐共处提供了内在灵魂和丰富资源。对于人类和平、世界和谐而言，《道德经》之"道"可以成为"持大像、天下往"的福音之道、普世之道。

[原载《和谐世界 以道相通》（上），宗教文化出版社2007年版。]

---

① 袁步佳：《〈老子〉与基督》，中国社会科学出版社1997年版，第84页。
② 同上书，第83页。
③ 同上书，第83—84页。
④ 同上书，第84页。

第三十二章

探索道之奥秘

——读安伦《老子指真》

　　道通千古，异彩纷呈。"道"作为中华文化精神最为核心的观念源远流长，蕴意玄奥，给人带来无限遐想的空间及穿越时空的可能。自老子留下《道德经》五千言而遁隐以来，就不仅有了对老子生平的种种猜测，而且还一直延续着对《道德经》的不同解读。这一发展加深了中国人对中华文化之本真的自我反思，也呈现出世界文明对中国智慧的关注和认知。因此，要体会中华文化的博大精深、悟透华夏精神的睿哲深邃，则必须回归至道；而要对中国哲学及信仰有精准的把握，也需要越儒归道，由孔子回溯到老子，获致一种关联性领悟。所以，在我们对中华文化表达自信并努力弘扬的今天，如何悟道，怎样评价老子，乃中国思想史上的关键一环，这也是打开中华智慧之库的灵妙钥匙。

　　"道可道，非恒道"，但人们又不得不借助于可道之道来主观、有限地窥视、体悟和解读这充满玄机、据理难言之恒道。于是，各种对老子的探究、对《道德经》的评说遂应运而生，热闹非凡，成为鲜活的中国精神世界中之重要一景。谈老论道，历史悠久，成为中外学者的一种雅趣或修养。为此，徐梵澄先生曾言，"老子一书，自古为之注解者多矣。韩非而后，著名者无虑数十百家。其见于汉志者，如鄰氏、徐氏、傅氏等之书早佚。至今存之河上公、王弼等数家注解，乃学人所熟知。近代欧西稍知此学，译者如林，英、法、德等文字皆有"。①这种盛况至今仍旺，而在当代众多评论阐述中，安伦先生的研究则独树一帜，与众不同，更具现代气息，更显开拓精神。其新著《老子指真》②给我们带来了不少创见，令我们耳目一新。正是基于以往的理论探索和文献积累，安伦先生博采众长、推陈出新，并从众说纷纭中脱颖而出，找到了自己的观察定位和话语特点。因此，安伦先生的《道德经》校订和译读，以及对老子的分析与评价，虽然不能作为走过历史沧桑之老子道说的定论或结语，然其"指真"涵括了大量的文本阅读和精细的考证辨识，却也展示出其独有的视角和体验性沉思，故为文史根基扎实、说理充分透彻的重要一家之言，是当代道家思想研究中之增光添彩；所以，值得我们认真研读和深入思考。

《老子指真》着重点在于求真，是对"道"之真实、真理的真言和证实。为此，安伦先生在这部著作中首先对《道德经》文本质真，在仔细校勘各种存世文本的基础上对《道德经》的行文、语气、结构、章句及其译文等重新加以展示，给出其所理解的《道德经》之真面目。其次，安伦先生以其新的校订文本来对老子之道求真，开始深入、系统地探究老子之道的真实意涵，对《道德经》的核心内容及其主要观点加以解读，重点在于厘清道与德之关系，以及道与天、地、人的关联。再次，安伦先生尝试拨开历史的谜团和尘封来对老子其人寻真，对老子的思想加以概括，并对老子在中国思想发展史上的重要意义及独特作用给予定位。最后，安伦先生以一种整体审视从社会、政治、精神等领域较为全面地阐述了《道德经》在现代社会中的真实寓意，指出《道德经》乃构建中华民族精神共同体的重要资源，并以一种惊世醒世的呼唤性口吻来阐明"道"对于中华民族有着独特意义及无限价值。

安伦先生指出，"理解老子所言之道是读懂《道德经》的基本前

---

① 徐梵澄：《老子臆解》，中华书局1988年版，"序"第1页。
② 安伦：《老子指真》，社会科学文献出版社2016年版。

提"。①在其看来，以往对老子之道误解者多，真解者少，可谓"知我者希"，对之真言乃罕言。为此，安伦先生认为理解老子之道的关键在于对宇宙"有""无"之境的体悟。在这里实际上就找到了古今中外人类思想家们领悟宇宙本真的根本共识。宇宙的存在就介乎"有""无"之际，而人对宇宙之在的思考亦是非常典型的关于"有""无"之间性思维。恰如安伦先生所论，老子所言之道的"有""无"之存，乃极为重要的哲学范畴和宗教蕴涵。老子在此所阐述的"道之辩证法"打通了有与无、实与虚、真与伪，以及客体与主体、形而上与形而下的存在关联，为一种精致且独到的宇宙论、世界观，标志着人类精神思辨的成熟、周全。从老子论及的道之"无形无状、无声无体、恍惚幽冥、似无实有"，从其描述的"夷""希""微"，都能推及其中"有象""有物""有精"，而且"其精甚真，其中有信"。所以说，安伦先生是基于存在哲学、比较宗教的大视域来领悟、言述和指正老子之道的真。于此，既有道作为宇宙客观存在本真之真实，也有"道思维"作为人类主观思考言真指真之真理。以道理来反映真实，故为真理。这里的辩证底蕴即：绝对无绝非无，由无而生有，无生有乃绝对有，而依有则为万物；其蕴涵的是一种反映宇宙客体之整体存在及人之主体认知打通主客的整体思维。洞观宇宙物质、精神之本原的有、无乃为一统，方觉人类生存的世界已包摄万有，为整体涵括。

　　早在近三千年前，以老子等人为代表的中国哲人已有了悟透人世、宇宙的大智慧，把握了道与德这亘古不变的大真理。当我们今天在政治智慧上跟随马恩指导时，在天人认知上也应发掘中华文明所蕴含的老孔传承；我们必须意识到老子不只是属于道教、道家的，其思想乃是整个中华文明传统的瑰宝，老子对于孔子有启迪有教诲，而孔子对待老子亦有尊重和吸纳，从而形成中华思想两大传统的内在一致及共有原道。特别是基于当代科学、哲学最新发现及发展的审视，囿于旧范式、范畴，仅限于有神、无神，唯心、唯物之争的老子印象，眼光过于狭窄，若无

---

① 安伦：《老子指真》，社会科学文献出版社2016年版，第87页。

突破则实乃井底之蛙的微鸣。这种涉及心与物等关系的有与无、正与负、阳与阴、明与暗，在时空无限的宇宙中乃统一的、整体的，在根本上无法分割，在定性上亦不可断论。老子所意欲的是对立统一、保持辩证张力的合二为一。根据人类迄今所达到的认识，在自然世界，宇宙的生成经历着从无到有、由小至巨的变化和变换，无论是宏观宇宙探源，还是微观世界还原，其存在都是有、无相交，正、负对比，阳、阴互补，明、暗共构，其混成扑朔迷离、玄奥莫测。远眺如此，洞幽亦然。老子以其模糊整体的把握言及"天地之始"曰"无"，而那栩栩如生的大千世界在刨根问底的细究中最终亦会"复归于无物"。现象世界似乎具象明确、五彩缤纷，而一旦探入其本质世界，却是由波、粒、场所构设的"无状之状，无物之象"，唯有"惚恍"之景可观。为此在19世纪末20世纪初一些重"物形"的古典物理学家百思也不得其解，结果导致其中有人为捍卫那传统之理而轻生自杀，让其生命与那"物质"一起"消失"。但这种看似"物质消失"的现象却与当今科学检测到的"精神"现象神似。这种好像物质不可测、精神却可测的奥妙早被老子所洞见、领悟。为此，我们不得不佩服老子论道之见："道之为物，惟恍惟惚。惚兮恍兮，其中有象；恍兮惚兮，其中有物；窈兮冥兮，其中有精；其精甚真，其中有信。"（《道德经·二十五章》）我们所生活的世界既是真实的世界，也是虚幻的世界；既是物质的，亦是精神的。在时空之流中，可以观察到人与自然由无到有的生存轨迹，从远古的神话世界到今天的互联网世界有着惊人的相似，亦远亦近、亦真亦幻。人类的想象会令其创新，科学则能使梦想成真，古代神话所憧憬的千里眼、顺风耳、瞬息到场等在今天的信息同步中已经是再简单不过的真实。而生命经历的归宿也非常冷酷：物灭人亡、从有归无。生之偶然与死之必然珠联璧合、相得益彰。对这种宇宙本真的透彻剖析，对人之本性与命运的坦然面对，正是老子睿智的精彩体现。

形而上意义上的"道"神秘莫测，令人感受到其神性之尊。而"道"在天、地、人之中的实在及朗现，也让人体悟到其形而上与形而下之在的有机结合。"道"之"明""暗"乃一种本在的两种表现，但二者相辅相成方得以共构一体。同理,"道"亦有"超然"与"内在"的共构。在此,安伦先生对与"道"关联的"德"有着极为精到的说明:"道内在于万物之中,就是德。德既是形而上之道在形而下世界的体现,又是道在形而下的作用。无形的道通过有'容'的德来显现自己和发挥作用。"①在形上与形下的转换中,"无之道"在"有之德"中体现出来,故而才有"德"乃"道之功""道之用""道之容"的理解,抽象之"道"在"德"这儿得以具体化,"道"以"德"之态而"遍存于天地万物之中",而体现"人道"之"德"就是"道"的人世实践,是人所追求的精神及伦理层面的价值观和实践观。

"道"作为宇宙人生最为本质的元素而"行天下""通世界"。"道"之概念在中外精神比较中畅通无阻。在比较典型的东方文明中,印度所理解的终极实在乃"梵",无形之"梵"与有形之"我"而共构"梵我如一",对此,只有同样代表东方智慧的中国之"道"方能呼应。印度"梵我"之整体观将宏观世界与微观世界有机结合、形成对应,但印度思维之整体观更多乃时间性的,故有体现人之命运的转世轮回之永恒,这种"永恒轮回"使其整体观在时间上展示出来,从而可以与通贯时空之"道"相对比。同理,西方之"神"被理解为"自有永有"的存在,但其绝对之在与有限人世形成割裂,从而使其纠结于"二元分殊"还是"对立统一"。老子所言之道,提出的真实问题可以推论出其倡导的"合二为一"、圆融共构的整体观。但这种"道文化"与其他东西方文化所不同的,则是其在空间整体观之认识上的不断拓展。对"道"的这种解读可使之走出国门而与东西方文化对话,以其神圣本性而通融于印度之"梵"和西方之"神",达到人类哲学、宗教本真认知上的共识。这就使中华精神得以大同于世界,便于构成人类世界观上的整体之维。与印度、西方思维习性不同,中国特色的、更为突出空间之维的整体观则在"道"之领悟上独树一帜,异于其他观念世界之格局。这种中国人的空间整体观力求在空间把握上内涵充实、外延

---

① 安伦:《老子指真》,社会科学文献出版社 2016 年版,第 116 页。

扩展，而把来世轮回之无限延伸的理解这种时间把握基本上留给了由印度传入的佛教思维，作为对之相应的弥补和完善。中国之"道"在阴阳"太极"之整体共构上形成了华夏特色、中国独有。"道"以初始之无的"无极"而生成阴阳共构的"太极"，开始其无限扩展的演化，因而中华文化的本原正是这一"太极"文化，而老子"道"说"太极"则正是对这一中华文化正宗主流的肯定、继承、总结和弘扬，形成其流传千古的辩证体系。这种"太极"文化为世界贡献了一种辩证互构的阴阳整体观，且阴中有阳、阳中有阴，二者珠联璧合、相得益彰，其中并无绝对排斥异己之殊，而是为其辩证转换留下了空间及可能。当然，在这种阴阳扩展中，其时间整体之维也蕴含其内，只是没有特别的突出或彰显。正是这种阴阳互构、包融的中华之"道"，使中国文化呈现出中庸、圆融、浑厚、共摄的整体意识，内敛却大气，有着厚德载物之万千气象，成为一种"天行健，君子自强不息"的稳健文化。可以说，这种以"道"为核心和底蕴、彰显"天道之常，一阴一阳"的整体观铸就了中华文化的底色和特色，其宇宙审视有着恢宏的气势，而其进入人世社会则体现为"仁""德""礼"等人文关怀，发展出"文以载道"的中华传统。不同于西方"二元分殊""二元对立"之世界观的泾渭分明、锋芒毕露、咄咄逼人，"太极"之"道"的中华整体观更多表现出一种圆融、和谐的文化，其含蓄而稳健、包容且开放，柔中带刚、以柔克刚，无为而无不为，不为天下先却不惧天下事，虽自成一体仍海纳百川。这种老子之道所表达的世界观念、文化观念，穿越时代风云变幻、饱经各朝历史沧桑而从远古走来，但仍然可以为当今世界发展指明方向，给人类未来带来希望。

安伦先生的《老子指真》以其独到的眼光而打通古今、连贯中外，给人带来许多启迪和思索。以"道"为旨归的中华文化所具有的涵容、涵括、涵摄等特点，亦为我们解决当代中国社会问题、化解世界文明冲突提供了思路和办法。大道之行，惠及寰宇。我们可以这种绝妙协调阴阳对立的"太极"之道来审视世界，化解矛盾，彼此包容，共同生存。面对世界局势的困境、反观中国发展的迷茫，智慧的"道"论可以将世界引入柳暗花明、前景乐观的"道境",摆脱危机、削减风险,走向光明。所以,我们不仅要重新认真、系统地梳理、弘扬中华文化之"道统",共建中华民族命运及精神共同体,而且还应向世界倡导"尊道、贵道、悟道、为道、明道、求道、学道、修道、体道、得道、有道、合道、弘道、行道",真正实现"道行天下""道通世界",创建人类命运共同体,确保世界未来发展的平安、和谐。

从流传至今的《道德经》文本来看,老子以其浪漫、潇洒之风而留下行云流水、深邃神秘的千古奇文,字里行间充满辩证思维的智慧和无拘无束的意识流表露,在其散而活中让人感触到奇特的灵动,领悟出绝妙的意境。老子之思有着道法自然、不拘一格的自由,而《老子指真》则体现出安伦先生匠心独运的探究。老子洋洋洒洒之言似流动之水、弥漫之沙,而安伦先生却尝试将水归之于渠、使沙流之于漏,凸显出老子思想体系的整体完备、博大精深,故而方有此书之中系统化阐述、规范化梳理的努力。在安伦先生的诠释中,老子的思想张弛对应别有情趣,幻、真之间另有洞天;形上之"道"的虚,在形下之"德"中坐实,给人一种以超然之境担入世之责的启示,成大事却不好高骛远,铸伟业仍静待道法自然的归宿,冷眼观福祸,牧歌送辉煌。老子的这种思想境界被孔子等思想家吸纳消化而转为修身、齐家、治国、平天下之法,形成中国有识之士的秉性。于是,虽有水穷云起、物我两忘之境,仍会以厚德来载物,舍身而成仁,立阻世界的臜沉、人性的堕落,矢志以弘道为己任,忘我于人类的创新与开拓。当今世界正面临着新的转型时机,顺其运势而有所作为乃中华民族的极好机遇,我们于此弘扬中华之"道"的文化精神,有着非常独特的文化战略意义。因为回返其"太极"境界所追求的阴阳、正负之整体共存,绝非简单循环而乃时代升华;其所倡导的整体平衡、全局和谐的局面,不只是对人类的第二次"启蒙",还可能带来整个世界文化的第二次"复兴"。

感谢安伦先生以其潜修多年的心血而铸就这一大作,或许其说理仍可商榷,然其立意则让人敬佩,特别是从其对老子的评说中我们也可深感其世界眼光和人文关怀。今天论"道"必须走出道教、道家之维,因为"大道"也属于整个中华,亦可惠及整个世界。叹愧自己在忙碌的人生、烦琐的事物中时间已被"碎片化",故此也只能以"碎片"方式来断断续续地阅读体会,匆匆忙忙地写作回应。但衷心感谢老子指真,受其智慧启发尚可思散而神聚、微言求大义;希望从这些零散的"碎片"式断想上,能够折射出中华"道"文化的整体之光。

(原载《世界宗教研究》2017年第3期)

第四编　中国伊斯兰教研究

第三十三章

伊斯兰教与文明交融

以"文明的交融"为主题的"第二届伊斯兰教与基督教对话学术研讨会"在北京得以成功召开，展示了中国各宗教对话的最新进展。伊斯兰教界、基督教界和学界的朋友从各地会聚在一起，探究宗教对话、文明交融、社会和谐，既体现了学术意义，更具有现实意义。

当今人类文明的发展有其辉煌，却仍存在种种矛盾和冲突。因此，怎样在多元文化、多种宗教的现实处境中共同生存与发展，乃是对人类智慧的考验。有些人担心"文明冲突"，害怕"宗教纷争"，但采取的应对方法却是走"对立""对抗"之路，这在20世纪与21世纪之交引起人们关注的"文明冲突论"上得到典型的体现和表述。这种所谓的"文明冲突论"特别关注及强调的正是基督教文明与伊斯兰教文明之间的冲突，导致了一种剑拔弩张的对抗氛围。其实，这是一种消极的选择、负面的考量。而对话能化解矛盾，是人类生存"不同而和""多元共存""和合共生"的必然选择。对此，伊斯兰教和基督教在其文化传统中都有非常丰富的资源。"伊斯兰教"本身就意味着"和平"之教，而基督教的由衷祈求也是"在地上有平安"。这两大宗教虽然因政治、民族、社会等复杂原因在历史上曾有过种种冲突，在今天也仍存有一些张力，但从其信仰资源和宗教教义来看，其真理的诉求都是主张人类和平、民族和睦、社会和谐的，因此，今天这两大宗教的主流趋势和主导精神应是倡导并实践"宗教对话"、文化沟通和文明交融。理想与现实之间存在张力，这在宗教中表现得尤为典型。但不能因为现实中存在的冲突而就把各宗教中寻求对话、实现和平的努力一笔勾销，而人类的进步就在于不断地、顽强地保留并彰显其积极向善的精神和追求，我们的会议就是要体现这种精神，实现其信仰本质、展示其丰富的思想资源。

伊斯兰教和基督教在人类文明的发展史上有着密切的关联和思想传统上的交流和交融，而两大宗教的交流与对话也已经有着悠久的历史，积累了丰富的经验。第一，从历史发展来看，在伊斯兰教的早期历史中就有与基督教交往与对话的记载，穆罕默德曾会见前来拜访的基督徒，而这些基督徒也尊称穆罕默德为先知；两大宗教的源端可以追溯到其共有的"亚伯拉罕传统"，此后在共构亚、非、欧三大洲的文明历史中也都有着卓越的贡献。第二，伊斯兰教在欧洲中世纪的发展中通过翻译、传播古希腊文明，尤其是亚里士多德的哲学思想等，而直接影响、推动了基督教中世纪经院哲学的兴盛和文艺复兴的展开。谈到中世纪经院哲学与文艺复兴时，其中一种重要的启迪和资源就是来源于伊斯兰教，文艺复兴在当时的口号就是"回到古希腊文明"，而这种回返在当时就是受到了伊斯兰教译介古希腊思想的启迪。中世纪后期思想家库萨的尼古拉基于对伊斯兰教的了解而认为犹太教、基督教和伊斯兰教实际上是一种宗教的多种崇拜仪式，可以和平共处。第三，在近代历史上的宗教宽容、宗教对话史上，两大宗教也有着接触、对话和一定程度的沟通。在欧洲启蒙运动中，德国学者莱辛以其作品《智者纳旦》的"三个戒指"之喻而认为犹太教、基督教和伊斯兰教三教地位平等，故而没有必要去刻意弄清或强调其价值真伪问题，而要打消那种想比出高下、争出优劣的念头。第四，现代文明对话中的一个重要因素，就是伊斯兰教与基督教在理论、社会、政治、文化层面的交往和交流，两教的对话曾促进了东西方对话。这些经历为我们今天伊斯兰教与基督教的对话也创造了条件、打下了很好的基础。

中国是一个体现"和谐文化""和合哲学"的国度，有着宗教和谐、文明对话和交融的悠久传统和伟大成就。而中国的伊斯兰教和基督教更是这种和谐文化与对话精神的体现者、参与者。在当今全球化趋势下，宗教矛盾、文明冲突重新呈现出复杂形势与微妙局面，但中国则因为这种"和合""和好""和睦""和谐""包容""海纳百川"的传统和传承而使当今伊斯兰教与基督教的对话、交流"风景这边独好"，故而千万不要人为地去破坏这一美好的"风景"。这种和谐共处使当代中国的伊斯兰教和基督教对话对于全球都有启迪和示范作用。所以，我们应该积极参与这种对话、鼓励这种沟通。我们之所以组织召开这种形式的研讨会，是因为会议可为我们提供一种直接的参与，面对面地对话，由此消除因未共在而可能处于"他者"的隔膜感。文明应该多对话，而理论层面的对话最好是以会议的形式来进行，会议使大家既能共在，又可开诚布公。我们的这次会议是非常有特色的，它是伊斯兰教与基督教两大重要宗教之间的对话；是教内人士与教外学者之间的对话；是西部与东部的对话；是南部和北部的对话；还是内地和香港的对话。显然，我们对话的范围在扩大，质量在提高。我发现在对话的过程中就发生了一种微妙的变化：开始在很大程度上人们只是一种共在的独白，各自说完就走，缺乏相互倾听，而只有倾听才可能有人与人之间心灵上的感应和呼应。所以，随着对话的增多和深入，参与者越来越注意倾听，而倾听的精神正是真正对话的基础；没有倾听则不可能对话。在此基础上，我们在对话过程中也应该有换位的思考，由于信仰的特殊性，虽然在对话中会争取求同，但还是要承认存异，尊重不同。对话并不是一定要实现完全的认同，而是要做到相互理解、彼此尊重、和而不同、美美与共。各自在对话中会坚持自己的信仰，同时也争取理解对话伙伴的信仰，在理解中减少差别、寻求共识。而这种层面的共构会对社会和谐产生深远的影响，也会深化我们的信仰理解。这种对话、研讨和沟通，使"我"有可能接近"你"，真正了解"你"，实现人类的共融和合。用宗教语言来表达，和谐对话正是一种对人类理想存在的"感恩"。只有真诚对话才可能达到我们的目标，升华我们的境界，从而以今天共在的对话迎来人类和谐发展美好的明天。所以，大家有充分的理由相信，我们的研讨会就是这种积极努力的见证,大家的真知灼见在促进宗教和谐、人类和平上会提供更多的智慧、做出更大的贡献。

(本文为"第二届伊斯兰教与基督教对话学术研讨会"的开幕词)

第三十四章

关注伊斯兰教与中国社会

在党的十八届五中全会胜利召开之际，我们举办了"伊斯兰教与中国社会"学术研讨会，会议旨在全面贯彻党中央关于积极引导宗教与社会主义社会相适应的基本方针，有效推动"一带一路"战略的真正实施。我们希望这一研讨会的召开能够使大家更多地关注伊斯兰教与中国社会的发展，在正确理解宗教、保障中国社会和谐方面迈出坚实的前进步伐。

关注伊斯兰教与中国社会首先就涉及对伊斯兰教的透彻了解。伊斯兰教不仅是世界三大宗教之一，而且还形成了独特的文化体系、文明形态和许多相关民族的精神蕴涵及生活习俗。因此，这种对伊斯兰教的了解就应该涵括对世界伊斯兰教历史、伊斯兰教近现代发展变迁和当代走向、其变化发展的社会历史原因，以及伊斯兰教在中国的传播和在中国社会的处境等。"凡是过去，皆为序章。"对伊斯兰教历史文化的了解有助于我们客观、科学地看待其在今天的状况，把握其在未来的可能发展趋势。应该承认，当今我们社会对伊斯兰教的了解仍很有局限，不少人只是较为关注其局部性特征，拘泥于一种碎片化的把握，以小扩大、以偏概全，缺乏一种整体、全面、综合、系统的研究，在如何科学地、辩证地、发展地看待伊斯兰教上仍留有不少空白，存在许多误区，其研究因而也仍然大有潜力可挖。

其次，我们对伊斯兰教与中国社会关系的审视及研究应该持有一种动态的、相互关联的观察眼光和基本态度。就我们当今中国社会而言，不能抽象地、孤立地看待伊斯兰教，而应该结合国际大环境、其历史演变和当前发展的根源及其内外因来注意其存在的处境与社会现状。我们要结合国际形势，特别是与周边国家的关系以及与中国社会的适应来研究、评价伊斯兰教。人们往往只注意到少数人因其偏激而引起的喧闹，并以此来评说整个伊斯兰教世界，却忽视了持守"中道"的"沉默的大多数"之存在，没有弄清楚究竟"谁代表伊斯兰教"。其实，为什么这些"大多数"会"沉默"呢，其本身就颇值得我们去研究和反思。鲜活的社会现实影响且决定了伊斯兰教的当下生存与发展，那些脱离其现实基础来想当然地或是带有主观偏见地看待伊斯兰教，不是历史唯物主义和辩证唯物主义的审视，故而缺少科学方法和正确方向。就这种基于社会结合、关联的宗教探究而言，在我们今天的社会及学术界也仍不尽人意、缺陷较多。所以，我们关于伊斯兰教的研讨理应有所突破，必须引导人们尽快走出认知误区。

　　再次，我们对伊斯兰教的研究既是学术的、也是政治的。在学术层面，我们应该深入研究伊斯兰教的思想文化形态，发现其思维方式的独特之处及其价值所在，说清楚伊斯兰教在人类文明发展史上的地位、作用、影响及贡献。这种对伊斯兰教的理解既要全面，也应有深度。这里，我们的文化学术研究显然只能是比较研究、对话模式，是一种相互学习和借鉴，而且还是一种开放和创新。在政治层面，我们必须清楚地看到和认识到，宗教作为社会团体的存在及其对相关社会群体和民族的影响，是有着明显的政治性的，在此则必须"讲政治"、讲政策、讲战略思考、讲实践智慧。这样，我们就应该仔细观察、分析和研究伊斯兰教在不同社会政治处境中的走向及其对相关社会的态度和取舍，看到其与相关社会人群及政治力量的复杂关系，梳理出其相关思潮发展的来龙去脉、缘由、结局。在此，我们应该特别关注伊斯兰教与中国社会文化及政治结构的关系，总结经验，吸取教训，冷静分析，正确评估。例如，我们所谈积极引导宗教与中国社会主义社会相适应就必须坚持中国化方向，其实就涵括有文化和政治这两大层面，是宗教"本土化"或

"处境化"在中国国情中的具体体现和实现。文化层面涉及宗教在相关地域与相关文化的交融、交汇，与相关社会的共构、同在问题，这是一个动态、流变的过程，对相关文化既有输入、也应融入。我们应该站在构建人类命运共同体的高度来看待世界宗教文化的碰面及其融会，而其"中国化方向"也是表明其发展不是运动式的强求或突变，而乃春风化雨、润物无声的潜移默化。政治层面则关涉宗教在相关社会政治结构中的定位和表态，虽然有些宗教在历史上早已完成或实现了其"中国化"的使命，却必须正视中国社会政治发展变迁的动态进程，而今天这就面对着与现行中国社会主义制度及社会主义社会的适应或选择的问题。宗教对中国特色社会主义制度的拥护、对中国共产党领导的拥护、对促进中国当代社会和谐稳定的贡献，以及积极参与中华民族共同体的现代构建，则正是其"中国化方向"的政治考量。必须看到，同一宗教在不同的社会里其政治取向、态度、选择和作为往往会是截然不同的，这是当今宗教在中国当代社会所不能回避的现实，其爱国爱党、团结合作就体现了其今天"中国化方向"的政治意蕴。这里，我们不仅需要"理"，即一种冷静、理性的审视，更需要"情"，即自觉地体现出"中国心""中国情""爱我中华"。所以说，宗教的"中国化方向"绝不是运动式、命令式的强迫，而是相关宗教在华存在、并热爱着中国这块土地的"情境交融"。

最后，我们研究伊斯兰教与中国社会应立足于对伊斯兰教的积极引导，促进其与社会主义中国社会的全面适应和深入融合。世界上有各种各样的伊斯兰教存在形态，其教派林立、分殊多样，我们当然需要中国特色鲜明又保持了其信仰本真的中国伊斯兰教。对此，中国社会本身也理应从积极营造到完全实现正确对待宗教的良好氛围，让宗教真正脱敏、回归其正常存在之状。基于这一思考，我们要反驳那些认为宗教不可能真正适应社会主义社会、无视宗教的积极社会作用、觉得没有必要对之积极引导的错误见解。这是因为，如果不能做好对宗教的积极引导、不能实现宗教在中国社会的文化、政治之深层次适应，将会出现一种两败俱伤的灾难性后果。我们要有效防范这种错误走向的发生，就只能采取积极引导宗教这唯一正确的选择。这对于世界性宗教如伊斯兰教等尤为重要。为此,我们一方面要保持一种相互尊重、各美其美、美美与共的开明、开放之底线,另一方面则应努力争取在和而不同的现实基础上追求一种求同存异、聚同化异之发展。这里可能会触及一些底线,而实际上却是中西思维的不同使然,西方"二元对立"的思维在近现代中国影响至深,故而使许多问题无解;但如果我们回到中国的"一元观""整体观""和合观"之思维智慧,这些问题其实本可以迎刃而解。例如,有神、无神之论,唯心、唯物之辨,生死、灵魂之探等,本不是喊喊简单的口号就可解决的,而其中乃蕴含着深奥的哲理,辩解这些问题不可局限于物质科学的模式,而应关注精神科学的范畴,至少应该放弃遮蔽、歪曲、无视、批判的态度,而去试用倾听、了解、坦诚、公正的方法,在对话、交流中求共识或共存,"惠此中国,以绥四方"。所以,我们对于积极引导宗教的这一正确定位不可否认,而是更加需要高度重视。实际上,我们是否应该和能够积极引导宗教,已经到了历史上一个极为关键的机遇期和转折点。对此,任何空谈或口号都无济于事,我们真正需要的是冷静分析、科学研究,必须及时审时度势、当机立断。可以说,宗教研究特别是伊斯兰教研究也是对我们文化战略、政治睿智的呼唤和检验。

总之,我们的研讨会涉及许多重要问题,由此也引起了社会的普遍兴趣,得到了广大专家学者的热情关注和积极参与。我们想通过这种研讨而全面推动对伊斯兰教与国际形势、与"一带一路"和平合作、与中国社会和谐关系的系统研究。这些研究都非常重要,且时不我待。为此,衷心希望中国学界的知识精英们能够畅所欲言,贡献大家的学识、智慧和真知灼见。

(本文基于2015年10月27日在"'伊斯兰教与中国社会'学术研讨会"上的致辞,原载《中国民族报》2015年11月10日第6版,标题为《伊斯兰教研究是对文化战略、政治睿智的呼唤和检验》。)

第三十五章

关于伊斯兰教中国化的思考

在全国宗教工作会议召开之后，人们开始热议"我国宗教坚持中国化方向"这一论点，而近来我国所推动的"一带一路"倡议，同样也触及中外宗教关系，尤其是伊斯兰教的定位问题。这样，"伊斯兰教的中国化"这一议题遂成为当前学术讨论、社会关注的一大焦点。如何看待伊斯兰教、如何理解中国伊斯兰教、如何推进"伊斯兰教的中国化"，当前社会舆论显然有着不同的看法，有些争论甚至非常尖锐，给人带来了一些担忧，也让人不得不深入思考相关问题。这些问题的妥善解决，将体现出对中央积极引导宗教与社会主义社会相适应的基本方针的全面贯彻和真正落实，将有效保障"一带一路"倡议国际合作的具体实施，也将有利于我们稳妥处理好宗教与社会的关系、团结广大信教群众、促进中国社会和谐、确保国家稳定安全。

一 正确认识世界伊斯兰教

讨论"伊斯兰教中国化"，其前提是需要我们中国社会能对伊斯兰教有全面、透彻的了解和公道、正确的评价。伊斯兰教是世界三大宗教之一，其文化体系和文明形态对人类发展有着独特的贡献。其信仰精神在世界许多相关民族中形成了其相应的精神蕴涵和生活习惯，发展出丰富多彩的风土人情和礼仪习俗，影响到地球上众多国家和地区。由于在

"冷战"之后美国学者亨廷顿关于"文明冲突"的论断对伊斯兰教有专门的评说,反映出剑指伊斯兰教的明确导向,引起了西方社会一定程度上的敌意和警惕,文明对话的气氛被冲淡,人们看到的更多是紧张、怀疑、猜忌、排拒和敌视,这尤其在对待穆斯林人群及其迁徙问题上凸显出来。其实,亨廷顿曾经还要西方社会防范伊斯兰教文明与中国儒家文明的联手,害怕二者共同对抗西方基督教文明,这也是对中国极不友好的错误导向;西方社会本身对中国就存有某种意识形态方面的敌意和民族气质上的反感,而这种导向则加重了这种反感和敌意,使矛盾扩大并渐趋尖锐化。但现实状况是,中国的"不结盟"策略虽让我们在世界上有更大的回旋余地,却也可能导致我们缺少真正的朋友。最近的国际局势变化使我们在一个开放的世界社会中有着某种程度上的被再度孤立,如在南海问题,西藏及新疆问题,香港和台湾问题,中日关系、中韩关系,甚至中越关系、中印关系等问题上都趋于复杂,且多被人指责和批评;目前不仅中美关系、中欧关系在恶化,而且周边关系也在下滑;环顾四周、瞭望远方,几乎找不到一个为中国仗义执言、挺身而出的真正朋友,以往那种"我们的朋友遍天下"的情况已基本改变,而多卷入一种过于注重经济利益、谋取最大好处的相互利用关系之中。对此,我们需要客观分析,冷静评价,未雨绸缪,多有预案。国际关系涉及政治、经济、文化、宗教的方方面面,而我们今天要真正发展或处理好国际关系,也必须特别注意到其宗教因素。

为了改变这一复杂局面,我们以"一带一路"倡议国际合作来往西部开拓,以在杭州召开 G20 峰会等来影响世界,希望在当前国际舞台上能够真正有所作为,站稳脚跟、突出包围、发展自我。与此同时,我们也发现世界尤其是西方世界对伊斯兰教的偏见在加剧,东西方价值观、信仰形态的对立在基督教与伊斯兰教的深层矛盾上显示出来,西方社会一方面主张文明对话,但另一方面却明显有着对伊斯兰教的敌视、歧视和贬损,如法国"《查理周刊》"事件,以及美国出现的侮辱伊斯兰教的事件等,都显现了这种态势。当暴恐事件发生后,人们纷纷谴责极端恐怖主义及其暴行,却忽略了一些深层次的矛盾、误解和敌意。现在甚至有人将整个世界的暴恐活动、社会动荡归咎于伊斯兰教,形成对世界伊斯兰教过度的话语暴力和舆论霸权,无视强调和平、主张中道的伊斯兰教主流社会的存在,将这一"沉默的大多数"遗忘为消失的存在,或视为受指责的群体,转嫁了一种"原罪"心态。目前这种不利、负面的舆论也在中国社会蔓延,社会上不少人在宗教、民族问题上的猜忌、误解、敌视和分化在加剧、恶化,尤其在对伊斯兰教的理解及评价上也受到西方偏见的影响和驱动,令人担心和不安,若不及时制止,恐会后患无穷。当我们中国被外界攻击、批评和欺侮时,我们会感到愤怒,会义愤填膺地反驳、反抗,那么我们也应将心比心,认识并理解有着绝大多数无辜者的伊斯兰教世界被误解、被妖魔化时的愤怒及反抗,我们决不可上西方舆论错误导向之当,没有必要在伊斯兰教问题上不慎重地引祸入门、惹火上身。

我们坚决反对并谴责任何形式的恐怖主义行为、极端主义思潮,但我们也必须深入了解其根源、缘由、起因,对之有准确判断,并要为彻底清除其根源而努力。为此,我们就应该对世界伊斯兰教历史,尤其是伊斯兰教近现代的发展变迁和当代最新走向及其变化发展的根本原因展开系统研究;就必须坚决谴责帝国主义、殖民主义所犯下的历史罪恶。这不只是"谁为伊斯兰讲话"的问题,而是为公平、公道、正义、正直讲话、呐喊。我们不能在自己感到委屈、受到伤害时却无视或忘掉他人的创伤。如果不公正地对待世界伊斯兰教的发展,对我们的国家形象、社会稳定也会带来不必要的麻烦。

回顾历史,我们可以看到近代以来伊斯兰世界与西方世界在实力上、彼此关系上的戏剧性变化。在伊斯兰教开创之初和欧洲中世纪时期,伊斯兰教在与西方较量时曾占上风,但自16世纪以来,伊斯兰教在与西方的力量对比上则逐渐处于劣势。1571年,奥斯曼帝国的海军被西班牙、威尼斯联合舰队打败。1687年,奥地利、波兰和萨克森联军打败包围维也纳的奥斯曼帝国军队,伊斯兰的政治、军事影响被迫退出西方各地。1774年,俄罗斯军队又大败奥斯曼帝国军队。至1922

年，奥斯曼帝国被推翻，次年成立起土耳其共和国。在波斯，萨非王朝亦于1736年被取消。而在印度，莫卧儿帝国也于1857年被英国殖民主义者的统治所取代。于是，历史上崛起的伊斯兰教三大帝国不复存在。随着这种衰落，伊斯兰教世界于17世纪起逐渐兴起改革和复兴思潮。18世纪中叶，阿拉伯半岛出现"瓦哈比"（瓦哈布倡导的"清净教"）运动，此后出现的极端思潮则强调"圣战"。此外，新苏菲教团也相继露面。19世纪，阿富汗提出了"泛伊斯兰主义"思想，在苏丹则出现"马赫迪"运动。在伊斯兰教思想界痛定思痛的反思反省之际也确实出现了偏激的走向，形成其社会发展中的相关误导，故给其后来的发展留下了严重隐患。进入20世纪之后，各宗教与伊斯兰教的冲突加剧，其中包含有复杂的政治经济因素。1980年至1988年，两伊战争爆发。1990年，伊拉克武力占领科威特，随之1991年爆发海湾战争，战后本·拉登成立"基地"组织，训练恐怖分子，并将他们派到世界敏感地区从事恐怖活动，于2001年制造"9·11"事件，使国际恐怖主义升级。从此，国际局势日趋复杂，对抗、冲突成为常态。而美国于1998年底发动"沙漠之狐"军事行动，"9·11"后推翻阿富汗塔利班政权，又以莫须有罪名于2003年占领伊拉克，推翻萨达姆政权。与之相对应，伊斯兰教内部的原教旨主义、保守主义、恐怖主义等极端思潮也开始出头露面。这种以暴抗暴的恶性循环使宗教极端主义思潮盛行，"圣战""泛伊斯兰主义""泛突厥主义"与民族分裂主义结合，并发展出穷凶极恶的伊斯兰国，包括欧美有数千人参加，而原伊拉克逊尼派一些军人等因不满什叶派掌权而归入其中。美国对西亚北非等伊斯兰地区的"颜色革命"和选择性反恐，对乱局的形成起着推波助澜的作用，有着不可推卸的责任，由此所导致的难民潮也使欧亚等地尝到恶果、苦不堪言。

所以，我们今天对世界局势应有清醒的认识，必须科学地分析、探究世界伊斯兰教的发展及其当下处境，特别是在推动"一带一路"国际合作时应该特别注意丝绸之路沿线伊斯兰教国家及地区的社会政治及文化精神状况，我们不仅要有经济投资，更需要有文化投资和集资，此外还应该有相应的风险意识，从而使"一带一路"的广泛合作真正能够发挥其实效。

二 中国伊斯兰教的传统

伊斯兰教在中国的传播有着悠久历史，其在中国社会处境中亦在不断适应、融合。这一经历为伊斯兰教今天的"中国化"努力奠定了很好的基础，可谓"凡是过去，皆为序章"。唐宋之际，伊斯兰教沿陆海丝绸之路来到中国，为这一中外交流之路也成为"香料之路""瓷器之路""珠玉之路""茶叶之路"做出了巨大贡献。当时来华蕃客"住唐"不归而形成"蕃坊"，由中国政府任命蕃长，开始了伊斯兰教适应中国社会的历史发展。"元时回回遍天下"，伊斯兰教在逐渐走出其外域宗教的异化处境；明清之际，伊斯兰教在中国社会的适应及融合取得重大进展。对于中国文化的影响，中国穆斯林采取了认同、服从、吸纳的态度，正如当时回族学者马注（1640—1711）所言，"圣人不凝滞于万物而能与世推移"。随后回族穆斯林更是形成了"汉学派"，如西道堂领袖马启西熟读"四书""五经"，主张"以本国文化宣扬伊斯兰教学理"，明确了适应、融入中国文化的态度。当然，在中国穆斯林中，这种持守"清真古教"的正统性与对中国文化的适应性之间也一直存在着张力。

伊斯兰教沿丝绸之路传入中华不仅铸就了中国穆斯林群体，而且其精英人士还将中国文化以丝绸之路来传播出去。最为典型的即明朝回族穆斯林郑和（1371—1435）率领船队七下西洋的壮举，他航行7万余海里，开拓了海上"丝瓷之路"，将中国文化传入亚非众多国家和地区。这些航程之记载则是用中国传统山水画法所记《郑和航海图》，该图的绘制成为15世纪之前中国关于印度洋、太平洋和亚非两洲最为翔实的地理图籍。在这些中华文化传播之旅中，有着中国穆斯林的积极参与和卓越贡献。

中国穆斯林在中华文化中的融入表现在各个方面，如《古兰经》

等伊斯兰教经典文献的汉译,用汉语创作的中国伊斯兰教哲学、文学、史学等,形成福乐智慧与华夏智慧的对话与共构。唐代《坎曼尔诗签》记载了维吾尔人坎曼尔在《忆学字》诗中学习汉字的感触:"古来汉人为吾师,为人学字不倦疲。吾祖学字十余载,吾父学字十二载,今吾学之十三载。李杜诗坛吾欣赏,迄今皆通习为之。"[①] 而 11 世纪成书的维吾尔族《福乐智慧》,也是"以秦地哲士的箴言和马秦学者的诗篇装饰而成"。[②] 明清时期的中国伊斯兰教哲学在"以儒诠经"上达到过一个高潮,故而曾给人"虽以阐发天方,实以广大吾儒"(徐元正之语)之感。这种适应中华思想文化的"附儒"态势在明末清初形成了一批怀"回教"之学问、习中华之儒书的"回儒",如王岱舆、刘智、马注、蓝煦、马德新等人,他们所强调的是伊斯兰教与中华文化的会通、融合,认为"回、儒两教道本同源,初无二理"。这在思想理论上也为今天伊斯兰教的"中国化"发展在思想认知上准备了充分的资源。

由此观之,伊斯兰教传入中国后,一直在不断适应中国社会、对话中国思想、会通中华文化,已经形成了优秀传统,积累了丰富经验。当然,历史的发展变迁和不同时情,使这种伊斯兰教的中国适应也错综复杂,仍在途中,故此仍然需要今天的继续和努力。

三 伊斯兰教的"中国化"思考

伊斯兰教的"中国化"是当前"我国宗教坚持中国化方向"的具体体现。我们今天对伊斯兰教与中国社会关系的观察及评价既要看到中国伊斯兰教与世界伊斯兰教的历史传统及信仰教理之关联,也应该对其在中国的适应、融入持有一种动态的、互动的态度。中国与世界的关联,尤其是与"一带一路"沿线伊斯兰地区的关联,使我们对伊斯兰教的"中国化"发展一定要持开放、开拓、开明的观念,从促进世界

[①] 转引自冯今源编著《中国的伊斯兰教》,宁夏人民出版社 1991 年版,第 131 页。

[②] 同上。

文明发展、维护人类和平、搞好国际关系尤其是与周边国家的关系的角度来审视我们对这一发展的理解和把握，认识到伊斯兰教的"中国化"过程也是我们中华文化积极吸纳伊斯兰教优秀文化因素的过程，是开放、对话、交流之双向互动即"双赢"的过程。我们不能搞所谓封闭性、排外性的"中国化"，因为中华文化的优杰就在于其能够做到"天容万物、海纳百川"。所以，"中国化"并不意味着对伊斯兰教所涵容的阿拉伯、波斯等文化的彻底封闭或完全排拒，也不是拆掉阿拉伯风格的清真寺圆塔而换成中国式的大屋顶那么简单，而是需要积极的对话、沟通，坚持长期的开拓、融贯。"中国化"只会扩大中国伊斯兰教的蕴涵，让世界文明包括阿拉伯文明的优杰元素有机融入中华文明，丰富中国伊斯兰教的文化底蕴，而不是让其萎缩、消退。所以说，伊斯兰教的"中国化"乃文化对话、文明交汇的继续，这一积极进程会因"中国化"而得到鼓励，并不会由此而终止。

此外，伊斯兰教的"中国化"不是简单"复古"，而是要与时俱进、不断创新。伊斯兰教现代发展最要关心的是当代中国社会文化的状况，是改革、开放以来中国进步、发展、革新之"化"。我们一方面要积极发掘、继承和弘扬中华优秀传统文化，延续历史上"回儒对话"的互通传统，巩固伊斯兰教在中国发展历史上融入中华文化传统、社会风情，达致中华文化呈现形式的积极成果，而另一方面则还要把重点放在中国当代的现实发展上来，使伊斯兰教与当代中国社会的政治、经济、法律、体制、政策、思想、文化等积极适应，正确处理好政教关系、宗教与社会及其思想文化建设的关系，参与社会主义核心价值观的推进和中华民族命运共同体的建设，在当下全国人民齐心实现"中国梦"的努力中充分显示中国穆斯林的身影和作用，使这种"中国化"亦为"现代化""先进化"，是不断的调适、发展和进步。所以，伊斯兰教的"中国化"是其与时俱进、开拓创新的体现，是回溯优秀传统与展示当代风貌的有机共构，是融入现代中国社会主义建设和现代精神文明生活的生动发展。

最后，伊斯兰教的"中国化"还需要伊斯兰教本身加强建设、不断完善，其中既有其教义教规适应中国当代社会的完善，其教制教法符合中国社会主义制度和法治建设的完善，也要有其教职人员、宗教领袖及穆斯林精英人士在思想素质、文化修养、精神面貌上的完善，从而带动整个穆斯林群众提高文化素质、道德修养、社会责任、公民意识，特别是"中国"意识，自觉形成其"中国心""中华情"、中国意志。中国伊斯兰教在这一"中国化"的过程中关键在于新一代宗教领袖和精英人士的培养，关键在于我们相关教育体制的理顺。我们必须培养出一大批政治上与我们主流意识和核心价值保持一致、道德上有感人魅力、文化素质上高于普通信众的宗教领袖和精英，其目标的设置及其如何能够实现亦值得我们深刻思考，建言献策。而且，这种培养必须基于开放性、开拓性、当代化的教育，不仅要巩固和加强传统经堂教育和宗教院校教育，而且要在党和政府的引导、部署下有计划、有步骤地让国民教育尤其是高等教育积极参与。我们应该形成积极适应现代中国社会的宗教体制建构，培养出新一代思想先进、政治可靠、知识丰富、教理精通的教职人员，使宗教活动场所、宗教组织及宗教院校掌握在这些人士手中，不给境外和敌对势力留下其渗透的空间，并在这些宗教精英人士的引领下使整个中国穆斯林群体整体步入现代社会，主动积极地适应当代发展，在现代知识、法律意识、公民自觉、宗教认信上都符合当代中国社会主义社会发展的需求，都有着中国社会主人翁的姿态，都达到与社会主义核心价值观的融通，都体认到其对中华民族命运共同体和中华文化精神共同体的参与和贡献，从而在中国当代发展中有积极作为，有创新突破，作重大贡献；我们的研究和工作，就是要让广大信教群众与全国各族人民一道共同努力，全力建设中国、爱我中华！

（原载《回族研究》2016年第4期）

第三十六章

伊斯兰教中国化再思考

"伊斯兰教中国化"这一议题目前仍然是宗教界、学术界热烈讨论、社会各界和政治领域特别关注的一大焦点。对于在今天动荡的世界中如何看待世界伊斯兰教、如何理解中国伊斯兰教、如何推进中国"伊斯兰教的中国化",社会舆论明显看法不一,争论尖锐,需要进一步澄清和阐述。当代国际社会对伊斯兰教的非议始于"冷战"之后美国学者亨廷顿关于"文明冲突"的论断,其中专门有对伊斯兰教的分析和评说,引起了西方社会对伊斯兰教在一定程度上的紧张和防范,以往宗教对话的气氛随之消失,人们在伊斯兰教与基督教的关系上更多注意其负面影响,抱冲突态度,持敌视眼光,形势由此急转直下,导致越来越恶劣的状况。亨廷顿在要西方社会防范伊斯兰教文明的同时,其实也在剑指中国,让西方基督教世界防范伊斯兰世界与中国儒家文明的联手,断定二者的假想敌和对手乃西方基督教文明。最近美国政界加强了西方社会对中国意识形态和政治制度等方面的敌意,也以西方白人人种的定位来渲染在民族气质上对中华民族的反感、对立,甚至主张和渲染要与中国展开全面、持久的冷战。反观世界的现实发展,中国虽然倡导周边主要是伊斯兰地区的"一带一路"建设,却并没有与伊斯兰教文明真正联手,甚至出现了一些关涉民族宗教问题的分歧。最近的国际局势变化使我们在一个开放的世界社会中压力增大,与个别国家关系出现下滑,环顾四周、瞭望远方,我们真正的朋友并不多,这有政治、经济方面的原因，但也有宗教、民族问题上的原因。对此我们不能回避和否认，而需要客观分析，冷静评价。这对于我们今天谈论伊斯兰教中国化发展，也是必须关注和思考的。

一 国际背景中的伊斯兰教

在当代世界宗教发展中，20世纪与21世纪之交最引人注目的是伊斯兰教的现状。伊斯兰教由穆罕默德于610年创立，此后不久就传入中国。在这一时期，"伊斯兰教革命"带来了这一新的世界宗教迅猛异常的东西扩张，世界历史及其格局由此发生了巨大变化。661—750年，西进的穆斯林军队到了埃及、利比亚、突尼斯、阿尔及利亚、西班牙（伊比里亚半岛）、法国；而伊斯兰教对西班牙的占领直至15世纪末才结束。东扩的穆斯林军队则到了巴勒斯坦、叙利亚、伊拉克、波斯，把东罗马帝国的许多地区归入其版图，包括对耶路撒冷的占领，并灭掉了波斯古代王朝，其东南之行到了印度、阿富汗和中国西部，这一发展之历史延续，使我国新疆地区原来信奉佛教、摩尼教的一些民族最终也皈依了伊斯兰教。这样，伊斯兰教在历史上就曾形成了地跨亚、非、欧三洲的伊斯兰世界的帝国，包括奥斯曼帝国、萨非帝国和莫卧儿帝国。这种影响乃全球性的，伊斯兰教由此在其历史上一是形成许多民族发展与之有着特殊关联的民族宗教传统，二是其流动性和强大的发展能力使之有着全球影响，遍布世界各地，并直接与中国的穆斯林发展密切关联。正是因为这种历史及国际关联，才使我们必须意识到，在当前复杂的国际形势中，伊斯兰教的中国化是中国穆斯林持守中国公民意识，坚持国家统一观念，不为外界复杂发展所动摇的根本保障。

伊斯兰教的历史与现状有着复杂联系，其历史变迁亦形成了今天人们注目的国际事态的根源。为此，我们不能仅看当下的现实表象，而有必要深究其历史缘由。近代以来，伊斯兰世界在与西方基督教世界的较量中渐趋劣势，整个世界的格局亦随之改变。可以说，随着1571年奥斯曼帝国的海上军事优势被西班牙、威尼斯的联合力量所取代，伊斯兰世界就逐渐失去了其昔日的辉煌。这是中世纪向近代转型期间伊斯兰世界在政治、军事之全球影响由盛转衰的标志性事件。此后在1687年，奥地利、波兰和萨克森联军打败包围维也纳的奥斯曼帝国军队，这则是伊斯兰的政治、军事影响被迫退出西方世界的重大转折点。而1774年俄罗斯军队打败奥斯曼帝国军队，则使伊斯兰教在东欧的影响衰减。1922年奥斯曼帝国被推翻后，随之建立的土耳其共和国开始走向世俗化发展道路。波斯萨非王朝于1736年被取消，表明什叶派伊斯兰教也在出现其近现代转型发展。印度的莫卧儿帝国于1857年被英国殖民主义者所摧毁，印度社会的宗教状态也发生了大的变化。随着这种社会政治的衰落，伊斯兰教内部于17世纪起逐渐兴起改革和复兴思潮，反思其发展变化，提出其宗教信仰的复原，以回到源端等看似保守实更激进的方式来回应及反抗西方基督教世界的强势和对伊斯兰教世界的打压，从而使整个国际局势恶化、失控。因此，我们今天既要反对以宗教方式表达的任何极端主义、恐怖主义，也必须坚决反对殖民主义、帝国主义、特别是西方一些大国蛮横无理地施行的国家暴力主义、排他主义等极端、恐怖行为。

基于这一巨变，我们今天对世界局势应有清醒的认识，必须科学地分析、探究世界伊斯兰教的发展及其当下处境，认清西方一些大国在对待伊斯兰教上的偏见及不公平之举，意识到国际关系及国际形势的错综复杂，特别是在推动"一带一路"国际合作时应该特别注意丝绸之路沿线伊斯兰教国家及地区的社会政治及文化精神状况，我们不仅要有经济投资，更需要有文化资源的发掘和现代文明的建设，科学筹划、审时度势，从而使"一带一路"国际合作真正能够发挥其实效。所以，如果我们要在当代中国社会积极推动伊斯兰教的中国化发展，则很有必要在世界范围内真正弄清究竟"谁能代表伊斯兰教"、为什么伊斯兰教会形成当前的局面等问题。没有对伊斯兰教的正确评价和科学定位，其中国化进程则会举步维艰，事倍功半。具体而言，在处理国际事务和发展对外关系时，我们没有必要偏向西方，更不可认同美国对伊斯兰教的排斥和打压，我们要防范其"文明冲突"论的祸水东引，冷静、正确处理好与伊斯兰教世界的关系。这是我们推动伊斯兰教中国化所需要的外部环境及国际氛围。

二 中华民族中的伊斯兰教

中华民族是以海纳百川的包容、融合而形成的，相当一部分人信仰伊斯兰教的十个少数民族是中华民族的有机构成，属于我们中国大家庭"血脉相连的家庭成员"。这些民族是在中国境内沿丝绸之路、吸纳相关人群经过长期迁徙融合而成，在中华文化母体中孕育发展。以回族的形成及发展为例，回族是在中国分布最广的少数民族，我们应该看到回族与伊斯兰教有着悠久的历史关联，其最早形成就是以信奉伊斯兰教的中东阿拉伯、波斯族系自7世纪起来华的移民为主体，在形成过程中先后吸收了蒙古、汉、维吾尔、藏、傣、白等民族成分而达其整合。因此，回族以汉语为其基本语言，这体现出其中华民族的身份；而根据这一历史演进，我们也必须承认伊斯兰教及阿拉伯语在回族文化中的相应地位，不能对之持历史虚无主义的不管不顾。其语言、思想这些融化在其民族血脉中的信仰元素，是很难在短时期内靠某种外在的禁止就被根本取消的。这种外力的强制可能会加重其离心力而很难增强其向心力，对此我们必须要有清醒的认识。

据传元时始称这些中国穆斯林为"回回"。有一种说法认为，如果考据回族名称来历中的"回"字，可能就是沿用了伊斯兰教在中国的旧称"回回教"或"回教"中的"回"，这种民族与宗教的内在联系由此而得以体现。对这种论说我是外行而不敢确定，各位回族朋友肯定会有更准确的答案。如若拆字分析就可发现回字"大口里有小口"，据说其义与伊斯兰教信仰的"口舌承认，心里诚信（穆罕默德奉安拉之命的宣教）"相符合，故此而绝不可说回族与伊斯兰教无关。隋唐时期最早在中国境内的胡人、蕃客、胡商定居所住的地方叫"蕃坊"，对之隋唐政权机构亦有相应的管理举措及制度，因其与回族直接关联，这些聚居地后来也就称为"回坊"。另一种说法则宣称，古代从事经商的胡人蕃客最初为侨居性质，即被视为"化外之民"，他们沿丝绸之路往返奔波，在寒冷季节来前就赶回去其原住地，一旦气候转暖时则再回来侨居谋业，故按回族民间说法而被讲汉语的人群称作"回"或"回回"。但这些说法并没有得到学术界的确证。

古代所称"回回"与现在的回族有密切关联但并不完全等同。中国学术界一般认为，"回回"最初是"回纥""回鹘"的异写或音转，据传相关表达最初乃见于宋沈括的《梦溪笔谈》。一说"回回"其实为"回纥""回鹘"的音讹。根据学术界的通常解释，元代之前，"回纥""回鹘"和"回回"三词在汉语文献中并没有明确的界限，几乎可以作为同义词来使用，如在不同作者的汉文史籍中通常三者就是交替混用的。这一所指在古代囊括了西域、漠北胡人，直至中亚和波斯一带人群，但人们更多是用"回回"一词专门称呼来自回鹘地带以西的人。至宋元时期，分布在中东部的粟特、犹太、波斯等胡商以及部分回纥、回鹘都曾被称为回回人；而分布在漠北一带的部分回鹘、回纥或回回则和当地一些民族西迁后形成畏吾儿人即近代维吾尔族的先民，甚至在这些地区亦发展出塔吉克、乌孜别克等西域民族。在这之后，胡人、回鹘、回纥这类称谓在中国史书的记载中就逐步消失了。而在随后的官方诏谕和汉文记载中，则开始出现"蒙古、畏兀儿、回回、也里可温、河西、契丹、女真、汉人"这类表述。

元代有"元时回回遍天下"之说，此时乃回族形成的重要时期。当时回回带来了与西亚等地的中外文化沟通、科技交流和思想融汇，并在学习和传播汉族科技文化上取得了巨大成就。例如，这种交流将中国的造纸术、指南针、火药等介绍传播到了欧洲大陆。而明代则是回族真正成熟的时期，其中华民族的典型特征得以凸显。明末清初，特别值得一提的，就是当时的回族思想家们积极、主动地推动了伊斯兰教在思想及精神层面的"中国化"进程，其突出特点是与儒家思想等展开了深层次的对话，与汉族文化有着积极的融合，由此形成了影响广远的"回儒"发展。例如，中国明末清初著名的伊斯兰教学者和经师王岱舆（约1584—1670），自幼学习阿拉伯文、伊斯兰教经籍，后攻读中国经史及宋明理学兼及道佛著作，他就曾以许多重要著作来阐明其伊儒对话、回汉交融的思想，故被誉为"学通四教"（指儒、道、佛与伊斯兰教）的回儒。此外，清初回族伊斯兰教著名学者及著作家刘智（1669—1764）亦选择了中阿贯通、中西交汇之路，据传他曾研阅经史百家之籍，且览读西洋书百余种，对之加以中外比较，从而创立了具有中国特色的伊斯兰教思想体系，故而也有"先贤"之尊称。在漫长的历史演进过程中，伊斯兰教在中国吸纳了中华优秀传统文化的丰富养分，在融入中华文化时亦贡献了其在思想、文学、艺术、科学等方面的才智，使中华文化更加斑斓多彩。

这些史实充分说明中华民族中的伊斯兰教本身就是开放、交流、融合的结果，故而没有必要将伊斯兰教排拒在中华思想文化之外，而这些思想交融及其积淀仍然是我们今天伊斯兰教中国化的重要资源。

可以说，上述史实有力地见证了这种民族本身交融共构的一体化进程及其长期受到的汉文化之熏染影响，由此而逐渐发展为"回族"这一独特的少数民族，并形成其在中国各地大分散、小聚居的格局。回族发展本身就已经反映出伊斯兰教中国化的可能性及其实际进程。

那么，这种伊斯兰教信仰传统与中国革命及其社会主义道路能够相容与相融吗？其回答基于近现代中国革命的历史事实也是肯定的。在中国革命历史上，相当一部分群众信仰伊斯兰教的回族同胞同样做出了杰出贡献。早在红军时期就有回民穆斯林于1935年集体参加红四方面军，其引领者肖福祯阿訇担任绥靖县回民苏维埃政府第一任主席，并且于1936年加入了中国共产党，他组织了一支由120名回族青年组成的回民独立连，后来肖福祯和这些回民红军大多英勇牺牲。抗日战争时期著名的回民支队及抗日英雄马本斋也是其明证。他原名马守清，而尤素夫·马本斋则是其伊斯兰教经名。他率领回民支队在冀中平原英勇善战，被毛主席称为"百战百胜的回民支队"。马本斋于1938年加入了中国共产党，1944年病逝，其伟大的一生也为中国革命做出了巨大贡献。需要指出的是，回民支队的大多成员在参加革命时也没有放弃其所信仰的伊斯兰教，而且其部队中还有随军的阿訇，即山东莘县的蔡永清阿訇（1898—1987）。同样的情况在相当一部分群众信仰伊斯兰教的其他少数民族中也明显存在，如维吾尔族的穆斯林知名人士、中国伊斯兰教协会的创始人和第一任领导包尔汗就于1949年底经王震等人介绍加入了中国共产党，并曾担任中共中央新疆分局常委，是新疆和平解放的功臣。所以，中华民族并不排拒伊斯兰教的存在，中国共产党领导的中国革命同样也有伊斯兰教信仰者的积极参与和卓越贡献。"不忘初心，牢记使命"，在这一层面的明确澄清对于伊斯兰教的中国化极为关键，故不可在宗教与中国社会主义革命之间划一互不相干的界限，这一点尤其是在当下特别重要。

三 伊斯兰教中国化的文化思考

上面阐述了伊斯兰教在历史上和政治（包括无产阶级革命政治）上"中国化"的可能性及其明证。我们应该尊重历史、基于事实，在文化发展上认识到伊斯兰教的中国化也具有文化包容、文明对话的开放性、开明性和必要性。例如，在回族语言的形成和发展过程中，其初期是以阿拉伯语、波斯语为母语，到明末清初才基本上已经群体性地使用汉语了。不过，回族等相当一部分群众信仰伊斯兰教的少数民族在使用汉语的同时也一定程度地保留了自己的民族文化属性及民族语言传统。其中就包括其宗教信仰传统，如回族经堂语的保留和阿拉伯语的使用就意味着其伊斯兰教信仰传统的传承，凸显出这种民族传承中的宗教精神。回族等相当一部分群众信仰伊斯兰教的少数民族阿訇们在讲经中夹杂有大量阿拉伯语和波斯语，有其历史印痕和记忆的象征意义，是一种文化传承的间接保留，故不要轻率地将之视为"阿化""外化"或"异化"，人为地将之与当前中东等地复杂局面相混淆，也不可轻易对这些流传已久的文化符号彻底否定或强迫其放弃。对这种宗教及语言传承的过度打压和强行禁止往往会适得其反，导致这些民族信教群众的逆反和离心，反而不利于其中国化进程的顺利展开。

总之，这些古今相承的民族在文化传统、生活习俗、宗教信仰上保留着一些复杂关联，在今天世界民族宗教关系上亦有着明显痕迹。由此体现出宗教的民族性、国际性、历史性、群众性和复杂性，对之须慎之又慎，客观、冷静、科学地看待。特别是在今天推行"一带一路"倡议国际合作发展时，这些相关民族及宗教尤其是伊斯兰教的因素就凸显出来了，对这种现象首先是需要科学研究。故而对"一带一路"倡议国际合作的风险评估就应包括对其相关地区伊斯兰教状况的分析研究、科学评估。而冷静审视、客观面对这一国际氛围尤其是周边环境，我们必须要有充分的准备和长期的打算。于是，伊斯兰教的中国化也成为当前的艰巨任务，其中国化的过程或许较长，但必须提醒广大穆斯林群众，指明这是其逐渐融入中国社会、形成中华民族大家庭的唯一之途。

如前所述，伊斯兰教的中国化早在明清之际就有了初步成果，今天对之应加以肯定，并通过这种巩固来在当代拓展和扩大。例如，中国穆斯林思想家结合儒教思想而对伊斯兰教经典做出了符合中国实际的解经诠释，清真寺建筑不仅出现了与中国传统建筑特色相吻合、协调的风格，而且在其细节中也充满了中华文化元素。这些历史发展及其积淀是我们今天应该珍视的宝贵财富，也是当前推进伊斯兰教中国化的有利条件。但也应该清楚地看到，在我们十个相当一部分群众信仰伊斯兰教的少数民族中，其中国化的历史及其所达到的程度是不一样的，其中回族应该在中国化的发展上最为突出、走到了前面，在伊斯兰教中国化发展上甚至比基督教的中国化更有优势和经验。对此，我们要有多样性的观察和研究，要有长期努力的思想准备，切不可把"目标"当作"现状"，不符合实际地指望一蹴而就。必须注意到，有些少数民族受阿拉伯伊斯兰文化的影响仍较为明显，与其相似或相关的境外民族或跨境民族的联系也相应存在，这些事实对今天伊斯兰教的中国化显然会产生一定影响，有些甚至可能是负面影响。对此，我们必须要有清醒的认识和可供操作的预案准备，科学谋划、润物无声，切忌欲速则不达。

综合而论，伊斯兰教的"中国化"不仅有利于其自身健康发展，也会促进中国社会的和谐、稳定、可持续发展。这种对中国社会和谐发展的积极参与和贡献是伊斯兰教中国化进程中的当务之急，而且也符合伊斯兰教的经典规定和广大穆斯林的社会需求。当然，在复杂的国内外社会氛围中，这一努力不会一帆风顺，应有充分思想及心理准备。例如，伊斯兰教中国化首先是政治层面上的，这就需要绝大多数穆斯林做到爱党爱国，而达到这一程度还有大量工作要做，一方面要团结广大穆斯林群众，另一方面也需要协调党政有关部门积极并正确地执行、落实党的民族政策和宗教工作基本方针。其次，伊斯兰教在中国社会的定位、发展和贡献也需要做不少工作，付出巨大努力；这也需要宗教界与社会各方面之间和谐、包容、关爱、友好的双向互动，真正形成水乳交融的良好关系；中国穆斯林属于中国社会的同一个共同体，而不能形成事实上的隔阂，更不可被视为"另类"而遭到边缘化或孤立化的对待。最后也是最重要的，就是思想文化层面的中国化；这一努力乃任重道远、异常艰巨，因为社会上仍有较强的贬伊声音，主张在精神上排斥和否定伊斯兰教乃至整个宗教，认为其互不相容、格格不入、没有精神共同体可言，强调对待宗教及其思想精神只有斗争和批判；而媒体频繁的"穆黑"现象也极易造成险情、使矛盾恶化和异化；由此在伊斯兰教内部也有个别人或在个别方面发出杂音，出现了一些情绪上的反感和抵触，也拒绝融入主流精神思想、与之达成一体。但想根本解决这一问题目前看来为时尚早，社会舆论对宗教的负面看法和消极界定及评价会使伊斯兰教的积极主动适应、靠拢成为"单恋"和"苦恋"，无果而终。而对宗教界爱党和社会主义事业的热情泼冷水还会造成不可挽回的损失和难以预料的恶果。所以说，思想层面的融合更需要双向互动、双方努力，必须对话沟通、相互尊重。"一个巴掌拍不响"，我们需要推动、促成这种一体共存、和谐相容的掌声响起来、掌声大起来。这一层面的伊斯兰教中国化是全社会的责任和使命，而我们社会的思想界、理论界和学术界必须要有思想解放和创新突破，与宗教界展开坦诚、真诚、开放、积极、科学且实事求是、以理服人、以情感人的对话和交流。但现在看似热闹的社会舆论仍然是"独白"过多、对话太少的状况和处境。所以说，不付出艰辛努力是很难成功的；而这种努力不只是宗教界"内涵式"的努力，也需要甚至更需要广大社会"外延式"的努力，尽快且真正表现出对宗教界在思想情感上的团结和吸纳、包容和拥抱,以便使有着宗教信仰的部分少数民族群众及广大群众在中华民族大家庭中确确实实成为紧紧抱在一起的石榴籽。《古兰经》说:"以时光盟誓,一切人确是在亏折之中,唯信道而且行善,并以真理相劝,以坚忍相勉的人则不然。"(第103章)[①] 尽管当前社会对伊斯兰教仍有各种误解和非议,坚持伊斯兰教的信仰者则都应以"信道而且行善"这一原则来要求自己、激励自己积极参与社会建设,自觉维护社会稳定、人类和谐及和平发展;尤其是在困难面前也要忍辱负重、"以真理相劝",要戒急用忍、不可冲动,对之持豁达、睿智之态,由此旨在感动大众、感动中国!这样不仅会给中国社会稳定发展做出积极贡献,而且也能赢得中国社会大众对伊斯兰教信仰意义的最终认可和真正肯定。

(本文为2019年8月19日在杭州"长三角地区中国书画展暨扎根中华共享文化和社会价值研讨会"上的主旨发言)

[①] 《古兰经》,马坚译,中国社会科学出版社1981年版,第482页。

第五编 宗教文化建设与"中国化"

第三十七章

中国家庭关系与传统宗教

2011年贺岁片《非诚勿扰2》生动描述了当代中国大陆家庭关系与性伦理的发展，影片中关于"所有婚姻的选择都是错的，长久的婚姻就是将错就错"之论，在一定程度上揭示了当代家庭问题及其潜在危机。面对社会转型的冲击，中国今天已出现了多种家庭模式。如三代式多代同堂的大家庭，父母与儿女共组的小家庭，多个孩子、独生子女或没有孩子的家庭，单亲家庭，由继父或继母组成的家庭，孩子为继子或继女、养子或养女的家庭，未婚同居的家庭，以及因为离婚和重新结婚而有着两家或更多家庭复杂关系的家庭等。家庭作为人类最原初的共同体形成了社会共同体的基本要素，与社会的关系亦极为复杂。研究家庭关系，可启示我们弄清社会关系，并进而深入了解民族、国家和整个世界。在对人类共同体的理解中，家庭应为其最小的共同体，构成了社会的细胞。为此，家庭有着许多重要的功能。这里，尝试对中国家庭关系与传统宗教这一议题展开探讨，由此评价家庭在社会中的意义和功能。

引　论

在当代中国，人们对婚姻和家庭的态度已发生了较大变化。在某种程度上，婚姻已失去其传统意义上的神圣地位；其结果，家庭结构已不再像以前那样稳固，离婚率明显有了大幅度的提高。在2011年贺岁片

《非诚勿扰2》的场景中，当代中国大陆家庭关系与性伦理的发展被以艺术手法来生动描述。在片中的离婚仪式中，受到离婚事件沉重打击的男主角李香山曾无限伤感地叹息："所有婚姻的选择都是错的，长久的婚姻就是将错就错。"这在一定程度上揭示了当代中国出现的家庭问题及其潜在危机。一般而言，所谓"将错就错"的方式也就是设法维系已经建立起来的家庭。家庭作为社会共在的基本要素在社会的稳定及和谐中起着非常重要的作用。而家庭问题的增多及其危机的频频发生，也可能会带来严重的社会问题和潜在的社会危机。面对社会转型的冲击，中国今天已经出现了多种家庭模式，对家庭的观念和是否要生儿育女的想法也发生了复杂嬗变。例如，这种多元化的家庭模式既有延续传统三代或多代同堂的大家庭，也有仅由父母和儿女组成的小家庭；既有多个孩子或只有独生子女的家庭，也有没有孩子或不想生育子女的丁克家庭；既有缺父或少母的单亲家庭，也有由继父或继母所构成的重组家庭；与之相应的既有由继子或继女来作为后辈的家庭，也有靠养子或养女来为后的家庭；此外，还有实际上未婚而男女同居的家庭，以及因为离婚和重新结婚而有着两家或更多家庭复杂关联的奇特家庭。在最近热播的一个电视系列片《满堂爹娘》中，男主人翁就因为其父母多次离婚后又各自重新结婚而形成的有许多继父继母要靠他照顾的"满堂爹娘"之哭笑不得的尴尬局面。目前，同居的家庭亦极为复杂，不仅有年轻人因为不愿受婚姻拖累等理由而同居，更有老年人因为其子女以种种借口反对他们再结婚而采取了实际上同居的家庭生活方式。在此，传统的观念和法律意识都被其打破或忽略。由此可见，今日的家庭关系并不稳定，而传统意义上的家庭纽带及其联结关系也因为面对着当代社会变化的各种挑战而变得脆弱和容易破裂。

家庭作为人类最原初的共同体而形成了社会结构中的基本要素，与社会的关系亦错综复杂。在中国的传统理解中，社会结构可涵摄三个层面。第一，其基本层面即为家庭结构。按照中国文化中的和谐哲学，家和万事兴。和谐社会以家庭的和睦、融洽为基础，家庭作为社会共同体的最小细胞、起始单元对社会结构的稳定有着直接关联。第二个层面则为民族及国家。家庭与国家关联密切，国与家之间的纽带极为重要。对于中国人而言，整个中华民族、整个中国实际上就是一个大家庭，有着血缘关系的家庭、家族则仅是小家庭而已。国和享太平，只有守住国这个大家，才会有小家的安宁。以家来理解国，遂形成了中华民族的整体意识；国家兴亡，匹夫有责，家国共构、休戚相关，保家卫国、义不容辞。国家作为"我们共同之家"要比"我自己的小家"远为重要，因此，在需要或必要时，人们应该"舍小家"来保卫"大家"，维护我们"共有的家园"。不过，对于民族和国家及其秩序的维系之基本原则，仍是源自中国这种家庭原则及其秩序，在某种程度上有着从"家规"发展、扩大、引申为"国法"的类似过程。例如，对国家的忠诚在一定意义上就建立在家庭中对父母的孝顺这一基础上。这种家庭孝道教育及训练对于对国家的忠诚意识而言极为重要，非常关键。在封建制及其影响下的中国，皇帝或国家创始人曾被视为"国父"，因而也被敬为"大家庭之父"，故此要求其臣民对皇帝或国家元首应绝对服从。在这种"朕即国家"的封建意识中，皇帝往往会把整个国度都看作其私家，所以会产生皇室皇族及相关大臣腐败等嬗变。从"爱家"的意识推到"爱国"之极致，中国人对忠孝的态度亦有了先后之别。在通常情况下，人们会在家孝敬父母，坚持"父母在，不远游"的观念。不过，一旦国家需要，人们面临"忠孝不能两全"的选择时，对国家的忠诚则会优先于对父母的孝敬来考虑，即以"忠"作为前选，为了对国家的忠诚而可以牺牲孝道，即舍小家为国家。第三个即最后一个层面则为天地层面，人和天地庆，"天地"在此表达了一种世界观念、宇宙观念。天人合一，与人为善，国与国之间平等相待，人类才能同天地共和谐。正如妥善处理各个家庭之间的关系那样，在世界范围内处理好各个国家之间的关系也是非常必要的，是要努力以求的。这里，中国人"为天地立心""赞天地之化育""为万世开太平"的胸襟和心境亦得以体现。由此可见，中国文化相信家庭、国家、天地之间的有机关联，所以才会推崇"格物、致知、诚意、正心、修身、齐家、治国、平天下"的抱负及境界。由于想到这种关联，中国人故而才会认为在治理家庭、国家和世界事务中乃有着相同或相似的原则及智慧，恰如老子妙言，"治大国若烹小鲜"（《道德经·六十章》）。

通过上述分析，我们可以非常清楚地看到家庭状况及家庭关系对于整个社会的重要性。在妥善处理家庭关系的过程中，我们能够受到启发，由此得以进而弄清社会关系，自然包括民族、国家和整个世界的相互关系。这也有助于我们更为稳妥、明智地处理好社会关系，洞察民族、国家及整个人类世界的社会本质。

中外宗教为我们正确理解家庭与社会的关系提供了丰富资源，值得我们今天来对之加以专门关注。在基督教对人类共同体的理解中，家庭应为社会中的最小共同体，反映出最基本的人际关系；家庭结构由此而构成了社会结构的原初细胞。从这一意义上来看，家庭无疑有着许多重要的功能，特别是推动社会经济发展、履行教育责任、促进灵性沟通的功能。家庭作为社会最小的机构及其有机构成，为其社会的稳定及和谐提供了最为基本的保障。如果一个社会中的家庭状况是健康的、正常的，那么其基本社会结构也应该是健全的、稳固的。但是，如果社会中的许多家庭都出现了危机，那么这就很有可能是预示正在迫近的社会危机之信号。

基于这些思考，我们非常关注中外宗教，即传统中国儒、佛、道三教和西方流行的基督教对家庭与社会关系的认知和解释。回溯中国家庭关系的传统，我们也可观察、发现在历史演进过程中的中国社会所发生的逐渐变化。

一 儒佛道三教对家庭及性伦理的基本理解

对于传统中国宗教来说，家庭关系的恰当处理是社会伦理构建中非常重要的因素。如何形成并保持一个和谐的家庭，维系家庭的融洽气氛及合理秩序，儒、佛、道三教对此都有各自的考量、要求和相应规矩。

（一）儒家的家庭观及性伦理

从儒家的理论与实践来看，在孔子所有的教诲中，有关"仁"的学说乃处于核心地位。不过，在论及家庭关系时，孔子却将"孝"这一家庭关系原则作为其"仁"论的基础和根源。孔子强调说："孝弟也者，其为仁之本与！"（《论语·学而》）在此，孝悌被视为传统社会中连接宗法关系的纽带，"孝"作为社会之礼的核心而成为社会公共伦理"仁"之根本所在。另一社会基本原则"忠义"实际上也是从孝这一原则而发展、扩张出来的。如果家庭中有着孝道，那么社会事务所要求的忠义就有了保障。孔子认为"孝慈则忠"，家中之孝衍化、扩大为国中之忠，并且成为政治原则，"'孝，惟孝，友于兄弟'。施于有政，是亦为政，奚其为为政？"（《论语·为政》）只有基于孝才可能做到仁，从而具备了维护宗法制度所需要的社会最基本原则。可以说，儒家已将孝作为在国家政治中忠君爱国的自然基础，因为"孝悌的原则推而广之于国家社稷即是忠君爱国"。[①]在孔子看来，孝道亦乃为政之道，有必要推广到社会政治中去，作为其从政执政的基本原则之一。在儒家的这种理解中，家中之孝被视为在传统中国所有社会伦理中第一重要的原则，最为基本的因素。

在家庭关系中，儒家显然已有关于孝悌的相关要求。人们应该向父母尽孝，这是家庭秩序的核心。孔子批评了在家庭中不尽孝道之人，并认为"不孝有三，无后为大"，尤其是没有男性后代被视为最不孝顺之举。为了表示这种孝顺，每个家庭都应该有许多孩子，正如中国人习惯而言：多子多福。不过，在对待子女后代上，儒家传统并没有男女平等的态度。所谓应有子女的孝道实际上乃特别意指要多有男性后代。在中国传统宗法制度中，对父权的强调使儒家允许一夫多妻，而且这在过去相当普遍。当然，其实这基本上是一夫多妻的现象，而绝对不可能允许出现一妻多夫之状。为了确保有男性后代，在封建制的中国有着非常典

[①] 任继愈主编：《中国哲学发展史》（先秦），人民出版社1983年版，第183页。

型的重男轻女之性别歧视。男人要高于女人,甚至掌管着女人的命运。在一定程度上,儒家默认并鼓励这种性别歧视。孔子就曾经说过,"唯女子与小人为难养也,近之则不孙,远之则怨"(《论语·阳货》)。当代不少为儒家辩护的学者面对女权主义等对这一句话的批评指责,费力地作了许多不同的解释。有人认为"养"即"蓄养",是"相处"之意,"难养"就是"难于蓄养",即难于相处的意思;①有人将"女子"分开来注解,宣称"女为妇女,子为初生婴儿","女子"合称为"妇女刚生的婴儿","满月之后称作'小人'",故此"婴儿"和"小人"都"难于扶养";②有人称"女子"为"未嫁之女","小人"为"男孩子","女子与小人"因而指"男女孩子";③还有人将"小人"解释为"小孩子"或"劳力者",把孔子上述之言解读为"唯有对女子和劳力者须要注意如何相处(和使用),过于亲近了就会放纵无礼,过于疏远了又会怨恨无已",认为孔子之意乃是"把握好共处的尺度,实际上是对他们的爱护"。④凡此种种,不一而足。尽管有各种过度诠释,历史事实仍揭示出儒家传统对女性的歧视和苛求。儒家传统中的封建礼教有着"父为子纲,君为臣纲,夫为妻纲"这三纲为社会道德基准,并以"三从四德"作为女性的基本道德标准,即"未嫁从父,既嫁从夫,夫死从子"这"三从"和"妇德、妇言、妇容、妇功"这"四德",对女性的品德、辞令、仪态、女工等有着极为严格、即实为苛刻的要求。这种儒家传统影响下所要求的社会伦理使女性始终处于从属、依附的低下地位。由男性统治的宗法制封建传统对中国社会结构有着深深的影响,为此中国过去在很大程度上保持着家庭生活及社会政治中的男性统治的封建宗法性社会结构。其超稳态和漫长的发展历程使女性明显受歧视,被怠慢;无论是在家庭生活还是在社会政治中,女性都被排斥在重要决

---

① 陈启智:《与友人论"女子与小人"书》,载卢国龙主编《儒教研究》,社会科学文献出版社2009年版,第180页。
② 同上书,第190页。
③ 同上书,第191—192页。
④ 同上书,第201页。

策之外，没有真正参与的权利。因此，这一缺陷在儒家思想传统中是非常明显的，这种重男轻女的观念在今天儒家复兴中也是必须剔除、淘汰的。

这种家庭关系的后果之一，就是许多家庭的构成都具有一夫多妻的特征，男人们妻妾成群，可任意休妻纳妾。这种一夫多妻现象被看作正常之状，直到1949年以后才发生根本改变。在过去历史上，中国社会曾出现天主教传教士反对这种一夫多妻制的斗争。在晚明时期，当许多中国士大夫受到耶稣会传教士的感动而要求受洗加入天主教时，他们根本没有认识到这种一夫多妻制所带来的障碍。不过，传教士们很及时地直接给他们以忠告，并且坚持他们只有首先放弃纳妾和多妻的陋习，然后才能受洗成为天主教信徒。当时的中国文人李之藻、杨廷筠、王徵等人都曾经历了这种"屏妾"入教的选择。在当今儒家重新在中国社会发展、复兴之际，仍必须面对男女平等的问题，必须对女权主义反对儒家影响下传统家庭关系中性别歧视这种尖锐批评有其积极回应。不过，也不得不承认，儒家传统的家庭关系尽管有一夫多妻的特点，也仍然比当前那种所谓"闪婚""闪离"的家庭关系更为稳定、牢固。当代不少年轻人在这种"闪"结、"闪"离的婚姻经历中并不想找寻"永恒而不变"的爱情，而是有着只需"一朝拥有""让我一次爱个够"，及时行乐、滥用性爱的颓废念头。建立在所谓男女平等关系上的实际同居在很大程度上已经摧毁了传统的家庭模式，带来众多社会问题及隐患。在当代社会腐败现象中，事实上已有一夫多妻回潮的状况发生，所谓"包二奶"或"养小三"已经反映出这种一夫多妻的窘境和尴尬。其中可能也有着儒家不良消极影响的悄然流荡。所以，当人们重新高度评价儒家的精神价值时，也必须认真思考其在家庭伦理观上所留有的沉重的历史包袱，仍需要一种对过去的批判性审视。

（二）道教的家庭观及性伦理

在道教中，"和谐"是保持家庭关系最重要的观念。老子强调说，"知和曰常，知常曰明"（《道德经·五十五章》）。"和"乃大道的常态，亦为万物的常态，而这种"和"也是家庭存在最为理想的情感表达和追求。家庭作为社会的细胞构成社会和谐的基础，家庭关系则应该是最古老的社会关系，也是最为自然的社会关系。道教根据对"道"的理解而以"道"为万物之源，由此表明"万物同源"，家庭成员亦如此，既为"顺道而生"，则应"顺道而处"，家和乃中国传统文化的重要美德之一，其实现就要做到"父子笃，兄弟睦，夫妻和"。而"夫妻和"就要靠阴阳平衡、男女平等来达成，此即《道德经》所言"万物负阴而抱阳，冲气以为和"（四十二章）。与儒教相比较，道教认为"孝慈"等家庭共在原则应该比其他社会共在所需要的伦理原则更为重要，而要实现"孝慈"则必须涤除社会人际关系中的虚伪与奸诈"绝伪弃诈，民复孝慈"（《道德经·十九章》）。这种"孝慈"对于家庭的稳定及和谐起着决定性作用，特别是当社会不稳、家庭出现纷争时，倡导"孝慈"就显得格外必要，它甚至能够达到逆转家庭不和状态、恢复社会稳定局面的理想效果。此即《道德经》所指"大道废，安有仁义"，"六亲不和，安有孝慈"（《道德经·十八章》）之独特意义。

　　家庭和谐的获得应该通过保持质朴的自然过程。老子主张"见素抱朴，少私寡欲"（《道德经·十九章》），认为"我无为而民自化，我好静而民自正，我无事而民自富，我无欲而民自朴"（《道德经·五十七章》）。家庭和谐在于其成员"慈""俭"结合，柔和不争，"报怨以德"。老子非常羡慕远古民风的单纯、朴实，希望人们能够返璞归真，享受田园诗一般的宁静简朴、清心寡欲之初民生活。在这种"小国寡民"的理想社会中，老子鼓励"使民复结绳而用之"的回归，让人们由此而能"甘其食，美其服，安其居，乐其俗"（《道德经·八十章》）。为了保持这种淳朴的民风，老子认为国家应该小，政治应该简明，要尽量避免频频扰民和对国事、家事的干涉，保持一种低调。他甚至提倡"治大国若烹小鲜"（《道德经·六十章》），有一种"举重若轻"的潇洒，因而在正确对待家庭与国家关系上应该冷静、智慧，避免矛盾冲突，若能做到"两不相伤，故德交归焉"（《道德经·六十章》）。

道教中关涉性伦理问题的，还有道教方术中的房中术修炼。这种男女双修或所谓"男女合气之术"为道教清修派和全真道的教徒所坚决反对。不过，道教房中术虽然出现以"阴阳双修""采阴补阳"为目的的异化，被斥为"左道惑民"，却也有人认为这是道教寻求修身养性的一种探讨，从而强调应对之加以正确引导。有些道教著作坚持把房中术视为其养生保精、房中节欲、还精补脑之道，认为阴阳交合乃自然之理、天经地义，不过，虽然"男女居室"乃"人之大伦"，"欲不可绝"乃人之本能，却仍应该"乐而有节"，使之让人气血和平、延年益寿，因此也必须"欲有所忌""欲有所避"，做到"欲不可早""欲不可纵""欲不可强"。按此论说，道教房中术的真谛并不是让人去纵欲，不是让人满足于肉欲色情和追求骄奢淫逸的生活，而是要人节欲、养生，在饮食男女这些人之常情中保持节制，已达修身养性的正确目标。这样，按照现代术语而言，道教的房中术遂被解释为关于男女性心理、性医学方面的知识。[①]不过按一般人们所能接受的道德常情来理解，这种性与宗教的极其独特关系故仍乃悖谬之为，多受诟病。在当代社会，道教传统中的房中术修炼显然已经不符合现代社会的伦理标准，其以往所理解的"节欲""养生"之"道理"，故而也会被现代科学、医学认知所取代。

（三）佛教的家庭观及性伦理

源自印度文化的佛教最初强调的是禁欲和出家、独身，要求其信徒舍家而修行。佛祖释迦牟尼就是在29岁时出家修道并且抵制了各种色欲的诱惑而修成正果，达到大彻大悟之"觉"而成为佛陀。为了达到"涅槃"之境、实现人性的升华，崇佛者就应该放弃性爱和世俗生活，自然也包括放弃家庭生活，选择离家独居即出家为僧的修道生活。这种隐居山林、闭门修行被视为能够体现断灭人世烦恼、达到无欲无求的精

[①] 参见卿希泰、詹石窗主编《道教文化新典》，上海文艺出版社1999年版，第350—371页。

神境界，因为持守佛法就得超越人间法，实现超凡脱俗的目标。因此，在佛教的发展历程中，有许多人放弃了家庭生活而成为僧侣。所谓和尚、尼姑身份，正是斩断俗世情缘、看破红尘的标志。显然，"断绝爱根，自然成为佛教所强调的灭苦解脱、超出生死的道要"。①

然而，佛教的中国化，即佛教适应并融入中国社会文化的过程，使佛教徒也不可能根本回避世俗之爱和婚姻家庭这一现实人生常情，尤其是对在家修行的居士而言，就必须处理好孝敬父母，夫妻之爱和儿女亲情这些家庭关系。这样，"佛教对人间男女、夫妻间的爱情、婚姻，并非一味否定"；甚至"大乘、密乘还以爱情、婚姻为菩萨随顺众生而度化的重要'方便'"。②这样，遂使佛教与性的关系趋于复杂化。

在当代中国，"人生佛教"或"人间佛教"有许多关于家庭及性伦理的讨论和解释。对于在家佛教信徒而言，其家庭之外应守戒律之一即"不邪淫"，而家庭之内的伦理法则即坚持一夫一妻制，做到"贞廉自守，一妻一妇，慈心不怒"（《增一阿含经》卷五十）。当代台湾佛教大德、被尊为人间佛教的重要倡导者、弘扬者之一的星云法师在论及如何正确处理情爱、维护和谐家庭时曾写道："人间佛教对夫妻感情的看法是：只有爱，才能赢得爱；恨永远是得不到爱的。夫妻相处彼此要真诚，并要互相制造欢乐，人的好话不怕多讲，会讲好话，懂得赞美加上有幽默感的家庭，必定是和乐幸福的。"③星云法师认为，"真正的爱是双向的，真正的爱是要成全对方，祝福对方，爱不是占有，而是奉献"。④ 他将这种"爱的真谛"视为佛法本身具有的重要内容，这种佛教伦理的最近发展对中国当代社会的影响正越来越大，也极大地改善了信佛民众的家庭关系。

不过，藏传佛教中的情况则更为复杂，因其造像中有描述男女合体

---

① 觉醒主编：《佛教伦理与和谐社会》，宗教文化出版社2007年版，第56页。
② 同上书，第56、57页。
③ 同上书，第58页。
④ 同上书，第61页。

的"双身佛"或"欢喜金刚",从而引起人们对佛教性伦理的疑问及探究。这种男女双修形态的"修行"源自佛教密宗的"怛特罗"即"续部"之论。按照佛教的解释,所谓"双身佛"即"欢喜佛""双修佛""双尊神"等,是"藏传佛教密宗本尊神。即佛教中的'欲灭''爱神',作男女二人裸身相抱之形。男女合体是密宗无上瑜伽的双身修持法,其目的是以爱欲为除障修道之法。……双身修持密法,为'男女和合之大定','以欲制欲',从而达到'自性净'。讲以方便为父,以般若为母,以明王、明妃拥抱交合象征'悲智和合'"。[①]这种男女交合并不是指纵欲、淫乐,并不表现贪爱淫欲,也不是俗世生活的真实写照,而是另有寓意的"一种象征手法""形象的比拟"。对此"象征"或"形象"大致有两类稍有不同的解说:一种说法认为"双身"是一种象征主义的比喻,它折射的是理智的灵魂和人的情感的高度结合,其解释如下:"在本尊佛像中,有不少是双身的,即欢喜金刚等,其不管是坐式还是立式,都是以佛的忿怒变相即明王拥抱了一位赤身裸体的女妃接吻交媾的秘戏情景,容易让人想入非非。实际上它并非追求世俗的性欲,而是密宗修法的一种特殊仪轨,也就是'乐空双运'。它与古印度教中的性力派'怛特罗'有关。据《奥义书》中说当一个男人和心爱的妻子拥抱,不知哪里是里?哪里是外?那么,当他和理智的灵魂拥抱,也不知哪里是里哪里是外?""在这里,拥抱男女的'每一方都是对方'。表示了印度教把人作为肉体和精神的统一体,并通过对性的深刻体验来象征地触发对悟性的寻求。赤身裸体表示脱离尘垢界,男的表示方法,女的表示智慧。两相拥抱体现方法和智慧双成,男女相合为一人。"[②]显然,这里主要是对双身双修加以象征性的解释,而未言明其为真实合修。另一种说法则认为这是菩萨以"贪爱"作为度化众生的方便,即"先以欲钩牵,后令入佛智"(《维摩经》),"以此智慧,如实观察贪爱的本性,将有染污的贪爱转化为无染污的敬爱。密乘所奉本尊

[①] 任继愈主编:《宗教大辞典》,上海辞书出版社 1998 年版,第 749 页。
[②] 察仓·尕藏才旦:《中国藏传佛教》,宗教文化出版社 2003 年版,第 224—225 页。

中，有专表转贪爱为菩提的'爱金刚'、'爱金刚女'、'爱染明王'。无上瑜伽部的本尊，几乎都是男女合抱，各有配偶的双身，表转贪爱为菩提、即淫欲为道之义"。①在此，却是表明"用性欲即'色染'来'调伏'阻碍修法的魔障，将修法者引渡到'悲智和合'的'欲界天人生活'"，从而证实"佛教密宗修法的最高果位也必须男女合修，作为无上瑜伽密的特别修习法，称作'乐家双运'"。②这种修行如非象征之说，其实践则完全颠覆了佛教出家人的根本目的和初衷。在现实社会中，因其误解或其他情况而带来的疑问却不少，故而对上述"修行"及相关解释的各种批评声也未曾中断。显而易见，这种特别修习法同样也不符合现代社会伦理规范之要求，也不被社会法规所允许。

二　基督教对婚姻及家庭的理解

在基督教的性伦理观中，人类性爱的意义和目的及其道德价值应该根据基督教的信仰来解释。按照这一信仰的伦理要求，家庭中的夫妻之爱应该是唯一的性爱，性关系只有在婚姻的维系内才是合法的；除此之外，不能有他求。基督教认为婚姻的目的，具体而论，夫妻性爱的目的，就是"传衍人类，而实现方式则是生育孩子"。"生育儿女是人之性的内在的、最终的目的。……如果没有生育这种必要性，那么对性爱的这种渴望以及性器官本身都不会存在。"生育孩子这一目的及其必要性与中国儒教对婚姻的目的相当接近，极为类似，儒教为此甚至还允许一夫多婚。不过，基督教把婚姻和性爱只是看作尘世的关注和必要，认为其仅具此岸意义，因为在彼岸天国则无此必要，人们"从死者中复活，不娶也不嫁，如天上的天使一样"。③

---

① 觉醒主编：《佛教伦理与和谐社会》，第60页。
② 察仓·尕藏才旦：《中国藏传佛教》，第225页。
③ ［德］卡尔·白舍客：《基督宗教伦理学》（第二卷），静也等译，上海三联书店2002年版，第443页。

不过，在现实生活中，生育儿女也并不就是性爱的全部目的。基督教的伦理观进而指出，"除了这个生育功能，性爱还可以实现另一个目的，这个目标本身是善的也是有价值的，也就是说，性爱还是一种表达相互之爱的方式"。①在人类社会生活中，夫妻之爱作为性行为已经反映出最基本的社会关系，其作为社会行为的意义乃在于这种性上的结合，实质上也表达了人际关系上的"合一"、相互"承认"、彼此的"安全"感，以及人际交往上的"真诚"，"热情"等。据此而论，"因为性爱要求一个人寻求另一个人，因为性的完全实现会涉及到一个伙伴，所以它必然会影响团体的社会生活。没有任何人可以恣意地利用其他人来满足自己的性欲；他必须尊重伙伴的各方面权利：对身体的权利、自由处置自己的权利、接受符合人性尊严的权利以及接受负责的关爱的权利等等。另外，团体必须保护这些权利"。②遵循这一原则，在家庭中应该要求做到性别平等，而儒教传统中的那种一夫多妻则必须放弃。男女平等，一夫一妻，这是家庭关系的基本要求。基督教强调要维护妇女的尊严，对妇女应有"一种真诚的尊重"，因为"两性之间是否有真正的爱，是否有一个快乐而神圣的家庭生活，都取决于是否尊重妇女的尊严"。③其实，这种伦理原则已经进而说明，家庭的建立就形成了最小的社会共同体，而其相应的社会关系则不仅仅依赖于性爱，在此已有社会交往、社会关系、社会平等的问题。所以，这就要求我们在男女之间必须找到"一种互相尊重、互相关爱的亲密关系"，性关系不能光靠本能的性冲动，"完全以本能冲动为基础的性结合并不是一种完满的符合人的爱"；在基督教看来，这种男女之间的性关系仍然需要基督教神圣之爱的照耀与引导。④以基督教的信仰审视之维，家庭中相互尊重的原则具有普世价值，而且理应成为整个人类社会的普遍原则。

---

① ［德］卡尔·白舍客：《基督宗教伦理学》（第二卷），静也等译，上海三联书店 2002 年版，第 442 页。
② 同上书，第 446 页。
③ 同上书，第 448 页。
④ 同上书，第 474—475 页。

家庭的建立是通过婚姻。"在婚姻生活中，男人与女人结成一个团体，这个团体适合于为双方提供安全与保障、提供一个家，也适合于满足双方的性欲望，并且生育抚养子女。"①结婚的权利和婚姻双方平等的权利属于普世人权，并已在《普世人权宣言》中清楚表明。根据基督教的道德原则，"婚姻与家庭的制度能为繁衍与抚育孩子创造很好的条件"。②然而，婚姻的目的并非如此简单，而有着众多层面。虽然性爱和生育孩子对于婚姻而言非常重要，但实际上婚姻涵括更多的内容，它涉及的方面要远远超出这两个基本要求。而且，婚姻及家庭关系中也有没有性爱和不生孩子的情况，尽管这种情况很特殊、属于极个别的现象，却确实存在。天主教的教会法典曾规定，"那种在夫妻结合时根本排除怀孕的权利的婚姻是无效的婚姻"；③但现实情况并非如此简单，没有性爱和没有孩子的家庭组合颇为复杂，而且并非都违背宗教道德或社会公德。由此而论，婚姻和家庭实际上包括有更多的社会内容及社会责任。既然家庭是社会共同体的基本要素，因而它理应反映出社会关系、社会交往的一些基本原则，如在这一基本共同体中平等的原则，其伙伴之间相互关心、相互帮助的原则等等。如果家庭中养育着孩子，那么它还应该具有最基础，最早的社会教育之职责或义务，这就是对孩子原初的家庭教育。在这些意义上，基督教强调婚姻实际上为一种公众行为，而家庭也乃一个社会单位。"因为二人的结合对社会公众利益来说是一种非常重要的行动，所以二人必须要公开结婚，让大家知道他们的结合。……婚姻需要社会的保护，因此社会及为社会利益负责的人都应该关心此事，他们应该通过法律来批准与保护婚姻的盟约。"④婚姻作为社会行为自然需要相应的公众社会之承认和保护；为此，除了结婚登记等法律手续外，许多婚姻关系的建立还通过举行宗教或民俗等公开婚礼的

---

① 罗特尔（H. Rotter）：《婚姻》，见《新编基督教道德辞典》（*Neus Lexikon der christlichen Moral*, Innsbruck: Tyrolia, 1990），第 98 页。
② ［德］卡尔·白舍客：《基督宗教伦理学》（第二卷），第 525 页。
③ 同上。
④ 同上书，第 547 页。

形式来向社会宣示，以求得到社会的承认及保护。而基督教在教堂为其信徒举行的婚礼及其证婚仪式，更是增加了一种神圣认可及保护、一种宗教权威及宗教社团承认和保护的意义。为了这种神圣权威的承认和保护，当代中国许多非宗教信徒在举行婚礼时也会选择在教堂等宗教场所来进行，让神职人员为其证婚和祝福，这与他们是否信仰相关宗教并无直接关系或必然联系，他们只是希望借助于这种仪式的独特形式，以便能够获得一种神圣证婚的满足及心理愉悦。

基督教从其基本结构和存在目的这一层面的考量而强调社会与家庭的密切关系。家庭作为社会细胞与社会建构的生存、发展休戚相关。人是社会性的实在，"在广义上讲，社会是人与人之间的一种持久的结合以达成某种共同的目的"。[①]这里，社会（society）与团体（community）乃同义词，在其解释学的意义及理解上可以相互替换。但从严格意义上来讲，二者的使用仍有区别："团体"通常被用来指其"内部发展的协会"，旨在促进其成员的"人格成长及他们之间的团结"，这种团体"典型的例子是家庭"。而"社会"所指"则是那些具有系统组织和外在制度（如法律、管理体制、官员）以达成它们目标的协会。这种组织的典型例子则是国家"。[②]二者在结构上和性质上非常相似，或者说，二者有着明显的关联。正如中国儒家所言家庭与国家的关系那样，这种社团结构都是既需要外在的制度和秩序，也需要内在的团结和相互关心。基督教则可使有其信仰的社会团体进而具有神圣之维。

家庭属于社会，却也参与了其社会的构建。按此理解，家庭实际上乃社会中最为基本的共同体，是构成社会细胞的原初团体。基督教认为，"家庭是最原始的团体。它是人类的泉源，也是个人能健康地发展其身体和精神的正常的（甚至唯一的）环境。启发人的道德和宗教生活以及人的爱的能力的首先是父母亲的爱。通过家庭这个细胞，社会能

[①] ［德］卡尔·白舍客：《基督宗教伦理学》（第二卷），第 574 页。
[②] 同上书，第 575 页。

存在并革新"。①社会的构建从家庭开始,而在时代变迁中社会的恢复也往往是从家庭的创立及其更新开始的。社会的存在结构和道德原则都依赖于其家庭的状况,基督教为此而高度重视、关注家庭的保护、培养和支撑。在其看来,"家庭有三个基本的功能,就是说它是一处原始的经济团体,是最先的教育单位,也是人的最初灵修团体"。②

如上所述,社会的基本要素都已经在家庭结构中清晰可见。通过基督教关涉家庭意义的这一理解,我们可以意识到家庭的稳定是相关社会稳定的基础及保障。为此,我们应该设法制止传统家庭关系松弛、衰败的发展趋势,努力避免当代家庭破裂的局面。如果有越来越多的家庭危机出现,那么距离根本性的社会危机爆发也就不会太远了。从基督教道德原则来看,家庭的稳定及和谐对于社会而言极为重要,人们必须特别关注当前家庭情况的发展变化。的确,当今社会世俗生活及其性伦理取向势必会影响到当代家庭的组成和构建,而当代中国巨大的社会变迁和具有根本性的社会转型已经对家庭关系的各种变化产生了复杂影响。为了抗拒、抵制对传统家庭模式及家庭稳定的世俗冲击,人们肯定能够从中国历史上的各种宗教中学到经验、吸取教训。或许,宗教伦理及其神圣之维度仍能帮助人们加强家庭纽带、巩固家庭关系。这种宗教意义上的家庭维系、家庭和谐仍是非常必要的;这是因为,如果没有家庭和谐,则不可能有真正的社会和谐,也不可能保证社会的可持续发展。

(原载卓新平《信仰探索》,首都师范大学出版社 2015 年版。)

---

① [德] 卡尔·白舍客:《基督宗教伦理学》(第二卷),第 597 页。
② 同上书,第 598 页。

第三十八章

以教会友 以信通和

——论赵朴初先生、丁光训主教在对外交流上的贡献

赵朴初先生和丁光训主教开展对外民间交流的一个共同特点，就是基于其宗教信仰来以教会友、以信通和。在这两位教界前辈对外交往的主要时期，中国尚处在被外界误解、猜忌的状况中，由于我国社会制度、价值观念、意识形态、宗教信仰状况与外面世界的不同，政府层面的对外交流有一定的困难和障碍，而赵朴初先生和丁光训主教从宗教方面所展开的对外民间交流则对我国的对外交流有着重要的补充，对以宗教信仰为主流的外面世界了解中国、理解中国起到了巨大的作用。这种意义和作用，在今天我们对外交流中仍然有着独特的启迪效果和重要的借鉴价值。中国文化走出去，宗教文化在复杂的国际形势中可以起到先驱和探路作用，而且会减少相关政治障碍及思想意识隔阂。因此，在今天中国倡导共建人类命运共同体、推动"一带一路"合作发展中，我们重新学习和研究赵朴初先生和丁光训主教的对外民间交流思想及实践，总结他们做出的杰出贡献，有着重大现实意义和实践价值。

从其宗教信仰的特点来看，赵朴初先生的对外民间交流主要体现在佛教的文化交流和在亚洲相关国家的宗教文化交往。这种通过佛教交流、流传的形式而展开的以"民间为主"的宗教交流关系，为此后政府间的正式交流提供了舆论准备和经验摸索，并最终导致"官民并举"多向交流的盛况。在这种对外民间交流中，赵朴初先生发挥了重大作

用，他一生曾担任中日友好协会副会长，中缅友好协会副会长，中国红十字会副会长、中国人民争取和平与裁军协会副会长等。

中华人民共和国成立后，赵朴初先生在当时不利的国际环境中和极为艰苦的条件下积极开展对外民间交流工作。1951年，他代表中国佛教界主动送观音像给日本佛教界，为中日民间友好交流起了奠基作用。作为友好回应，当时日本佛教界也积极组织护送中国第二次世界大战时期在日殉难烈士骨灰归回祖国的活动。周恩来总理为此对赵朴初先生的努力曾积极评价和赞赏。1961年3月，赵朴初先生在印度新德里出席世界和平理事会，此行还参加了泰戈尔诞辰百周年纪念大会，在会上他睿智有理地批驳了当时冒出的反华言论，维护了国家尊严，并获得了参会各代表团的支持和赞成。1962年，赵朴初先生倡导发起中、日、佛教界共同纪念鉴真和尚逝世1200周年活动，得到日本佛教界的积极响应，其纪念活动规模大、影响远，起到了有力巩固中日友好传统的作用。

1972年中日邦交关系恢复后，赵朴初先生积极努力运作，于1978年率领中国佛教代表团访问日本，参拜唐招提寺和鉴真墓，终于在1980年促成了鉴真和尚塑像回中国探亲巡展活动。当时已经73岁高龄的赵朴初先生亲自到扬州全力筹备迎展工作，他选用隋朝《龙藏寺碑》的字而将寺名"法净寺"（乾隆巡游大明寺时所改）恢复为鉴真任住持时的"大明寺"之名，并亲自冒雨到上海虹桥机场迎接运送鉴真像的专机，然后乘专车将塑像送至扬州，还在4月18日的巡展开幕式上吟诵了《金缕曲——鉴真大师像回国巡展欢迎礼赞》，抒发了"像在如人在。喜豪情，归来万里，浮天过海。千载一时之盛举，更是一时千载"的激情。这次活动推动了中日民间友好交流往来，使中日友好达到了高潮，促进了两国群众对中日邦交正常化的理解和支持。为此日本庭野和平财团、佛教大学、龙谷大学和韩国东国大学等都给赵朴初先生赠予奖金、授予名誉博士学位，而日本佛教传道协会此后也对赵朴初先生和隆莲法师授予传道功劳奖。

随着中国改革开放的深入发展，赵朴初先生于1993年提出佛教是中、日、韩三国友好交流"黄金纽带"的设想，并得到了韩国和日本佛教界的一致认同和积极响应，从此自1995年起每年轮流在中国、韩国和日本召开三国佛教友好交流大会，加深对各自的了解，促进民族和谐。赵朴初先生的这些对外民间交流活动，充分发挥了宗教在国际交往中的优势，展示出其联系广泛的积极作用，这样既向世界人民广泛宣传了中国政府的宗教政策，介绍了中国宗教信仰自由现状，也加深了中国人民与世界人民的友谊，为促进亚洲与世界和平做出了卓越贡献。在赵朴初先生的引领及指导下，中国佛教界同日本、韩国、泰国、斯里兰卡、缅甸、印度、尼泊尔、孟加拉国等许多国家的佛教界建立了普遍联系，并与欧洲、北美洲、大洋洲的一些国家和地区的佛教界开展了友好交往。尤其是中国佛教界组团护送佛牙、佛指舍利赴泰国、缅甸、斯里兰卡等各国巡礼的活动，受到了普遍赞扬和好评。

此外，赵朴初先生还始终关心祖国的和平统一大业，为此他积极开展同台湾、香港、澳门和海外华侨佛教界的友好交流与联谊活动，并对破坏祖国和平统一事业的言行加以坚决斗争，起到了意想不到的积极效应。

丁光训主教则是以基督教为主来开展对外民间交流活动，其活动范围则以西方欧美国家为主。这些活动得益于丁主教在西方留学及工作的成长背景，他1946年应邀赴加拿大任基督教学生运动干事，后赴美国纽约协和神学院深造，在获得神学硕士学位后赴日内瓦任世界基督教联盟干事。当中华人民共和国成立后，丁主教毅然决定回国服务，于1951年归国不久即来南京任金陵协和神学院院长。

丁主教非常重视宗教的对外交往工作，尤其是积极推动基督教界的对外友好交流活动。他作为中国基督教界代表曾在20世纪50年代中期访问苏联、匈牙利、英国、西德等国，有力打破了西方帝国主义势力对新中国的封锁。他向外界积极宣传中国基督教三自爱国运动，正面解释社会主义中国的宗教信仰自由政策。

中国改革开放以来，丁光训主教更加积极地推动宗教对外民间交流，他一方面带领中国基督教一如既往地坚持独立自主自办原则，另一方面则按彼此尊重、相互友好的原则平等、尊严地与境外基督教界开展交流活动。他不仅多次出访和参加国际会议，在国际舞台积极宣传新中国宗教信仰自由状况，增进世界对中国宗教政策和宗教现存状况的客观、正确了解，而且还接待过以基督教界为主的国际友人如多任世界基督教会联合会总干事、多任英国坎特伯雷大主教，以及南非的图图主教等世界著名宗教领袖来访。

20世纪80年代初，丁光训主教以辩证、睿智的思考提出"国际基督教并非铁板一块"的见解，从而为中国基督教加强同海外教会的联系奠定了思想基础。丁光训主教还解放思想，高瞻远瞩，开展了与美国福音派的联系，促成了美国福音派领袖对华友好态度和对中国改革开放的理解及支持。1985年，丁光训主教与基督教界和其他社会各界知名人士共同发起成立了非营利性民间团体——爱德基金会，以此为平台而积极开展对外民间交往合作，参与公益慈善事业和救助社会弱势群体活动，特别是在农村扶贫与区域发展、医疗卫生、社会慈善等方面"雪中送炭"，做了很多深受群众欢迎的工作。丁光训主教对爱德基金会的工作给予了最大的支持，而爱德基金会也是中国接待海外人士最多的非政府组织之一，有着广泛的国际影响，它已与几十个国家和地区建立联系，与两百多个国际组织有着交往，而其创办的爱德印刷厂，已经用英、德、西班牙、法文等几十种语言印刷了各种版本、各种款式的《圣经》，远销几十个国家和地区，这种"中国制造"的《圣经》目前已达2亿册之多，在全世界都产生了广远影响。

此外，丁光训主教在担任中国宗教界和平委员会主席等重要职务期间，还积极推动中国宗教界参与世界和平运动，向国际社会传递中国宗教界关于和谐和平的理念，推广中国宗教文化的中和思想，提出中国宗教界共建和谐世界、维护世界和平的主张，因而为发展中国人民与世界各国人民的友谊、增进相互理解、维护社会和谐、促进世界和平做出了巨大贡献。

总之，赵朴初先生、丁光训主教对外民间交流活动带动了中国宗教界的对外交往，对中国民间外交做出了杰出成就和卓越贡献，这些交往交流开启了世界了解中国的窗口，也为中国宗教走出去参与国际合作及宗教对话起到了先驱作用，由此为中外真诚理解、彼此信任、友好合作奠定了重要基础，他们留下的宝贵精神财富和友好和平交流经验，值得我们今天特别珍视和大力弘扬。

（本文为 2016 年在"纪念赵朴初、丁光训研讨会"上的发言）

第三十九章

坚持我国宗教中国化的现状、问题及工作建议

导论：坚持我国宗教中国化需积极引导宗教

全国宗教工作会议于2016年4月22—23日在北京召开。习近平总书记在会议的重要讲话中指出：新形势下，我们要坚持和发展中国特色社会主义宗教理论，全面贯彻党的宗教工作基本方针，分析我国宗教工作形势，研究我国宗教工作面临的新情况新问题，全面提高宗教工作水平，更好组织和凝聚广大信教群众同全国人民一道，为实现"两个一百年"奋斗目标、实现中华民族伟大复兴的中国梦而奋斗。习近平总书记为此而强调了党的宗教工作基本方针的重要性，要求我们做好宗教工作，必须坚持党的宗教工作基本方针，指出党的宗教工作基本方针是我们党坚持马克思主义宗教观，从我国国情和宗教具体实际出发，汲取正反两方面经验制定出来的。习近平总书记因而对之有着特别的阐述，认为做好党的宗教工作、把这一基本方针坚持好，关键是要在"导"上想得深、看得透、把得准，做到"导"之有方、"导"之有力、"导"之有效，以使我们党牢牢掌握宗教工作的主动权。

早在2015年5月18—20日召开的中央统战工作会议上，习近平总书记就已经提出民族、宗教工作是全局性工作这一论点，指出宗教工作的本质是群众工作，重申了以积极引导宗教与社会主义社会相适应为根

本方向和目的的党的宗教工作基本方针；并特别强调要积极引导宗教与社会主义社会相适应，就必须坚持中国化方向，必须提高宗教工作法治化水平，必须辩证看待宗教的社会作用，必须重视发挥宗教界人士作用，引导宗教努力为促进经济发展、社会和谐、文化繁荣、民族团结、祖国统一服务。其核心思想就是要我们积极引导宗教与社会主义社会相适应。如果没有这种积极引导的思想和行动，我国宗教中国化则会落空。

因此，没有"积极引导"则很难让宗教适应社会主义社会，就会缺乏建立中国特色社会主义宗教理论的实践。如果在宗教工作上仍然突出以唯物、唯心，无神、有神划界，宗教界与我们的分歧则会明显化，宗教界人士也会与我们渐行渐远，因为由此会感到我们没有诚意，担心我们的思想核心在根本上是与其相异的，故而会采取非常消极或表面应付的态度。因此，党和政府的"积极引导"与宗教界的"积极适应"是积极互动的关系，有其辩证的、能动的和内在的因果逻辑关系。在这一方面的理论和实践还没有达到真正的有机协调，尚需展开深入的探讨。

中国社会和谐需要对宗教的积极引导，没有与宗教的和谐，不可能实现整个社会的和谐。中华民族命运共同体的形成，同样也必须积极引导宗教，没有宗教的参与则很难有真正的中华民族命运共同体和中国文化精神共同体。

我们必须看到这一现实，宗教是世界绝大多数人迄今仍然在持守的观念及生活方式，我国宗教信仰者虽然为少数人，其绝对人数却很多，而且还有其广泛的国际联系和深厚的中国历史根基，我们不可能在我们这个时代使宗教消失，甚至也很难根本减弱其发展态势，故而必须积极引导宗教，以因势利导作为我们的主要策略，发挥我们的执政及治理智慧。

一　从国际环境看我国宗教坚持中国化方向的必要

全球化背景的世界宗教已进入复杂多元的发展阶段，与国际政治、民族问题形成密切交织。民族、宗教矛盾的突出，使世界进入多事之秋，带来了国际社会的大变局，各国关系亦趋于复杂。西方强国以为靠武力就能解决民族宗教问题，结果导致以暴抗暴、以恶对恶、冤冤相报的恶性循环，让人们深感"和平时代"并不和平。这种宗教冲突虽有其教义的分歧和历史上的恩恩怨怨，但现实社会政治经济矛盾、民族纠纷却是更主要的因素。其中非常明显的就是境外力量的干涉，一些伊斯兰国家本来保持着其宗教的平衡，但美国等西方大国的干涉甚至出兵占领这些国家，在推翻其原有政权的同时也打破了其原有的宗教平衡，西方的政治理念和宗教自由观念不仅没能进去，反而在造成这些国家社会动乱、宗教矛盾的同时也惹火上身，把问题带到了西方本土。西方社会的移民或难民问题、其国内民族、宗教上的冲突，都与之有着直接关联。

在国际社会关系上，对当代中国发展的态度已出现了微妙变化。近年来南海局势的复杂化，就有美国等西方国家的插手，如前些年"7·12"的所谓国际法庭仲裁和美国及日本的操纵或支持，就是想扩大相关争端；目前因菲律宾现任总统持对华友好态度才使这一复杂局面得以相应改变。2016年4月22日，美国国会众议院通过一项决议，以重申美国对台湾的"六项保证"来为民进党上台打气，对"隐形台独"故意麻木；同年5月12日，欧洲议会以546票赞成、28票反对、77票弃权通过决议不承认"中国市场经济地位"，形成了对我明显不利的影响。我们要消除外界不利影响的一项重要工作，就是努力做好自己的事情，练好内功，其中就包括妥善处理好民族宗教问题，以确保我国的和平发展、社会稳定和长治久安。

目前世界上宗教为大多数民众的信仰这一格局没有改变。美国皮尤研究中心在2017年对2015年全球宗教发展的分析指出：在世界约74亿人口中，各种宗教信徒约62亿，占世界总人口的84%，而无宗教隶属人数约12亿，仅占世界总人口的16%；人类大多数人仍处于信仰宗教这一状况中。其中基督徒近23亿，包括天主教徒12.85亿，新教徒约7亿，东正教徒近3亿，占世界总人口的31%；穆斯林（伊斯兰教信徒）约 18 亿，占世界总人口的 24%；印度教徒 11 亿，占世界总人口的 15%；佛教徒 5 亿，占世界总人口的 7%；世界不同地区民间宗教信徒 4 亿，占世界总人口的近 6%；犹太教徒 1400 万，占世界总人口的 0.2%；其他宗教徒约 1 亿，占世界总人口 0.8%。西方学者原本最为担心的是伊斯兰教的发展，他们预计到 2075 年时伊斯兰教将成为世界第一大宗教，因为目前其拥有最多的年轻人口，约 34% 的人口在 15 岁以下，故此估计其出生率在 2035 年将超过基督教，至 2070 年两教人数会持平。他们特别以英国为例，指出英国近年来减少了约 500 座教堂，却增加了 400 多座清真寺，甚至现任英国首都伦敦市的市长也是穆斯林后裔，故而保守派惊呼伦敦该改名为"伦敦斯坦"了。但最近其对伊斯兰教的担忧有转向对中国担忧的迹象，值得我们高度关注和认真研究。

尽管社会的世俗化进程在加剧，世界绝大多数人信仰宗教的格局显然并没有发生根本改变。而其对中国宗教信仰状况亦特别关注，并时有报道和评说。无论是美国等西方大国，还是与之抗衡的俄罗斯、伊朗等国，其宗教氛围都十分浓厚，有着明显的宗教情感。我们在国际上纵横捭阖、运筹帷幄，以及推动"一带一路"国际合作共建，都需要注意我们的宗教形象，处理好宗教事务，没必要在这方面给人口实，造成负面印象。而搞好我国宗教中国化则是其重要一环。

在当代社会，这些世界宗教发展在政治、意识形态、民族等方面都出现了重新组合、有了新的布局。基督教传统在欧洲有所削弱，世俗化变化明显，美国基督教福音派、灵恩派影响扩大；东正教在东欧复苏；伊斯兰教在欧美等地区发展速度加快。特别值得注意的是美国福音派在美国社会的崛起，以及对特朗普政府的大力支持。从前其福音派宗教领袖葛培理（1918—2018）对中国颇有好感，在许多领域曾支持中国发展，在美国政界及社会舆论中替中国说过不少好话，但随着他 2018 年 2 月 21 日的去世，美国福音派支持中国的声音基本沉寂。美国社会一致对付中国的态度与美国宗教界尤其是基督教界对华态度的当下转变也直接相关。最近美国国会通过所谓"涉港""涉维吾尔族""涉藏"的

"人权"法案，粗暴干涉中国内政，使中美冲突加剧，这些动向可能会导致今后中美关系向更加不好的局面发展。对之我们也应该做好其后果评估。

必须注意的是，当前世界这些主要宗教的传播都超出其传统民族之界而范围扩大。在社会主义国家阵营分解后，古巴、越南、老挝、俄罗斯等国共产党重新调整其党教关系，对宗教更为包容和开放。而传统社会主义国家之间却因民族、国家利益出现了冲突，渐行渐远。显然，在国际政治的博弈中绝大多数国家都是将社会政治利益放在首位，而宗教信仰上的分歧则是次要的。所以，我们处理宗教问题也应以服从社会政治的需求为要义。

相关宗教与其国家政治、政府的联系更加密切，为许多国家或民族提供了传统文化、核心价值和社会凝聚的象征，对外推出具有其宗教色彩的普世价值观念。不同宗教之间既有对话、亦有竞争，其共处的氛围有所改善，但国际范围内基督教与伊斯兰教之间在精神、政治及社会层面的博弈则更为全面、深入。此外，新兴宗教的影响在扩大，如摩门教、巴哈伊教的全球影响明显加大。摩门教徒洪博培（Jon Huntsman）、米特·罗姆尼（Willard Mitt Romney）都先后参加过美国总统竞选，其社会影响显然已远远超过以往。其他具有民间信仰、准宗教信仰色彩的社会团体亦有较大扩展，在世界上推动了中国传统文化的影响，并使之得以融入当地社会、形成其社区文化的有机构建。

从整体来看，当前国际环境在民族宗教问题上对我国并不十分有利，境外各种势力的对华关注因而值得我们高度警惕。因此，积极推动坚持我国宗教中国化，在国际氛围中至少可以起到如下一些作用：

（1）稳定中国宗教现状而防范境外宗教乱象影响我国。

（2）以中国宗教的较好形象来缓和世界宗教气氛，不因宗教问题而导致国际社会对我们的反感，通过其认同中国宗教来认同中国今天的社会文化发展。

（3）在与大国交往中我们有中国宗教这张底牌，可使宗教成为国际交往的润滑剂而减少不必要的阻力，在关键时刻亦可以起到社会沟通、国际往来的桥梁及纽带作用。

（4）我国宗教中国化的发展还能给世界带来启迪，使之认识到宗教本土化、处境化的积极意义，推动其在文化思想交流中发挥其文化软实力的作用。

（5）我国宗教的中国化特色在世界多元文化的大舞台上可以放出异彩，引导世界对中国有深层面的关注，促进对中国文化特色的理解。

（6）我国宗教中国化也是中华文化走出去的一个重要准备、一条有利途径。如印度总理莫迪在全球推广的瑜伽文化实际上是印度教文化，其用意、指归极为明显。而我们则可推出基于儒道的太极文化，以及体现佛教中国化成果的禅宗文化。

必须承认，在当前国际环境中我国宗教中国化的重点应该是基督教和伊斯兰教，现解释如下：

从基督教"中国化"的社会政治原因来看：西方政治有着反华的传统及习惯，故此基督教必须摆脱对其依属；从思想文化原因来看：基督教理应融入中华文化传统，实现其文化转型；从民族意识原因来看：基督教需要确立中国意识，中国基督徒首先要意识到自己中国人的身份；从教会发展原因来看：基督教从本土教会、自立教会的发展，已为基督教的"三自爱国"发展打下了基础；从时代变迁原因来看：基督教经历了20世纪的世界巨变，见证了21世纪中国的崛起；从神学创建原因来看：必须从西方神学转向中国神学的发展，获得中国教会自己的神学话语权，故此必须推动中国神学建设；从处境适应原因来看：基督教必须积极适应中国现代社会，才可能实现自己的华丽转身，发挥其在当代中国的正功能；从人类命运共同体的建设来看：基督教首先必须要有与中华民族共同命运的感觉，积极参加中华民族命运共同体和中华文化共同体的建设，与中国共命运、图富强，才可能有资格、有资本参与人类命运共同体的建设；所以说，其首要任务是要积极参与实现中华民族伟大复兴的中国梦，成为中华民族共同体的内在成员。在基督教中国化的进程中，已经涌现出一批代表人物，如诚静怡、吴雷川、王治心、赵紫宸、吴耀宗、丁光训等，他们在中国神学建设、教会中国化发展方面有筚路蓝缕之功。

　　基督教作为世界最大的宗教，在其两千多年来的发展中与西方文明形成了密切关系，它上承古希伯来、古希腊罗马文化，下导西方文化，在罗马帝国解体和中世纪欧洲重建过程中成为西方文化的源头及核心内容，随之在整个西方以及世界文化的发展中形成了巨大影响。所以，了解、研究基督教，重视我国基督教的存在与发展问题，重点实现基督教的"中国化"，对于我们在全球化的时代认识并走向世界有着非常重要的意义。

　　从伊斯兰教中国化的情况来看，在当代世界宗教发展中，20世纪与21世纪之交最引人注目的就是伊斯兰教的现状。伊斯兰教由穆罕默德于610年创立，"伊斯兰教革命"随之带来了其非常迅猛的东西方扩张，661—750年，西进的伊斯兰军队到了埃及、利比亚、突尼斯、阿尔及利亚、西班牙（伊比里亚半岛）、法国；而伊斯兰教对西班牙的占领直至15世纪末才结束。东扩的伊斯兰军队则到了巴勒斯坦、叙利亚、伊拉克、波斯，把东罗马帝国的许多地区归入其版图，包括对耶路撒冷的占领，并灭掉了波斯古代王朝，其东南之行到了印度、阿富汗和中国西部，使我国新疆地区原来信奉佛教、摩尼教的一些民族最终皈依了伊斯兰教。这样，伊斯兰教过去曾形成过地跨亚、非、欧三洲的伊斯兰帝国。伊斯兰教在其历史上，一是形成许多民族发展与之有着特殊关联的状况，二是其人口的流动性和居民强大的人口生育增长使之有着全球影响，伊斯兰教在历史上的兴衰曾直接与中国的穆斯林发展密切关联。这种历史原因及国际现状使伊斯兰教中国化势在必行，而伊斯兰教的中国化也是中国穆斯林持守中国公民意识，坚持国家统一观念，不为外界复杂发展所动摇的根本保障。

二　从中国历史看宗教中国化的意义

　　中国自古代起就是由多民族共聚相融而形成，最初有由"东夷""南蛮""西戎""北狄"和"中原华夏"构成"五方之民"的说法。而中国主体民族"汉族"起初乃由"华夏族"发展而来，经夏、商、周,到秦朝统一,汉朝时始称"汉人"(汉朝之人)。而"炎黄子孙"之说则主要是与汉族的起源有直接联系,据传古代历史上乃因黄帝战胜炎帝,联合炎帝部族共同战胜东夷九黎族首领蚩尤,由此使"炎黄"并提,但其涵括面仍然有限,并不就代表整个中华民族,其中就涉及民族问题。

中国古代少数民族的情况比较复杂,在其发展中既有外化、亦有内化。这里可以匈奴、东胡、突厥、通古斯、羌藏、回族等为典型实例来说明。

(1) 匈奴:据《史记》所论乃源自夏人,早在商周时期匈奴就已形成,为古代蒙古高原的游牧民族,信奉萨满教,在秦末汉初时曾非常强大,后为汉武帝所败,分为五部,其中南匈奴于公元前53年投降西汉,前33年王昭君出塞嫁给呼韩邪单于,形成汉匈联姻。东汉时匈奴分为南北两部,北匈奴于公元91年被东汉王朝打败,其后大部分人加入此间崛起的鲜卑,其混血后代称为铁弗人。古代少数留在蒙古高原的匈奴演变为蒙古族、突厥族、契丹族的先祖。南匈奴等则继续存活于五胡十六国和北朝,后逐渐汉化。故其部分乃中华民族的祖源之一,部分据说在东汉时大败后入欧洲融入欧洲各民族之中,由此出现匈牙利人乃匈奴人后裔之说,这一说法可以追溯到9世纪末匈牙利祖先马扎尔人从东方入侵欧洲,但1867年奥匈帝国建立后此说被其历史学家所否;而古代东方民族的西迁影响到欧洲民族形成的格局则乃历史事实。

(2) 东胡:一说为"通古斯"(直译"柳条河",意指"住在柳河边的人")的异写,乃中国古代东北古老游牧民族。"东胡"之名则最早见于先秦《逸周书·王会篇》,其中有"东胡黄罴山戎戎菽"之句。据传乃伏羲后裔东夷与胡人融合而形成,秦时被匈奴打败,部分退居乌桓山而称为乌桓(后被曹魏所灭);部分退居鲜卑山而称鲜卑(其中部分进而汉化);部分称为柔然,后被突厥灭;部分进而分化为蒙古(至今)和契丹(其中部分为女真族,后被汉化);部分成为满族,而部分则流传到中亚成为中亚各族先祖。因此,蒙古族、鄂温克族、达斡尔族和满族的先祖乃与之有关。

（3）突厥：为古代蒙古高原和中亚地区相关民族集团的统称，中国文献于540年始有其记载。745年唐朝与回鹘（古称"回纥"，一度为突厥汗国臣属，743—745年回纥汗国灭突厥，788年改称回鹘，840年瓦解后演化为维吾尔族）灭突厥汗国（552—630，后突厥汗国682—745），其民分别融入回鹘或唐朝；原属突厥汗国的突骑施、乌古斯、葛逻禄、钦察、卡拉吉、样磨、处月等部落仍活跃在中亚一带，其中葛逻禄与回鹘曾于唐末建立喀喇汗王朝，1212年被灭亡。而灭掉突厥汗国的回鹘即隋唐时期的回纥人，有乌护、乌纥、韦纥等称谓，最初活跃在蒙古高原，744年受唐朝册封，840年回鹘汗国被打败后其族群除部分与汉人融合外分为三支，一支建立高昌回鹘王国，一支形成裕固族，一支与葛逻禄、样磨等部族共建喀喇汗王朝。回鹘人后来通过融合相关部族而构成维吾尔族的主体，历史曾有畏兀儿等称谓。因此，维吾尔人与突厥人并无直接民族上的关联。

（4）通古斯：除前面与"东胡"关联的解说之外，一般指通古斯—满语族，今东北、俄罗斯东部相关民族的先祖，发源于贝加尔湖附近的古老民族，后形成通古斯—满族语系，如今包括满族、赫哲族、鄂伦春族、鄂温克族，以及在俄罗斯的奥罗奇人、那乃人、乌底盖人、乌尔奇人、雅库特人等。

（5）羌藏：源于古羌族，语言同属汉藏语系的藏缅语族，在6000年前已经形成在西北生活的羌族，"羌"字本指其民族以牧羊为生。甚至有人认为炎黄部落也是出于古羌人，其东迁后打败蚩尤部落而形成华夏族。而另有古羌人西迁至青藏高原而形成藏族先祖之说。不过也曾有学者猜测古羌人与犹太人流散东方有关，但无证据说明。"藏"为汉语称谓，其族自称"蕃"（番），藏语音为"博巴"，"巴"即藏语"人"之意，故阿里地区藏族称"堆巴"，后藏为"藏巴"，藏东、青海、四川藏区称"康巴"等，唐宋元时有"吐蕃"之称，元明清时有"西蕃"之称，明清时还有"图伯特""唐古特""藏蕃""藏人"等称谓。据传藏族在两汉时期属于西羌人的一支，曾分为"六牦牛"之六部，公元6世纪诸部落联盟壮大，7世纪松赞干布统一青藏高原建立吐蕃王朝。值得关注的是，现在有学者认为佛教创始人所在的释迦族亦属于古代汉藏语系的藏缅语族。

（6）回族：是在中国分布最广的少数民族，其渊源是唐朝以来随着伊斯兰教的传入并以之为纽带而形成的一个少数民族。最初曾有"回回"之称，一说乃指"回纥"或"回鹘"，即北宋沈括在其《梦溪笔谈·边兵凯歌》中所言"旗队浑如锦绣堆，银装背嵬打回回"。自南宋开始用"回回"泛指西域的穆斯林民族，故称"回回人"或"回回国"等。元朝时"回回"为在华定居的中亚、波斯、阿拉伯等信奉伊斯兰教的民族，也乃当时色目人的一种；唐宋时期来华的中亚、波斯及阿拉伯人的后裔与中国的汉族、蒙古族、维吾尔族、藏族、傣族和白族等民族通婚共融而成为回族的先祖，最终于元末明初基本上形成了回回民族，故有其"回族""回民"之简称。唐宋以来不少波斯、阿拉伯穆斯林沿海、陆丝绸之路入华定居而久居中国不回故乡，并在华安家娶妻生子，史称"蕃客""土生蕃客"等，而自海上丝路来华的则称"南蕃回回"。这些在华穆斯林的集中居所之地则叫"蕃坊"，后亦称"回坊"。"元时回回遍天下"，元代亦有"回回工匠""回回药方""回回军""回回炮""回回司天监""回回国子学"等称呼。明初"回回"成为其民族的专称，其信奉的宗教此时也被称为"回回教"。清初顾炎武在其《日知录》曾论及"唯回回守其国俗终不肯变"。回族在明代已经通用汉语，但在其经堂语中仍然保留了一些阿拉伯语、波斯语的词汇，成为其宗教术语的重要构成。相当一部分回族群众信仰的伊斯兰教亦曾称为清真教，其礼拜寺在历史上多以清净、清修、真教、净觉等为名，明代时改称清真寺。明清之际回族中涌现出一批"以儒诠经""回而兼儒"的"回儒"，包括王岱舆、马注、刘智等人，其代表作包括王岱舆的《正教真诠》、马注的《清真指南》和《清真大学》、刘智的《天方性理》和《天方典礼》、金天柱的《清真释疑》等。他们的思想努力为今天伊斯兰教的中国化奠立了相应的理论基础和民族认同。

总之，这些古今相承的民族在文化传统、生活习俗、宗教信仰上保留着一些复杂关联，一部分内融为中华民族的有机构成，一部分则外化为其他世界民族的相关部分，在今天世界民族宗教关系上亦有着明显痕迹，由此体现出宗教的民族性、国际性、历史性、群众性和复杂性，对之须慎之又慎。回族和印度的锡克族都是因为共有同一宗教而形成的新型民族，这些民族的宗教"本性"很难根本触动或改变。特别是在今天推行"一带一路"国际合作发展时，这些相关民族及宗教尤其伊斯兰教的因素就凸显出来。所以，这一战略举措的风险评估就应包括对其相关地区伊斯兰教等宗教状况的分析研究。而各宗教的中国化也成为当前的艰巨任务，其中国化的过程或许较长，但这是宗教逐渐融入中国的唯一之途。此外，跨越两国甚至多国的"跨境""跨国"民族的存在也是不争的事实，有些民族在中国乃"少数民族"，在周边一些国家则为其主体民族。因此，从这些民族关系及其与宗教的关联上，我们更要强调我们中华民族的凝聚力、向心力，坚持我国宗教的中国化方向。56个民族要像石榴籽一样紧紧地抱在一起，中国宗教信仰群众也要和全国人民紧紧地团结在一起。

三　我国宗教中国化的现状

我国宗教基本状况目前较为乐观，一是有着悠久的历史积淀和宗教融入中国的丰富经验；二是佛教等宗教已经做了宗教中国化的典范和楷模，故而有径可循；三是中华民族大团结创造了宗教中国化的良好氛围；四是宗教的中国化是教内外民众的人心所向；五是中国历史传统中有着和谐共在的文化基因，宗教本身就曾起过沟通及黏合作用；六是有一批爱国爱教的宗教领袖。

下面就我国各种宗教坚持中国化的必要因素作一简单分析：

（1）道教是中国本土宗教，虽然在传统文化层面看似不存在中国化的问题，却也绕不开这一问题。一方面，道教需要随中国社会发展而与时俱进，适应当代中国社会发展同样也是其坚持中国化的分内之意；另一方面，道教却有使中国文化走出去的使命，其"中国化"的任务故而更为巨大。道教之"道"是中华思想文化核心观念之一，"道统"

是中国文化历史的重要传承,"道德"是中国文化的理论与实践的有机共构;中国思想文化的宇宙整体观,道法自然的人生观,阴阳共存的太极文化模式,都在道教中得到典型体现。因此,我们要使道教具有中国文化走出去的使命感和神圣责任感,道化天下。目前世界各地也有道教存在,我们应以中国道教作为其典范和模式,使中国道教在世界道教发展中起到积极的引导作用和主导作用。

(2) 佛教特别是汉地佛教在外来宗教中是中国化最早、也是中国化最好的宗教,可以起到典范和楷模作用。但佛教仍需要在中华文化土壤及中国社会生活情趣中得到更深层次的熏染、滋润,形成中国特色的佛教哲理、佛教武术、佛教艺术、佛教茶道、佛教修行及生活方式等,完成并完善其中国化。我们要以中国"禅境"来形成特色,影响世界。目前中国佛教既有"生活禅""人间佛教"的发展,也有新出现的"唐密"修行等回归,这些发展动向值得我们关注和引导。

此外,南传佛教的中国化则任重道远,其受南亚上座部佛教影响较大,且中国境内南传佛教寺庙中的中国僧侣日渐减少,其如何实现中国化仍值得我们认真思考和研究。而藏传佛教则仍有较多的印度及尼泊尔印痕,在过去半个多世纪中又增加了一些西方元素,其外在氛围不容盲目乐观,因此其中国化任务艰巨,在发展上也仍然处于步履维艰之境。

中国传统文化离开儒、佛、道则会被架空,缺失关键内容。这三教各有特色、相互补充,故而可以给人"三教合一"之感。一般认为,儒教重于"治世",有其"拿得起"的担待,以"儒"之观念来修身、齐家、治国、平天下,故被视为"立国之本";佛教注重"治心",以解脱、涅槃而有着"放得下"的境界,以"佛"之觉悟来理心、做到清心寡欲、去除世俗杂念、不惹尘埃,故被看作"破恶之方";而道教则善于"治身",以其逍遥、洒脱而有着"看得开"的眼光,以"道"来望穿时空、回归自然、修炼养生,故被用为"兴善之术"。这三教在中国近现代的转型过程中曾不景气、颇为沉寂,而现在已结束"尘封"的历史,走出其低谷而正在迎来其当代复兴。在我们今天的宗教中国化努力中,首先就应该对这些传统中国宗教有着特别的关注,其信仰观念虽为"远古的呼唤""历史的回响",却在今天引起了共鸣、有着较大的"人气"。因此,我们应该关注儒教是否为教的讨论及其现状发展,也应在佛教中注入更多儒道因素,形成中国佛教的"禅意""心学"特色,更多体现其中华文化的丰富蕴涵。

(3) 伊斯兰教的中国化早在明清之际就有了初步成果,今天对之应加以肯定,并通过这种巩固来使之拓展和扩大。如中国穆斯林思想家结合儒教思想而对伊斯兰教经典做出了符合中国实际的解经诠释,清真寺建筑不仅出现了与中国传统建筑特色相吻合、协调的风格,而且在其细节中也充满了中华文化元素。但应该看到,在中国10个相当一部分群众信仰伊斯兰教的少数民族中,其中国化的程度是不一样的,其中回族应该在中国化的发展上最为明显。这些少数民族受阿拉伯伊斯兰文化的影响仍较为明显,与其相似或相关的境外民族或跨境民族的联系也相应存在,这些事实对今天伊斯兰教的中国化会产生一定影响,有些甚至可能是负面影响。对此,我们必须要有清醒的认识和可供操作的预案准备。

(4) 天主教的中国化在明清之际因为耶稣会利玛窦等人认同中国文化而曾很有进展,但最终因政治、文化冲突而夭折。民国时期的天主教有过中国化的相关努力,但不是很成功,仅在增加中国神职人员上有所改进。中华人民共和国成立以来,在政治现实的影响下,天主教在政治表层上形成了某种中国化的形态,但因其与梵蒂冈的宗教服从、依属关系在思想、教义上并没有根本解决,也很难彻底消解,故其中国化的困难较多,发展缓慢,问题不少。中国天主教信徒一方面要面对约12亿不信教的中国同胞,另一方面也要面对全世界约12亿天主教友,故而有着双重压力和明显张力。如何处理这一问题、化解好这一压力,是天主教中国化发展的基本前提。

(5) 基督教的中国化现状多元复杂,不可忽视,也不应简单看待。基督教自欧洲宗教改革而诞生以来,就处于不断的分化之中,尽管有20世纪的"普世教会"运动,迄今也只是形成一种松散的联盟。其特点一是随宗教改革而形成了"教随国主"的传统,所谓"政教分离"

只是针对此前的"政教合一"而言，实际上是宗教的权力在减小，政权的权力在加大，宗教对相关国家的依附更为明显；二是新教国家虽然强调"政教分离"，但"文教一体"的局面没有改变，宗教与其文化的交织共构非常明显、典型，形成其文化共识；三是其教派林立、思想多元、神学发展异常活跃，很难达到合一、统摄。与这些情况相关联，中国基督教也有如下特点：

第一，不同国家的不同教派在华差会使其华人教会相应受到这些国家不同政治及文化的影响，有国别、地域差异；这种有区别的影响随着中国对外开放和交流在中国教会已在或多或少地重新浮现。

第二，教派分化思想顽固，虽然1958年以来中国基督教进入其"后教派时代"，但传统留下的教派意识并没有根本解决，这种同派亲、异派疏的现象今天亦在出现。

第三，据其分散发展的传统而不主张统一管理，不承认宗教权威，对当前"大一统"的教会行政结构颇有抵触，甚至另搞一套。这是在教义理解和教会实践上出现"教内有派"和家庭教会的重要原因之一，值得我们因势利导、睿智对待。

第四，有些地方基层发展紊乱，缺乏合格教职人员及正规的教义教育，容易出现异端思潮，甚至异化为邪教，这种基层"乱象"若卷入政治则会贻成大患，如清朝的拜上帝会发起的太平天国运动等。

总之，中国基督教的中国化出现在19世纪，但在20世纪形成高潮，经历了20世纪初"自立教会"、20世纪上半叶"本色教会"、1949年以后"三自爱国教会"运动等发展，其中国化的努力在社会政治层面要大于教会思想文化层面，因此并不彻底。随着全国两会的建立，中国基督教开始了教义思想上中国化的进程，以丁光训主教等人所倡导的"中国神学建设"为典型。应该说，在当今多元世界现状的影响下，基督教的中国化仍存在一定困难，其较为成功的政治层面的中国化主要是当年得到周总理等国家领导人的倡导和支持，阻力相对较小，而其神学、教义、礼仪及教会生活、文化等方面的中国化则处于方兴未艾之状。

四 坚持我国宗教中国化仍存在的问题及工作建议

（一）存在的问题

（1）社会当前仍存在对宗教的偏见，理论上和报刊舆论中对宗教批评否定较多，对"积极引导"的社会阐述较虚，在实际认同上亦有问题，宗教界仍有明显的压抑感，故而对"中国化"的表述有误解、有情绪，甚至有抵触。

（2）宗教界有些人只主张在教义上找到中国化的解读和诠释，而不愿意更系统、更全面地推进其宗教中国化。

（3）有些宗教人士认为中国宗教早就已经中国化了，没有必要再专门提及其中国化。

（4）有些宗教人士受到境外势力和舆论的影响，认为中国化是政府加强对宗教管控的借口，是针对宗教的政治举措，因而不愿积极推进。

（5）有世界关联的宗教在其中国化还是"普世化"问题上仍有人认识模糊，把握不准，甚至有人认为二者会必然对立，故而难做舍取。

（6）有些民族色彩浓厚的宗教担心中国化会根本去掉其历史上已长期形成的民族本色和传统，加之境内外民族分裂势力的挑拨、煽动，因此对中国化态度比较消极、敷衍。

（7）有些地方政府或主管部门对中国化理解不很透彻，操之过急，以简单的行政命令来促进，甚至因强行推动而引起了本不应该出现的问题。

（8）当前对中国化的具体理论、实践的理解认识还不到位，存在不知做什么，以及如何做的问题。因各地理解不同、做法各异，而造成了某种程度的混乱。

（二）工作建议

坚持我国宗教中国化的任务理论性、实践性都很强，是一个需要长期坚持的系统工程。为此，特提出如下建议：

（1）加强积极引导宗教与社会主义社会相适应的宣传力度，而且应以正面引导为主，多提建设性、进取性的思想主张。这是坚持宗教中国化的理论前提。

（2）正确解释"中国化"，积极处理好中国文化与世界优秀文化的关系，指出"中国化"不是封闭自赏，而是在对世界优秀文明要海纳百川、充实自我与在对中国优秀传统要文化自信、发掘弘扬上齐头并进。"海纳百川"的开放性是中国文化"厚德载物"之牢固性的重要保障及其可持续发展源源不断的动力。

（3）强调宗教存在发展的处境性、在地性，中国境内的宗教因其社会存在不同，因而与境外相同宗教也是有区别的，故而有中国化的必要及其中国特征。这些宗教与境外的相同是在教义、宗教结构方面，而最基本的社会存在是不同的。因此，对中国宗教的理解必须回到马克思主义经典作家所强调的"社会存在决定社会意识"这一基本观点上来。

（4）加强我国基层党政干部和宗教主管部门对宗教基本知识和中国文化知识的学习，在积极引导宗教中国化方面有必要的知识和正确的话语。

（5）加强宗教团体的队伍建设，各宗教团体的领导权一定要掌握在爱国爱教的宗教界人士手中，每个宗教活动场所、组织都应由这种合格人员负责，而这种队伍建设必须有党政相关部门的指导和参与。

（6）加强宗教院校的建设，培养合格宗教人才，其教材内容既有相关宗教的教义、礼仪等传统内容，也必须有我国相关理论政策、中国优秀传统文化、宗教学基本知识等内容。只有合格的宗教人才方能在宗教活动场所任职，占领宗教传播的重要阵地。

（7）宗教人才的培养要采取开放性的策略，党政有关部门要参与策划和培训，中国公立高等教育体系也应该适当参加，帮助提高宗教人士的文化水平和思想觉悟，以能及时正确引导，有效防范宗教内部的保守思潮和分裂倾向。

（8）逐渐提高宗教信仰人群的文化水平，不要使中国宗教成为仅是底层人群、穷人和文盲的宗教，而要培育宗教积极向上、思想升华的发展意向，使中国宗教掌握先进文化，有好的思想道德境界。而且还要向信教群众进行中国教义理论的教育、加强中国神学（经学、佛学、道学等）思想建设和文化普及。

（9）在相当一部分群众信教的少数民族地区，民族宗教问题的研究及其解决必要时应该结合起来，中国化发展也需通盘考虑，系统推进，其关键还是抓好宗教人才的把握，抓好基层宗教社团及场所建设。

结语

坚持我国宗教中国化方向的发展应该从政治、社会、文化、教育、教义、礼仪、社团等方面综合展开、全面发展。由于当今开放世界的多元性和复杂性，中国宗教的当代走向乃会呈现多元之状，其社会作用的如何发挥也基于其"处境化"的适应，以及相关社会氛围对其的要求和"引导"；所以，宗教中国化的关键在"导"，如何积极引导则至关重要。

（本文基于《论我国宗教坚持中国化方向》的讲演稿）

第四十章

坚持我国宗教中国化应注意的问题及应对举措

"我国宗教坚持中国化方向"是近年来中国宗教工作中的一个重要抓手，笔者在国内外参加了多次涉及这一主题的学术研讨会，也感觉到学术界、宗教界等对之在认识、理解上还存在一些分歧或疑惑之处。因此，对究竟应该如何积极有效地坚持我国宗教中国化，这里特提出笔者自己的如下看法及设想。

一 坚持我国宗教中国化需积极引导宗教

对待宗教的看法，现在中国理论界、舆论界从根本上就存在分歧，由此对是否应该积极引导宗教也在实际工作的落实中成为问题。笔者在基层调研时就发现，人们对如何"积极引导"缺乏具体思路和举措，或感觉"没有"这种"必要"；反而有人觉得如果从消极、负面的角度来看待宗教，由此对之实施打压则既"省事"又"管用"，且立刻就能起到"见效"很快的作用，产生马上能见的"政绩"。因此，如果真去用"耐心""细致"的工作去引导，在一些人看来既麻烦、也没有必要，而且还不知道效果如何。其结果，对宗教的积极引导实际上就处于一种比较尴尬的、进退两难的窘境之中，对坚持宗教的"中国化"也只剩下对看似没有或尚不够中国化的宗教建筑等表层上的问题实施限时整改、马上纠正，至于其他方面则被认为可以不去、也没有必要深究了。这种表层的"成功"并没有认识到"积极引导"的战略构想和高瞻远瞩，没有深想究竟应该如何来确保我们国家的长治久安，实现社会主义发展的千秋大业。持这种看法的人可能没有意识到，问题并没有这样简单，宗教的复杂性涉及国内与国际，影响到现今与将来，不能采取急功近利的临时举措一"压"了之。所以，笔者深感积极引导宗教与社会主义社会相适应是坚持我国宗教中国化的前提及关键所在；如果没有这种积极引导的思想和行动，我国宗教肯定会出现离心现象，而国际宗教界及社会其他政治力量则会乘虚而入，与宗教形成异于我们主流社会的政治及社会联盟，而我国宗教的中国化则会落空，这会直接影响到我们国家的国际形象，不利于我们社会的长治久安。

如果没有"积极引导"则很难让宗教适应社会主义社会，就会缺乏建立中国特色社会主义宗教理论的实践。我们必须清楚认识到，宗教是世界绝大多数人持守的观念及生活方式，我国宗教信仰者虽然为少数人，却有着广泛的国际联系和深厚的中国历史及群众根基，而且其近2亿人的绝对人数也是非常之大的。我们必须看到和承认一个客观事实，即无论采取什么举措都不可能在我们这个时代使宗教根本消失，甚至也很难迅速减弱其发展态势，打压、制止的办法以前早已试过，基本上没有效用，至多也就是把宗教"打入地下"、使之表面上看不见而已。但千万不要满足于这种"眼不见为净"的自欺欺人。历史的经验值得注意，不少宗教就是在打压中、在转入地下后发展、成熟的，最后导致其势不可当之势，如早期基督教在古罗马帝国时期就是这样发展的，罗马帝国对基督教的"十次大迫害"采取了非常果断且十分残忍的手段，不仅毁其活动场所，而且杀害其信徒，基督教为了躲避这种迫害在罗马城郊形成了方圆几十里地的"地下墓穴"，就像打"地道战"那样避免罗马军队的清剿；但打压的结果是使基督教更加获得社会的同情，而且宁可"殉教"也要参与的人员逐渐增多，最后导致罗马统治者不得不利用基督教，而罗马帝国也不得不接受基督教为其"国教"。在其进而发展中，倒是罗马帝国没有了，而基督教却成为一统欧洲中世纪天下的主流意识形态和代表性文化。

这里，宗教涉及人类文化、社会人权、个人信仰及其人格尊严等问题，有着复杂的社会关联和深厚的历史积淀。而国家对宗教问题的正确处理，也是其社会及其政治比较成熟、民众具有较好素质的一个明显标志。宗教会从一个重要侧面来反映、见证其社会，其各种有利或不利因素都会在其社会中不断呈现，从而也就带来相关国家机构对之应对、治理的策略，折射其政策的效果及水平。故此，我们对宗教必须因势利导，体现我们具有科学处理宗教问题的良方，发挥我们的执政及治理智慧。只有在支持各宗教在保持基本信仰、核心教义、礼仪制度的同时，深入挖掘其教义教规中有利于社会和谐、时代进步、健康文明的内容，因势利导地对教规教义做出符合当代中国发展进步要求、符合中华优秀传统文化，以及与社会主义核心价值观相一致的阐释，才可能真正起作用、持续有效，而且也才可能从宗教内部根本剔除宗教保守主义和极端主义的毒瘤。所以说，对我国宗教积极引导乃是当务之急。

我们党与宗教的关系主要包括政治与信仰两个层面，我们党统战理论的精华就在于对宗教在"政治上团结合作，信仰上相互尊重"。因为在政治立场和思想信仰这两个方面，政治乃重中之重、当务之急，而对待思想信仰问题则需要"充分认识宗教的长期性，锲而不舍、深入细致、反复耐心地做好宗教工作"。于此，我们推行的无神论宣传应该把重点放在我们党内和公共学校国民教育之中。如果在对待宗教的公开舆论上过于突出在认识论层面以唯物、唯心，无神、有神划界，只是一味突出强调在政治层面对宗教的负面评价、主要显示宗教的消极作用，那么宗教界与我们的分歧则会明显化、扩大化，宗教界人士也会与我们渐行渐远，感到我们没有诚意，在思想精神等核心领域根本上是与其相异的，由此根本失去与我们对话的意愿及兴趣，故而会采取非常消极或表面应付的态度，出现貌合而神离的假象。在我们政治强大的现实处境中，宗教界面对这种宗教批判或对之另类性的防范，虽然或许不会与之公开对抗，却也会出现要么"沉默"、要么"两面"的微妙状态。这里，与其单向性地批判宗教，还不如采取以理服人、以情感人的与宗教对话，在深入、科学、学理性地讨论宗教、信仰、神论等问题时，形成宗教理解上的良性互动，保持一种积极对话、和而不同的乐观态势，也由此提高我们无神论研究的理论水平、学术价值。因此，我们党和政府的"积极引导"与宗教界的"积极适应"是积极互动的关系，需要理论与实践的有机统一，有其辩证的、能动的和内在的因果逻辑关系。这里，"政治上团结合作"是首选，是当务之急，必须首先解决好我国宗教的政治站位问题，如果这一问题得到稳妥解决，那么就可以基本决定大局了。而"信仰上相互尊重"则属于认识论层面，不可急于求成，而需要耐心的思想教育工作，以对话、说理、沟通、尊重的方式来持之以恒、锲而不舍，这样通过春风化雨、润物无声的长期努力来求得金石可镂、水滴石穿之效。如果在认识论领域采取批判、打压的方式急于求成，则会欲速不达、适得其反。

二 坚持我国宗教中国化应防范的相关问题

随着我国社会媒体加大对坚持我国宗教中国化的推动及宣传，以及一些地方部门表露出希望使当地宗教尽快中国化的心态、甚至实施操之过急的举措，一些值得注意的问题也开始冒头，为此我们应该对之加以积极防范。其中较为突出的问题包括如下方面：

其一，由于宗教在中国属于少数人的信仰，宗教界面对主流舆论对我国宗教中国化的强调，以及相关部门随之实行的行政举措，已经产生出某种压抑感或抵触态度，因此会对"中国化"加以曲解或误解，将之与"去宗教化"相等同，从而出现某种逆反情绪，甚至将"中国化"的推动作为对宗教掌控的强化而加以抵制。

其二，境外敌对势力和对华不友好的媒体舆论在产生影响，诬蔑"中国化"是中国政府加强对宗教掌控的借口，是针对宗教加以压制的政治举措，为此对倡导"中国化"的学者也横加指责，以此企图煽动中国宗教界消极对待、公开反对这种朝着"中国化方向"的发展。一些宗教团体或相关人士已明显受到这种负面影响。而且这种负面影响主要来自美国，还将会随着中美关系的恶化而日趋复杂化。我们因此必须要有长期应对、机敏博弈的准备。

其三，具有世界关联的相关宗教受境外相同宗教的影响而以其宗教的"普世性"来与"中国化"相抗衡，甚至主张其宗教"普世化"的取向，认为其世界宗教的"普世性"特点势必与其"中国化"方向对立，宣称其"中国化"就会失去其宗教本真及传承、失去其"普世真理"及"普世价值"。这种与"中国化"相悖的"普世性"实际上就是主张"去中国化"，导致其离心和外化，如基督教的"西化"，特别是其"美国化""欧化"及"韩化"发展，伊斯兰教的所谓"阿化""沙化"问题，以及佛教出现的"印度化""南亚化"等趋势。这种逆中国化态势实际上反映出其宗教发展所掩盖的国际政治博弈、较量的复杂局面。

其四，有些民族传统突出的宗教担心"中国化"会去掉其民族本色和传统，这种担心的加大既有境内外民族分裂势力挑拨、煽动的因素，也由于国内民族理论中对"跨境民族"的否认，其"民族"与"国家"的等同使不同国度的"同族"被解释为不同"民族"；但这种剥离同一民族传统的"民族国家"认同反而使相关宗教对"中国化"比较消极，在其推进上也持敷衍之态。而一些地方比较简单粗暴、操之过急的做法也加强或"证实"了相关民族及宗教中的所谓"担心"，给这种不利发展或其可能趋势某种本不应该的"口实"。

三 解决影响宗教中国化进程相关问题的应对举措

坚持我国宗教中国化的任务理论性、实践性都很强，是一个需要长期坚持的系统工程。因此，这一进程不能操之过急，而应为持之以恒、潜移默化、春风化雨、润物无声的发展。于此，笔者建议可以采取如下应对举措：

其一，加强积极引导宗教与社会主义社会相适应的宣传力度，而且在共产党执政的社会主义当代中国应以正面引导为主，在舆论宣传上多提建设性、进取性的思想主张，在社会主义核心价值观的弘扬上应该对宗教信仰、宗教文化的定位有客观而科学的评估及评价，使宗教思想与之相适应、相吻合而不是相对立，给宗教界积极适应的希望和可能。我们的社会主义社会不可能消除宗教存在的空间，宗教的长期存在是世界的现状、也是中国的现实。为此，我们一定要冷静地面对这一客观现实而加以科学、符合实际的积极应对。我们以此则可以发展出坚持我国宗教中国化方向的理论体系，实践举措，形成其舆论保障。

其二，加强对弘扬中华优秀传统文化的宣传力度，宣传中国宗教正面形象，有助其树立正气。应该承认，代表着中华民族精神追求、精神标识和思想道德资源的中华优秀传统文化也包含着中国人的宗教文化，宗教是中华传统文化的典型特质之一，也是中华文化体系中极为久远的元素之一。因此，应首先厘清对我国历史、文化中究竟有无宗教，以及宗教对中华文明发展究竟起过什么作用这一关键问题，引导、提倡我国宗教积极体现并丰富其中华文化元素。只有在积极引导、充分肯定的前提下，中国宗教才可能自觉、主动克服其历史传统中出现的糟粕，进行"去伪存真、去粗取精"的革新，达其弘扬精华、涤除糟粕之效。而对其宗教的彻底否定和打压则可能会煽动、激发其"护教""殉教"的极端情绪，使事态恶化。对中华传统文化的回顾、审视及评价，与对中国宗教的评价、定位直接相关。这种文化认同及文化自我意识是坚持我国宗教中国化方向的文化前提、文化自信和情感储备。

其三，正确解释"中国化"，积极处理好中国文化与世界优秀文化的关系，指出"中国化"不是封闭自赏，没有盲目排外的意图，而是在对世界优秀文明海纳百川、充实自我之中的积极发展。中华文化正是在"海纳百川""有容乃大"的开放姿态中才取得了其"厚德载物""自强不息"的成就。此外，还应该充分说明和解释，面对复杂的国际现状，坚持我国宗教中国化可以起到如下作用：一是通过宗教中国化来稳定中国宗教现状、保障其正常存在、有序发展，从而有效防范境外宗教乱象影响到我国。二是做好中国宗教的事情、讲好中国宗教的故事可以树立中国宗教的较好形象、展示中国各大宗教和谐共存、友好交流沟通的真实场景，以此来缓和世界宗教气氛，消减宗教矛盾及冲突，让世界宗教发展看到希望、走出乱象；为此，我们至少应使中国的宗教稳定、祥和，力争不要因为宗教问题而导致国际社会对我们的反感、排拒和打压。三是在与大国交往及与其他国家地区交流中，宗教可以起到"无障碍"沟通的作用，我们持有中国宗教这张底牌，可使宗教以其民间身份来展开"民间交往"、成为国与国之间民间沟通的润滑剂而减少不必要的阻力，进而以这种民间舆论、民意民情的方式来影响相关国家的对华态度及举措，最大限度地化解冲突、消除分歧及对抗情绪；一方面我们要"丢掉幻想，准备斗争"，但另一方面团结一切可以团结的力量，分化、瓦解对立的力量这一"国际大统战"工作仍不可放弃。四是以我国宗教中国化的和谐发展来给世界宗教提供积极启迪和借鉴，指明世界宗教发展及未来还可以有更为积极、光明的道路及前景；由此让世界及时、尽早认识到不和谐的"对立"、不妥协的"对抗"最终会走向残酷的"斗争"，甚至毁灭性的"战争"，使人类遭受灭顶之灾，让世界重回被彻底破坏的绝境。中国正努力以实现宗教与中国社会的和谐共存来给世界争取和平带来重要启迪和及时提醒。这种解释和说明既可扩大我国宗教的国际影响及声誉，又可增强中国宗教界坚持我国宗教中国化的自信和自觉。

其四，强调宗教存在发展的处境性、在地性，中国境内的宗教因其社会存在不同，因而与境外相同宗教也是有区别的，故而有中国化的必要及其中国特征。我国的世界宗教与境外同名宗教的相同主要是在教义、宗教结构和文化传统方面，而其最基本的社会存在、时空处境是不同的。而按照马克思主义宗教观的理解，社会存在才是决定宗教的最根本因素，我们必须在宗教得以存在的相关社会中去揭示宗教的秘密，说明宗教的本质。这样，我们区分中国社会与国际社会的同一宗教，就有了坚实的理论依据和实践基础。对于这种社会存在与其宗教的必然关联，我们理论界也存在熟视无睹的现象，习惯于剥离宗教的这种社会存在来抽象地批判宗教、否定宗教。如果对照、比对马克思的相关论述，认清宗教与其社会的逻辑关系，那么在中国当今社会执意批判宗教所推出的结论只会让我们自己尴尬、难以接受。所以，我们只有提高这种对中国社会及其宗教关系的自我意识，才能讲清我国宗教中国化的意义和必要。

其五，充分认识到宗教的社会存在既是信仰群体，亦为政治社团，而我们的关注主要是在其社会政治上面，而在这一层面对宗教问题则必须"讲政治"，突出政治选项，对其政治考量与评估乃是首要的。为此，必须加强宗教团体的队伍建设，各宗教团体的领导权一定要掌握在爱国爱教的宗教界人士手中，每个宗教活动场所、组织都应由这种合格人员负责，让其平时守土有责、关键时发挥作用。中国的任何宗教团体及其活动场所都是我们中国社会主义社会神圣不可放弃的场域，不能成为脱离党和政府领导的"真空地带"。中国宗教必须与中国社会政治保持高度一致，不能以"政教分离"为借口而使之成为不为我们党和政府所掌控的"飞地"。这一点，我们在中美贸易战中从美国政府、民间包括其宗教界所表现出的高度"一致"就可以看得很清楚；美国在此根本没有所谓"民主""自由""多元"或"政教分离"可言。在涉及国家利益的大是大非问题上，我们必须清醒地认识到中美双方为什么势必会"政教一致"的。所以，加强中国宗教团体骨干力量队伍建设刻不容缓，而这种队伍建设在中国社会处境及政治条件中则必须有党政相关部门的指导和参与。中国共产党作为执政党在社会领导及管理上不能留死角，对宗教社团的管理也必须是法治化外延式管理与人性化内涵式管理的有机结合。为此，建议在公开场所及公共舆论中尽量不谈或慎谈对"宗教"的负面评价和思想否定等话题。在特殊情况下，特别是在相当一部分群众信教的少数民族地区和边疆边远地区，则必须加强基层社会组织建设，包括宗教团体也必须体现党和政府的领导及其权威性，否则宗教团体就有可能失控或被敌对、异己力量掌控。其实，列宁、毛泽东、周恩来、朱德等革命导师和领袖在处理这一问题上已经体现出了高度的智慧，而且行之有效、起到了非常积极的作用和效果。对我党历史上和现实中加强统一战线理论及实践的成功经验和相关做法，我们今天仍应该保留、坚持；如想对之放弃或调整，则必须慎之又慎、考虑充

第四十章 坚持我国宗教中国化应注意的问题及应对举措 323

分。在社会主义道路的发展实践中，前苏东时期一些社会主义国家给我们深刻的经验教训，其在宗教团体中的积极举措曾获得非常好的效果，而苏东解体时一些国家如东德、罗马尼亚所出的问题，也恰恰是在共产党失控的宗教团体中先出的问题，而其政府对宗教长期打压的政策则适得其反地也使问题恶化到无法收拾的地步；其不受政府把握的边缘教会或境外非法传道人所带来的问题引起了多米诺骨牌效应，最终导致其整个社会主义国家的崩溃。东德崩塌的起因就与"非法"教会有关，而境外非法传道人在罗马尼亚所惹麻烦更是导致罗马尼亚整个社会主义国家的垮台和齐奥塞斯库夫妇被处死的惊人结局。为什么非法教会或境外传道人的非法活动会带来如此惨烈的巨变，其历史的经验教训确实值得注意和认真总结。而在当前信息透明、隐蔽性较难的时代，我党对宗教团体的真正掌管也应该在理论和实践上得到充分阐述和解释，要达到理论与实践的高度一致，不可"说"与"做"完全脱节。所谓一些"内部"掌控的底线或意图，实际上在这种信息社会中无密可保，其"透露"或"泄露"则会带来极大的负面效果。所以，公开的、正面的积极举措才是具有根本性意义的。这里，党和政府对中国宗教团体领导班子的正确把关及有效把握，是落实坚持我国宗教中国化的关键。

其六，加强宗教院校的建设，培养合格宗教人才，其教材内容既有相关宗教的教义、礼仪等传统内容，也必须有我国相关理论政策、中国优秀传统文化、宗教学基本知识等内容。只有合格的宗教人才方能在宗教活动场所任职，占领宗教传播的重要阵地。为此，对宗教与教育的关系问题，我们一定要科学、辩证地思考和处理。在一个开放社会中，宗教人才的培养要采取开放性的方式，党政有关部门要参与策划和培训，中国公立高等教育体系也应该适当参加，以便能够正确引导，防范宗教内部的保守思潮和分裂倾向，并使宗教界人士获得其能够适应现代社会的通识教育。记得我们在尼德兰阿姆斯特丹大学参加国际研讨会时，当地学者曾与我们交流了这一欧洲国家的经验：当其基层一些清真寺被境外渗透的所谓"阿訇"所掌控时，尼德兰政府遂与其伊斯兰教机构协商，由其国立大学与其宗教机构合作联合培养合格的阿訇，这些大学培养的阿訇既有充足的宗教知识、又为政府和伊斯兰教机构所承认，他们被名正言顺地派往基层清真寺后马上就扭转了局面，把那些没有资质、缺乏基本宗教知识却推行极端主义、由境外渗透而来的阿訇彻底淘汰掉了。所以，我们各地的宗教场所及宗教组织，也必须由这些经过政府和合法宗教团体共同合作培养出来的合格宗教人才来掌管。对此，我们必须要有基层意识、阵地意识。

其七，宗教工作既要坚持原则、把握方向，也要结合实际、灵活掌握。如在相当一部分群众信教的少数民族地区，不可能把民族与宗教问题彻底分开来处理，我们因而既要强调民族与宗教性质不同、有所区分，也要在具体工作中将之结合起来加以综合处理，对其宗教中国化发展也需要通盘考虑，系统推进。宗教工作要抓好关键少数（宗教团体的核心人物），团结绝大多数（把信教群众视为我们群众的有机组成，宗教工作即群众工作，处理宗教问题主要为人民内部矛盾的处理），打击极端少数（对搞宗教极端、民族分裂的极少数人应从宗教问题剥离开来处理，即"拉出来打"，从其政治层面的站位来及时、有效地处理极端主义、分裂主义和恐怖分子的暴恐活动）。

其八，依法管理好宗教，认真贯彻落实修订后的《宗教事务条例》，保护合法，打击非法，制止渗透，防范异化。在这一过程中应通过登记逐步把全国各种宗教团体及组织都纳入法治化管理中来，做到"疏而不漏"，其中特别是要加强爱国宗教团体力量，完善宗教社团登记管理制度，杜绝非法宗教组织及场所存在。中国的宗教理应在"阳光"下生存，而不可让之转入黑暗、不见光日的"地下"。在这一意义上，我国宗教中国化的进程也是其管理法治化的过程，二者乃有机关联。

总之，坚持我国宗教中国化的过程也是建立与宗教和谐关系的过程，中国社会和谐需要对宗教的积极引导，没有与宗教的和谐，不可能实现整个社会的和谐。中华民族命运共同体的形成，同样也必须积极引导宗教，没有宗教的参与则很难有真正的中华民族命运共同体和中国文化精神共同体，从而也很难推动人类命运共同体的共建。我国宗教中国化发展建设也是我们的统战文化建设,对此我们需要马克思主义宗教观的科学指导,也应该引入中华优秀文化中的整体哲学、圆融精神及和谐思维。

第四十一章

我国宗教坚持中国化方向的必要性

在中央统战工作会议和全国宗教工作会议上，习近平总书记在提出民族、宗教工作是全局性工作这一重要论点时，进而指出宗教工作的本质是群众工作，重申了要全面贯彻党的宗教信仰自由政策，依法管理宗教事务，坚持独立自主自办原则，积极引导宗教与社会主义社会相适应这一党的宗教工作的基本方针；习近平总书记特别强调要积极引导宗教与社会主义社会相适应，而这种相适应成功与否的根本，就在于我国宗教能否坚持中国化方向。为此，本文想从如下四个方面来论述我国宗教坚持中国化方向的必要性：一是从国际环境看我国宗教坚持中国化方向的必要，二是从中国历史看宗教中国化的意义，三是从倡导社会主义核心价值观来看我国宗教坚持中国化，四是从全国宗教工作会议来看对我国宗教坚持中国化的强调。在党的宗教工作基本方针中，积极引导宗教与我国社会主义社会相适应这一条则是我党宗教工作的根本方向和目的，而全面贯彻党的宗教信仰自由政策，依法管理宗教事务，坚持独立自主自办原则这三条则是实施我党宗教工作的重大政策和具体原则。这里，最根本、也是最积极的引导，就与我国宗教坚持中国化方向密切相关。

一 从国际环境看我国宗教坚持中国化方向的必要

全球化背景的世界宗教已进入复杂多元的发展阶段，与国际政治、民族问题形成密切交织。民族、宗教矛盾的突出，使世界进入多事之秋。西方强国以为靠武力就能解决民族宗教问题，结果导致以暴抗暴、以恶对恶、冤冤相报的恶性循环。进入21世纪以来，以2001年美国纽约、华盛顿等地发生的"9·11"事件为开端，标志着一个暴恐活动进入西方本土的时期已来临；此后2005年7月伦敦地铁等爆炸案，2015年"11·13"巴黎恐怖袭击事件，2016年3月22日比利时布鲁塞尔机场和地铁恐暴袭击，6月12日美国佛罗里达州"脉动奥兰多"夜总会遭受的枪击，7月14日晚法国尼斯恐袭国庆群众，7月15日土耳其发生未遂军事政变，7月中下旬德国暴恐袭击，以及9月美国纽约市区的爆炸事件等，让西方社会的民众深感"和平时代"并不和平。由于其中不少暴恐活动由外来移民或难民所引起，欧美随之都出现了对移民及难民潮的意见分歧和不同态度，形成西方社会民情舆论的大撕裂、大分歧。

在这些突发事件中，人们似乎也看到了宗教之影，西方国家因卷入国际上的民族宗教冲突而进入了自"第二次世界大战"结束以来再无本土安全的时期。人们处在战争、动乱的噩梦之中，由于失去了明显的政治对手，不再是"冷战"时期的东西对抗，因此亨廷顿的"文明冲突论"重新引人注目。而对于移民带来的宗教变化、西方伊斯兰教等东方宗教人数的增多，也出现了激烈的争论。当西方舆论出现归咎或谴责伊斯兰教之声时，西方政界和宗教界等也有着不同的评价，如罗马教宗最近关于宗教极端主义、恐怖主义的发言，就认为绝不能把伊斯兰教与这种极端发展相等同，在天主教等宗教内也有这种极端思潮和相关恐怖活动发生，但它们是宗教中的极少数，不应该以这种极少数现象来否定宗教整体。但西方社会基督教与伊斯兰教的矛盾近期却已激化则颇为明显。对此，我们必须加以全局审视和社会分析，找出其深层的症结所在。而当前中国在民族宗教问题上要避免西方国家在民族宗教问题上的决策失误，则必须基于国内实际情况，客观冷静地分析中国宗教现状，积极引导宗教走中国化道路，做好我们自己的事情，体现出其中国社会适应及融合的特色。

二　从中国历史看宗教中国化的意义

中国是一个多民族的国度，自古以来就形成了多民族交流、融合的文化传统，体现出多元整合、多元统一的历史发展。其主体民族"汉族"也是由古代多民族融合而成，奠立"华夏族"的发展，如"炎黄子孙"之说就折射出古代黄帝部落战胜炎帝部落而统一，又联合战胜东夷九黎族首领蚩尤而扩大的史实，经夏、商、周，到秦朝统一，汉朝时始称"汉"（汉朝之人）族。而整个中华民族其后则更是有涵容少数民族这一优良传统的发展，如隋文帝团结各少数民族，不仅是隋朝"皇帝"，亦兼"异族国君"，以这种为政先例而发展出中华"共同的文化意识"，被当时的少数民族赞为"圣人可汗"。这种"国家的统一，民族的团结"之文化理念，达成今日的民族会聚及中华民族的大团结局面。

历史上曾非常活跃的少数民族还包括匈奴、东胡、突厥、通古斯、羌藏、回族等；这些民族在分化发展中亦具有了广远的国际民族发展，使相关民族性又有跨国度的现象出现。总之，这些古今相承的民族在文化传统、生活习俗、宗教信仰上保留着一些复杂关联，在今天世界民族宗教关系上亦有着明显痕迹。由此体现出宗教的民族性、国际性、历史性、群众性和复杂性，我们对之须慎之又慎。

特别是在今天推行"一带一路"国际合作发展时，这些相关民族及宗教尤其是伊斯兰教的国际因素就凸显出来。从中华民族发展的历史经验来看，大家合则形成中国的兴旺发达，分则有导致民族的分裂、国土的丢失之败局。所以，中华民族的"中国"意识必须得以强调，而相关民族的宗教也当然要具备"中国化"的自觉意向，从而达到民族的凝聚、宗教的和谐、国家的兴盛。

三　社会主义核心价值观与我国宗教坚持中国化方向

2012年11月，十八大报告首次以12个词24个字概括了社会主义核心价值观:"倡导富强、民主、文明、和谐,倡导自由、平等、公正、法治,倡导爱国、敬业、诚信、友善,积极培育社会主义核心价值观。"以"三个倡导"为基本内容的社会主义核心价值观,与中国特色社会主义发展要求相契合,与中华优秀传统文化和人类文明优秀成果相承接,是我们党凝聚全党全社会价值共识做出的重要论断。

必须看到,我们今天中国的核心价值观并非凭空产生,而是有着我们的宝贵文化传承和悠久历史积淀,是我们的开放性优秀文化传统所结出的善果。习近平总书记2014年3月在巴黎联合国教科文组织总部的演讲中说:"中华文明经历了5000多年的历史变迁,但始终一脉相承,积淀着中华民族最深刻的精神追求,代表着中华民族独特的精神标识,为中华民族生生不息、发展壮大提供了丰富滋养。中华文明是在中国大地上产生的文明,也是同其他文明不断交流互鉴而形成的文明。"[①]这种中华民族的核心精神、中国文化的内在本质及其开放姿态,为我们今天建立中国特色社会主义核心价值观打下了坚实基础,提供了丰富底蕴。

当今社会主义社会的核心价值观与中国博大精深的优秀文化传统有着历史逻辑关系,有其因果联结。这一核心价值观的接地气、有特色,就体现在其"继承和发扬中华优秀传统文化和传统美德",密切联系并结合中国实际,从而维系并维护了中华文化地久天长的有机传承,展示出我们中华文化的勃勃生机。而研究思想文化问题,则不能绕过对宗教信仰的正确认识。习近平总书记强调:"我们需要比天空更宽阔的胸怀。文明如水,润物无声。我们应该推动不同文明相互尊重、和谐共处,让文明交流互鉴成为增进各国人民友谊的桥梁、推动人类社会进步的动力、维护世界和平的纽带。我们应该从不同文明中寻求智慧、汲取营养,为人们提供精神支撑和心灵慰藉,携手解决人类共同面临的各种

[①] 习近平:《文明交流互鉴是推动人类文明进步和世界和平发展的重要动力》,《求是》2019年第9期。

挑战。"① 社会主义思想本身作为政治信仰乃源自其他民族，中国现代社会主义革命的成功正是基于我们对外的开放和这种交流中的积极吸纳。所以，我们的核心价值观不是封闭的、排外的、保守的，而是开放的、包容的、与时俱进的。正是这种开放性，使之可以向宗教文化敞开，而中国宗教体现出其凝聚力、向心力，则可以其"中国化"而得到集中体现。

当前中国人中已有一定比例的人群信奉了宗教，其中包括不少社会名流和各界精英，这些人频频穿梭于中国与海外之间；因此，如何积极引导这些人与中国当代发展相适应，积极支持中国的改革开放，就显得越来越重要；对于这些人的基本态度应是"拉"而不能"推"，"拉进来"我们会"朋友遍天下"，但"推出去"则可能增多我们社会的麻烦，增大中华民族复兴的难度。在政治和文化意义上我们的积极举措应是大力开展宗教"中国化"的运动，使其化入我方、融入中国。在此，积极引导宗教就极为重要，而"中国化"就代表着对宗教的"拉进来"，体现着对宗教的积极引导。

中国特色的社会主义核心价值观，必须要有中华民族意识，要有我们的民族信仰特色，故而应对宗教积极价值加以涵容、肯定、辩证发挥及发扬。为此，习近平总书记提出了如下几个"讲清楚"：

"宣传阐释中国特色，要讲清楚每个国家和民族的历史传统、文化积淀，基本国情不同，其发展道路必然有着自己的特色；讲清楚中华民族在5000多年的文明发展进程中创造了博大精深的中华文化，中华文化积淀着中华民族最深沉的精神追求，包含着中华民族最根本的精神基因，代表着中华民族独特的精神标识，是中华民族生生不息、发展壮大的丰厚滋养；讲清楚中华优秀传统文化是中华民族的突出优势，是中华民族自强不息、团结奋进的重要精神支撑，是我们最深厚的文化软实力；讲清楚中国特色社会主义植根于中华文化沃土、反映中国人民意

---

① 习近平：《文明交流互鉴是推动人类文明进步和世界和平发展的重要动力》，《求是》2019年第9期。

愿、适应中国和时代发展进步要求,有着深厚历史渊源和广泛现实基础,中华民族创造了源远流长的中华文化,中华民族也一定能够创造出中华文化新的辉煌。"①

在人类文明尤其是其精神思想的发展中,宗教信仰占有很大比重。宗教信仰作为人类文化的宝贵遗产和重要象征,已经影响到人类社会的方方面面。因此,如何协调不同宗教信仰之间的关系,在人类社会的稳定、不同文明之间的和谐中就起着举足轻重的作用,而积极引导宗教也体现出这种有效协调的智慧。这也是我们今天推广社会主义核心价值观时必须面对和稳妥解决的问题。

我们的核心价值观不是封闭的、排外的、保守的,而是开放的、包容的、与时俱进的。我们既弘扬中华民族的优秀文化,也会向世界各种优秀文化学习,以"秉持平等、谦虚的态度"来"了解各种文明的真谛","让其中蕴藏的精神鲜活起来"。从弘扬中国社会的核心价值观来看待中国宗教文化,一方面我们要有文化自觉和自信,体悟习近平总书记所言"中华传统美德是中华文化精髓,蕴含着丰富的思想道德资源。不忘本来才能开辟未来,善于继承才能更好创新。对历史文化特别是先人传承下来的价值理念和道德规范,要坚持古为今用、推陈出新,有鉴别地加以对待,有扬弃地予以继承,努力用中华民族创造的一切精神财富来以文化人、以文育人"。② 这种对待我们自己历史文化的态度可以使我们自强不息、厚德载物。为此,我们要按照习近平总书记的指示精神,充分"讲清楚中华优秀传统文化的历史渊源、发展脉络、基本走向,讲清楚中华文化的独特创造、价值理念、鲜明特色,增强文化自信和价值观自信。要认真汲取中华优秀传统文化的思想精华和道德精髓"……"使中华优秀传统文化成为涵养社会主义核心价值观的重要

---

① 习近平:《文明交流互鉴是推动人类文明进步和世界和平发展的重要动力》,《求是》2019年第9期。

② 习近平:《在中共中央政治局第十三次集体学习时的讲话》(2014年2月24日),http://www.gov.cn/2014-02/25/content-2621669.htm.

源泉"。① 这样,我们就可以牢固树立起"以爱国主义为核心的民族精神"。

另一方面,我们也要看到宗教价值的超越性和现实性,要推动宗教文化的革新发展和对当代社会的积极适应,使之不仅不会违背有着中国特色的社会主义核心价值观,而且还可为之做出积极贡献,成为其有机构成及和谐蕴涵。我们应发挥佛教、基督教、伊斯兰教等宗教的文明传播和文化推动作用,理解其所持守的追求神圣、达到人性升华的信仰之梦,并鼓励其以这种超脱情怀来服务社会、服务人世;我们应肯定中国宗教对正义大道的持守和对忠信、义人的崇敬,理解其民众聚会场所具有的历史忠义堂、"好人馆"意义及其纪念功能;以对宗教功能的正确评价来推动社会对真、善、美的追求和对忠、信、爱的实践。

四 全国宗教工作会议对我国宗教坚持中国化的强调

这次会议指出:宗教问题始终是我们党治国理政必须处理好的重大问题,宗教工作在党和国家工作全局中具有特殊重要性,关系中国特色社会主义事业发展,关系党同人民群众的血肉联系,关系社会和谐、民族团结,关系国家安全和祖国统一。我国宗教工作形势总体是好的,党的宗教工作基本方针得到贯彻,党同宗教界的爱国统一战线不断巩固,宗教工作法治化明显加强,宗教活动总体平稳有序。实践证明,我们党关于宗教问题的理论和方针政策是正确的。

会议提出积极引导宗教与社会主义社会相适应,就是要引导信教群众热爱祖国、热爱人民,维护祖国统一,维护中华民族大团结,服从服务于国家最高利益和中华民族整体利益;拥护中国共产党领导、拥护社会主义制度,坚持走中国特色社会主义道路;积极践行社会主义核心价

---

① 参见习近平《在中共中央政治局第十三次集体学习时的讲话》(2014 年 2 月 24 日), http://www.gov.cn/2014-02/25/content-2621669.htm.

值观，弘扬中华文化，努力把宗教教义同中华文化相融合；遵守国家法律法规，自觉接受国家依法管理；投身改革开放和社会主义现代化建设，为实现中华民族伟大复兴的中国梦贡献力量。其中已经体现了丰富的"中国化"内容。这种对"中国化"的强调，一是提出并强调"中国特色社会主义宗教理论"：这就意味着马克思主义经典研究要实现"中国化"、呈现中国特色。因此，坚持用马克思主义立场、观点、方法认识和对待宗教，遵循宗教和宗教工作规律，深入研究和妥善处理宗教领域各种问题，就必须结合我国宗教发展变化和宗教工作实际，不断丰富和发展中国特色社会主义宗教理论。二是重申"我国宗教坚持中国化方向"：积极引导宗教与社会主义社会相适应，一个重要的任务就是支持我国宗教坚持中国化方向。要用社会主义核心价值观来引领和教育宗教界人士和信教群众，弘扬中华民族优良传统，用团结进步、和平宽容等观念引导广大信教群众，支持各宗教在保持基本信仰、核心教义、礼仪制度的同时，深入挖掘教义教规中有利于社会和谐、时代进步、健康文明的内容，对教规教义做出符合当代中国发展进步要求、符合中华优秀传统文化的阐释。以"中国化"来更好地指导我国宗教工作实践。三是要以"中国化"来在我国构建更为积极健康的宗教关系，使中国宗教界能出现政治上靠得住、宗教上有造诣、品德上能服众、关键时起作用的领袖人才及精英人士，支持宗教界搞好人才队伍建设。四是要以"中国化"来加强宗教团体建设，在当代中国，宗教团体是党和政府团结、联系宗教界人士和广大信教群众的桥梁和纽带，这种提法本身就说明了在"中国化"社会处境中我们党和政府对宗教团体的认可，提出要为他们开展工作提供必要的支持和帮助。

  这次会议精神说明我们"中国化"前进的方向，就是在爱国主义、社会主义旗帜下，同宗教界结成统一战线，阐明这是我们党处理宗教问题的鲜明特色和政治优势。因此，要坚持统战工作"政治上团结合作、信仰上相互尊重"之核心精神；充分意识到由于当今开放世界的多元性和复杂性，中国宗教的当代走向也不是单一的，而乃多元的，其社会作用的如何发挥也基于其"处境化"的适应，以及相关社会氛围对其的要求和"引导",关键在"导",其"处境化"即"中国化",其"引导"当然包括让宗教主动积极地坚持中国化方向。只有这样,才能真正体现"导"之有方、"导"之有力、"导"之有效。

(原载《中国宗教》2016年第10期,本文有扩展。)

第四十二章

宗教中国化必须正确评价中华优秀传统文化

我国宗教坚持中国化方向这一命题非常重要,这是我国宗教得以生存及发展的基点和基础。不过,在中国社会氛围及与世界的复杂关联中,这种"中国化"的坚持首先需要我们对中华优秀传统文化的正确评价,弄清楚中国宗教文化与中华传统文化的整体关联,由此方有这种坚持的基石和依靠。所以,在理解宗教中国化与中华优秀传统文化的关系上,应该关注如下一些方面。

一 对中华优秀传统文化的梳理和认知

中华民族有着超越五千年的文明历史,而且被认为是在世界所有古代文明中唯一没有中断并延续到今天的文化,有其独特的历史厚重和精神价值,因此我们对于自己的历史文化传统应该具有一种"温情与敬意"(钱穆语)。在推动我国宗教中国化的进程中,其前提就是要认识到"什么是中国化""怎样来中国化"。当代中国文化虽然有着现代文化因素和外来文化因素的复杂结合,却离不开中国文化传统这一根本和根源。如果"忘本"或"否本",是不可能推行宗教中国化的。在古典语境中,我们充满了对中国文化的诗情画意和溢于言表的自豪,曾对中国文化的亚洲影响乃至整个世界影响津津乐道、流连忘返。但步入近代以来，随着中国国势的衰微而出现了国民心态的变化，有了从"自豪"到"失望"的转化，因此必须看到，我们在近代发展中因为面对西方文化的挑战和打击而曾一度失去了这种"敬意"，甚至出现过对中国传统文化加以无情批判的窘境。百年中国政治发展的跌宕起伏对中国文化的冲击巨大，迄今仍未完全平静下来。于是，这就需要我们反思、检讨过去百年对中国传统文化的否定和批判，必须为中国传统文化"正名"，名不正则言不顺。中国社会革命及文化革命的"破"与"立"有着辩证的互动，"破"虽不易，"立"却更难，而且对过去文化的"破"是一种扬弃而不是完全抛弃，中国文化精神所讲究的普遍关联是要求我们在"破"中"立"，而不是破、立决然对立或根本分离。而这种反思迄今仍然步履维艰，暂时还谈不上已经根本"正名"，中华传统文化依旧处于"破而未立"之状；如对儒家和孔子的态度就极为蹉跎，形成国内外的明显反差，故此使我们对自己历史的不少文化关联及关系都没能梳理清楚，无法讲好中华传统文化的故事。中华优秀传统文化以中国传统文化为场域，如果没有这种传统文化，谈不上其优秀与否。所以，我们有必要对中国传统文化的认知加以"百年反思"，看看我们究竟失落了什么，而今需要恢复或弘扬的是什么。这种审视和梳理乃是当前所迫切需要的。目前中国社会的传统文化热反映了对以往否定中国传统文化之思潮的反省和反思，出现了积极回归甚至复古的意向和态势，表明了对中国文化返璞归真的意愿及向往。当然，这种梳理理应是客观的、辩证的，并非全盘复古，也切不可食古不化。中国文化的发展乃经历了自我淘汰和更新的变化，因而我们对中国传统文化是一种在拣选、扬弃的处理过程中的继承与弘扬。

二 对中华优秀传统文化中宗教文化的正视和肯定

中国社会知识界、理论界，甚至整个舆论界，存在着对中国宗教的贬损和否定，或是根本不承认中国宗教的存在。这是我国宗教中国化的巨大障碍。中国有无宗教，自近代西方天主教耶稣会传教士进入中国后已经争论了几百年，而近百年来中国学者内部的争议更为尖锐和激烈。从认为儒教不是宗教到号称中国根本就没有宗教，这些观点甚至已成为中国当代学术话语的主流。对于人类宗教文化和中华宗教文化的评价与定位，是我国当前没有解决或没有很好解决的一大问题。对此，我们必须从全球文明史和思想史的视野来重新审视和客观评价中国宗教文化传统。我们需要思考的是：

其一，回顾人类历史，没有宗教文化传统的文明是否存在？一些人宣传中华文明以哲学为基准，因而高于宗教，由此把我们的文化凌驾于世界文化之上，认为我们的文明发展超越了宗教阶段，走在了世界的前列，成为人类的表率和先进发展。这种想法和宣称是否有点夜郎自大？我们是否也应该有相对的自知之明？常言道，神话乃是古代人的哲学，而这种哲学的原初形态恰好就是用朴素纯真的宗教形态来表达的。中国古代丰富的神话记载已说明中国思想并没有超越宗教阶段而直接呈现为精致复杂的哲学思维。形成鲜明对比的是，西方一些思想家反而认为中国没有哲学，这是包括黑格尔在内的一些西方思想家在认识中国思想上的难题。哲学理性的一大特点是思辨精神和形而上审视，而西方哲学界认为这并不是中国思想的突出特点或强项，中国哲学则关注一种宏观的审视和整体的把握，并不强求理性推理的精细，而注重各种关系的智慧处理。中外对哲学的认知和体悟反差如何会这样大呢？我们的思想家也理应面对并回答他们的难题，在中外思维特点上对"贵信"还是"贵疑"慎重体认和言述。

其二，中华传统文明是没有宗教的"另类"而与世界文明分开吗？人类文明因为各民族在历史上的相互关联而形成了一个整体，中国文化在历史上有机参与了这种关联，因而不可能与世界文明根本剥离开。包括宗教的传播，既有境外宗教传入中国，也有中国宗教对世界的影响，甚至启蒙时代的欧洲哲学家都曾表示欢迎中国宗教到西方传播。"东学西传"与"西学东渐"是双向的。在探索世界宗教之源时，不少学者都认为，迄今流行的世界文明类型的宗教基本上都发源于亚洲，对世界产生了巨大影响；而中国是亚洲文明古国，且是文明唯一没有中断的亚洲国家，难道中国却偏偏与亚洲这种深厚的宗教传承无关吗？强调这种无关对中国及其在亚洲乃至整个世界的文化地位究竟有无好处、是利大还是弊多？这都值得我们认真思考和反复推敲。

其三，把宗教与中华文化传统彻底剥离究竟是否客观和明智？我们需要研究的是，第一，中华传统文化有哪些宗教文化、占有多大比重？第二，去除宗教文化后中华传统文化究竟还剩多少内容、具有多大意义和价值？这些所谓世俗文化在历史上究竟有什么地位、对中国人形成了何种影响？第三，宗教文化在中国历史传统中占有多大比重、究竟有多大影响？由此则可回答中华优秀传统文化中宗教文化是否存在以及究竟起着多大作用的问题。对于中国儒家文化是否具有宗教性在当前仍然是一个争论不休的话题，但仅"敬天"这一命题本身就说明儒家不可能彻底脱离宗教论域；此外，不仅孔子甚至老子究竟是无神论还是有神论就有着截然不同的解读。反思这一领域的争论则不难看出，抽象地肯定中国传统文化，具体地实质性否定中国传统文化，只能是历史虚无主义而不是历史唯物主义。中国的宗教观念与西方宗教观念有着明显的不同，我们不能以西方的宗教标准来界说或判断中国的宗教，如中国神话中的人物有着对命运、处境的顽强反抗和积极回应，凸显出人文元素和人道精神，因此并不能因为中国宗教观念与西方不同就不再是宗教、因为中国神话体现出人的伟大就不再是神话。对于宗教认知的观念可以更新，但对于宗教本质的根本把握却不可任其嬗变。

三　对中国宗教及其文化传统的正确认识及客观评价

西方思想家认为中国无宗教是对中国宗教的贬低，认为其只是迷信和巫术，达不到宗教的高度。这种评价古今有之，当年明末清初的耶稣会传教士利玛窦否定儒教是宗教就是认为儒教没有达到如西方基督教那样的文化高度，觉得中国没有宗教可言；甚至一些移居海外的华人学者也忘本忘宗，拾人牙慧跟着否定中国存在宗教，而宣称只是存有迷信和巫术，这在对中国本土宗教道教的贬损中尤为典型。现在国内否定宗教的人们同样认为宗教根本上是迷信和骗术，声称中国没有宗教乃是因为中华文化高于宗教故不需要宗教，从而对中国存在的宗教同样作否定评价或干脆贬之为迷信，结果与西方否定中国宗教者方向虽异却珠联璧合、殊途同归。这种对中国宗教及其文化传统的贬损否定如果不能根本改观，宗教中国化基本上没有希望，因为连其"生存"都成问题、还有什么必要来谈其"化"之构想呢！这对中华优秀传统文化也只会虚化。值得提醒的是，这两种认识的殊途同归值得我们警醒，其形成的合力旨在摧毁中华文化根基，贬损中国精神传承。这是对于我们文化的基础性打击和根本性抽空，绝不可掉以轻心。诚然，凡是历史上发展的事物都会有其局限性和时代性印痕，不可能完美无缺，但我们不能静止地看待事物的过去，不能认定其一成不变，而必须用发展、变动的眼光来审视历史进程，看到其变化与创新。我们今天正面临着我们文化的更新和重建问题，而这只能基于传统的积淀而不可在虚无上建构，当下的文化创新并不能从零开始，而必须站立在具有厚重积淀的中华传统文化这一巨人之臂上。对之，中国学者任重道远，必须面对这一博大精深、曲折复杂的中华传统文化，而不可能绕过这一基本问题。积极引导宗教与当今中国社会主义社会相适应，就应当有一种积极的姿态，看到、承认并推动宗教的发展变迁，使宗教自身在这种积极适应中达到自我扬弃和升华。由此而论，对中国宗教存在的客观承认和积极评价，在今天社会转型的关键时刻已非常重要，这是实现宗教中国化发展的重要一环，需要不能回避、不可含糊的明确表态。其实，中国宗教与中国社会的存在与发展乃直接挂钩，对于宗教的评价自然应与对其存在社会的评价相对应，透过中国社会的发展变化来说明其宗教存在的意义，看清宗教发展只是其整个社会发展的一个局部，是其共存共融的有机构成。

四 对中国传统文化及其宗教文化本真的把握和阐述

宗教中国化乃因为这种"化"有必要、有价值，非常值得。那么，就需要我们认真研究探讨中华优秀传统文化的本质及其特点，彰显其与众不同、独立于世界文化之林的特色。这种本真就在于发掘中华优秀传统文化及其宗教精神对世界的贡献和启迪，其中就包括中华优秀传统文化的整体哲学构思，多元合一、多样共存、多彩共辉的精神传统遗存，圆融统摄的辩证思维特色，和谐和顺的家国观念，关注今生此时而投身社会变革的人文关怀和"士"文化精神，世人通过教育修炼而可以升华成贤成圣成神的信仰追求等。西方文化精神强调二元分殊之精准，而中国文化精神却主张整体共在之混融，各种复合元素乃你中有我、我中有你，因而不强调截然分明的隔断、细微，但欣赏模糊共构的关联、关系、交织、一体。在全球化发展出现迷茫的当今世界，正需要这种源远流长、博大精深、海纳百川的中华传统智慧和担当。所以，不可全盘否定宗教的道德价值观念和超然的精神追求，其相应精选和保留十分重要，关系到中华文化的世界定位和对人类的启示启迪。中国宗教文化在全世界范围内已经广有影响，吸引了不少人的融入和认同。中国传统宗教已经通过其精神文化的熏陶、感染而自觉地走了出去，形成了积极的呼应和感召。中国宗教文化与世界宗教文化的对话、交流、互渗早已展开，且硕果累累，形成了"门外青山如屋里，东家流水入西邻"的生动映照。承认中国宗教文化传统的存在，其实也是一种文化自知，在面向世界时也表达了我们对民众精神生活的自信。在开放的世界中，宗教在中国社会的存在及发展也是极为自然的事情。这样，宗教中国化不仅必要，而且也非常值得尝试。而基于这种对中华优秀传统文化的认识，宗教中国化就有着非常丰富的内容，其海纳百川也就不单纯是单向性的融入、归化，同样就应该涵括对外来优秀文化的引入、吸纳、重铸，使中华文化亦得以革新和扩展，更能适应当今世界的发展和人类未来的开拓。

总之，宗教中国化与中华优秀传统文化会有着辩证互动，这是在社会转型期间对全人类的警示和启发，反映出中华文化发展与其世界发展的整体关联，其实施不仅是对中华文化的回归，也是对其拓展的促进，并会给陷入迷茫的当今世界带来希望。因此，有着世界关联的宗教中国化是一个系统工程，是一种文化理论的重建及精神拓展的突破，而其对中国宗教文化的自我认知、自我评价则显得非常重要和必要，起着基础和依存之关键作用，这种传承与开拓紧密结合的良性及有机发展，对于中国和世界的当下及未来都具有重要的理论意义和实践价值。

（原载《中央社会主义学院学报》2017年第5期）

第四十三章

论宗教与中国当代文化建设

2015年6月12—14日，我们在历史悠久、风景如画的文化名城大理，与云南大理大学联合召开了2015年中国宗教学年会暨"宗教与中国当代文化建设"高层论坛。来自中国社会科学院世界宗教研究所、北京大学、复旦大学、四川大学、兰州大学、中央民族大学、中南大学、上海大学、宁夏大学、华侨大学、上海师范大学、首都师范大学、河南大学、内蒙古师范大学、大连民族大学、云南大学、云南民族大学、云南师范大学、大理大学、湖南第一师范学院、贵州师范学院、上海社会科学院、云南省社会科学院等科研机构和高校，以及政府有关管理部门和宗教界的近百位专家学者参加了本次年会。会议围绕中央统战工作会议精神、当前宗教状况与文化战略、宗教理论与文化发展、儒释道与当代中国文化、基督教和伊斯兰教等世界宗教与当代中国文化、中华民族民间宗教与当代中国文化，以及云南宗教信仰与文化建设等专题展开了认真讨论，会议共设有12个分会场，收到了60余篇学术论文，取得了巨大成功。

在我们这次年会暨高层论坛召开之前，我们已在学习2015年5月召开的中央统战工作会议精神。习近平主席在这次会议的重要讲话中提出民族、宗教工作是全局性工作，指出宗教工作的本质是群众工作，重申了要全面贯彻党的宗教信仰自由政策，依法管理宗教事务，坚持独立自主自办原则，积极引导宗教与社会主义社会相适应这一党的宗教工作的基本方针；并特别强调要积极引导宗教与社会主义社会相适应，就必须坚持中国化方向，必须提高宗教工作法治化水平，必须辩证看待宗教的社会作用，必须重视发挥宗教界人士作用，引导宗教努力为促进经济发展、社会和谐、文化繁荣、民族团结、祖国统一服务。这一重要精神为我们坚持对宗教的积极引导指明了方向，增强了信心。此后，中国宗教工作和社会科学研究又获得了更大的进展，其标志性发展即 2016 年 4 月全国宗教工作会议的召开和 2016 年 5 月全国哲学社会科学工作座谈会的举行。习近平主席在论及对当前我国社会科学有着重大支撑意义的学科时指出，"要加快完善对哲学社会科学具有支撑作用的学科，如哲学、历史学、经济学、政治学、法学、社会学、民族学、新闻学、人口学、宗教学、心理学等，打造具有中国特色和普遍意义的学科体系"。在此，习近平主席在这些具有支撑作用的重要学科中专门提到了宗教学，这是对我们坚持从事宗教学学科建设、开展宗教研究、致力于这一学科发展的明确肯定，因而为我们今后努力创建具有中国特色的宗教学指明了发展方向，提供了重要动力。在这样的大好形势下，中国宗教研究真是恰逢其时，其学科地位由我们党和国家的最高领导所确定，我们因而不仅是深感惊喜，而且立刻直觉到这一学科今后可以大有作为。

这次大理高层论坛的学术研讨以"宗教与中国当代文化建设"为主题。我们感谢中国的改革开放给中国的文化复兴带来了非常重要和极为关键的历史时机，未来中国及整个世界将永远记住 20 世纪与 21 世纪之交这几十年中国所发生的天翻地覆的伟大变化，将展示中国文化在经历了"文化大革命"给中国文化带来的破坏、浩劫之后于这一时期努力复兴、发展创新所留下的文化瑰宝、艺术丰碑、思想光芒。作为这个"破""立"之时代转型的见证人，作为当代中国新文化事业建设的参与者，我们深感使命在肩、任重道远。审视这几十年的中国当代文化建设，我们充分认识到中国宗教参与文化建设及发展的重要性，宗教文化在人类整体文化中有着不可或缺的地位，这在中国同样不会例外。因此，对中国宗教的重新认识和积极引导就显得格外重要。然而，由于各种复杂原因，这一认知之旅走得非常艰辛，迄今仍难有任何轻松可言。中国在对宗教文化的认识和定位上一直处于争议之中，甚至有人对马克思主义宗教观研究，对"中国宗教学"本身也持有异议，不顾历史事实而宣称中国就是一个无宗教的国家，并且将宗教信仰与政治信仰完全对立，认为中国似乎除了政治信仰之外则不应该还有任何其他信仰可以合理存在。尽管社会上有着种种对宗教的偏见和误解，尽管我们面对着对宗教学研究的不实之词和可怕非议，但为了我们伟大祖国的文化大繁荣，为了我们社会主义中国的长治久安、兴盛发展，我们仍然需要坚持这一研究。宗教学作为在中国学术界内一门相对年轻的学科不仅有其现实社会政治价值，而且对于思想文化的研究及对人类精神世界的发掘也意义重大，前途远大。所以，我们当代中国宗教学研究者应该相互鼓励、积极合作、坚定不移地继续往前走。"文革"时期大批判对文化的破坏、对信仰的亵渎、对人性的摧残，是值得我们记住的惨痛教训。即使今天我们在宗教学的开拓上也仍然会经历筚路蓝缕、披荆斩棘的艰辛，因此宗教学研究需要理解，更需要勇气。

中国文化源远流长，而中国宗教在其中根深蒂固，宗教与文化两者不可简单剥离，我们必须了解其密切关联、有机共构。中国文化的漫长历史并没有排拒宗教，而是将宗教涵容、吸收，并涤荡其糟粕、发扬其光大。所以，对宗教的审视应该开明、开放，具有天容万物、海纳百川的胸襟和气魄。当然，宽容和包融宗教也是激励宗教本身不断革新、与时俱进。我们不应该割断我们的历史，这种尊重历史、反省历史才可能使我们能开创未来的历史，迎来更好的明天。我们这次高层论坛不仅有对以往历史的回顾与反思，以这种历史审视来让我们具有洞若观火的智慧；我们还超越历史、直面现实，冷静分析如何在快速转型的当代中国社会中正确认识、理解、研究和开发博大精深的中国宗教文化资源，推动我们当前的文化建设。因此，研究宗教的旨归乃积极引导宗教与我们的社会相适应，促进我们当前的社会文化发展。

此外，中国宗教是中国文化智慧的一个重要缩影，从中可以找到中华文明的独特映照和与众不同，我们文化走出去的准备和积淀不可缺失宗教这一重要内容，而且中国宗教的奥秘也是使世界为之惊讶、神往的特有宝藏，博大精深的中华文明中有许多令世界感到神奇、绝妙的宗教迷宫，其需要的是我们的发掘、认识，而不是排拒、禁忌。在这次高层论坛中，有不少研究也涉及对宗教文化内在式、内向性的探索和揭秘。厘清这些宗教精神遗产，对当代中国文化建设自然善莫大焉、功不可没。历史是一种延续和开拓，若无延续则缺乏底蕴，若不开拓则故步自封。历史也是一种开放和创新，若无开放会鼠目寸光，若不创新乃病树沉舟。为此，中国当代文化建设也必须有世界眼光，对人类宗教文明持客观的审视，有学习之态，而不能封闭、排外性地谈论宗教及其文化意义。今天中国的走出去，对"一带一路"的合作倡导，都涉及尊重其他文明包括其他宗教的问题。在世界舞台上从文化层面来观察、评价宗教，我们则需慎之又慎，不可夜郎自大、自鸣得意，更不能居高临下、颐指气使。这里，我们需要的气质是对话、沟通、尊重、包容。在"全球化"的今天，我们要以文化优雅的素质去走向世界，要以博大宽阔的胸襟来拥抱世界。

在我们这次高层论坛中，我们结识了宗教研究领域中许多有识之士，听到了不少振聋发聩的真知灼见，学习了大量见地独到的研究论文。为了这种研究的可持续发展，也为了使更多的读者能够关注我们的探索与研究、享受这种精神文化之旅的愉悦，我们应该对这场会议加以很好的总结，搜集好会议提交及发表的论文，用以作为当代中国宗教学这一学术发展的有力见证和富有意义的纪念。当然，论文本身的学术观点代表着作者自己的见解，而非代表会议论文集编辑者的观点。为此，我们充分尊重学术领域的百花齐放、百家争鸣，也希望保持这种正常、健康学术研讨及争鸣的活跃气氛。在中国宗教学研究上发表真知灼见，需要勇气和智慧，也必须有丰厚的知识积淀和科学的研究方法，但我们迫切需要这种发声，渴求听到中国宗教学领域中的"好声音"。这是因为，中国宗教学的未来，中国文化建设的前途，靠我们共同来开创，需要越来越多的人"敢为天下先"！

（本文基于 2015 年在大理召开的"中国宗教学会学术年会"上的发言拓展而成）

第四十四章

当代中国宗教的回顾与思考

2017年是中国宗教适应社会及自身发展极为重要的一年，也是向世界展示我国宗教坚持中国化方向非常关键的一年。党的十九大胜利召开，提出"习近平新时代中国特色社会主义思想"，为我国宗教的基本定位和宗教工作的正确开展定下了基调、明确了方向，给党和政府相关部门的宗教工作者，以及学术界的宗教研究者提出了清晰的指引，规定了力行的任务，也使广大宗教界人士及信教群众深受鼓舞，对未来发展充满信心。

一 研究习近平新时代中国特色社会主义思想的宗教观，推动党的统战理论在宗教领域有效实践

习近平总书记关于中国特色社会主义的宗教观等理论建构是习近平新时代中国特色社会主义思想体系的重要构成部分，而且亦体现出习近平总书记对我党统一战线理论思想在新时代的科学继承与创新发挥。2017年，我国社会在如何评价宗教、进行宗教工作和宗教学研究上曾出现激烈争论，党的十九大胜利召开，习近平总书记代表党中央所作的十九大报告的公开发表，则使这些问题在理论上都已得到基本解决。

习近平总书记对我国改革开放新时代所开展的宗教工作给出了"爱国统一战线巩固发展，民族宗教工作创新推进"的积极评价，指出

"要根据新的实践"来对包括"宗教"在内的各方面工作"作出理论分析和政策指导，以利于更好坚持和发展中国特色社会主义"。习近平总书记对新时代宗教工作提出了明确要求，即"全面贯彻党的宗教工作基本方针，坚持我国宗教的中国化方向，积极引导宗教与社会主义社会相适应"，突出了"积极引导"这一宗教工作的主旋律。宗教工作的实质是群众工作，十九大新党章透彻论述了党和群众的关系，强调要最大限度把广大信教和不信教群众团结起来。做好宗教工作的标准也是看能否最大限度地团结信教群众，尽可能团结一切可以团结的力量是我党统战理论及工作的精华所在。

因此，2017年，特别是在党的十九大精神指引下，宗教工作的重点就是积极引导宗教与社会主义社会相适应，中央有关部门对贯彻执行中央宗教工作决策情况作了专项调研，并组织了相关的经验交流会，旨在引导广大信教群众热爱祖国、热爱人民，热爱共产党，自觉维护祖国统一，维护中华民族大团结，服从国家最高利益和中华民族整体利益。我国宗教界及时组织学习党的十九大精神，认真领会习近平总书记新时代中国特色社会主义思想及其宗教观，特别是特邀列席十九大开幕式的宗教界领袖和代表人士纷纷撰文，畅谈了学习十九大报告的感想和体会。结合2016年的全国宗教工作会议精神，宗教界还积极参加创建和谐寺观教堂活动，在2017年初召开了第三届全国创建和谐寺观教堂先进集体先进个人表彰大会。在这些理论学习和积极实践的推动下，我国宗教界的面貌出现了更好的变化，宗教工作和宗教研究也有了明显的提高，以习近平中国特色社会主义的新思想来指导和引领我国新时代宗教工作的新常态正在形成。

二 依法管理宗教取得新进展，新修订的《宗教事务条例》得到贯彻落实

依法管理宗教是依法治国的重要构成，在多年努力下，我国宗教事务的法律制度体系不断改进，在2017年基本臻于成熟，其醒目标志就

是《宗教事务条例》修订工作的完成及这一新修订《宗教事务条例》在8月的公布。随后,深入学习新修订《宗教事务条例》的系统培训班得以举办,依法管理宗教事务、严格规范公正执法的风气正在形成,而相关部门也据此制定了相应举措,开始对佛道教商业化的趋势加以治理。此外,乱建寺庙、滥塑露天宗教造像、违规建立宗教活动场所及设立功德箱等现象也得到有效治理。

在认真学习新修订《宗教事务条例》的基础上,我国宗教团体依法办教,按照相关法律法规来履行其职责,对不符合或不适应新修订《宗教事务条例》的规章制度加以清理和修改完善,从而使其宗教组织、宗教活动场所、宗教院校、宗教教职人员等方面的活动及管理得以规范化、法治化。这样,我国宗教的内涵式管理和外延式管理得到有机结合,基本形成以宪法为核心精神,以《宗教事务条例》为基本框架,以具体法律、行政法规、地方法规、部门规章和相关规定为全面支撑的宗教事务法律制度体系。这种格局的达成意味着我国依法管理宗教取得了突破性进展。

三 坚持我国宗教中国化方向更加明确,中国特色在宗教界得以彰显

我国宗教坚持中国化发展在2017年有了实质性进展和重大突破,使其中国化方向由自觉适应升华为自我意识。于是,坚持我国宗教中国化方向真正成为我国宗教的自知、自觉、自我、自行、自信。

道教作为我国五大宗教中源自中华本土的宗教对坚持我国宗教中国化方向有着义不容辞的责任和极为突出的使命,体现着中华传统文化的重要构成和历史传承,亦意味着其彰显及弘扬中华优秀传统文化的独特价值和作用。为了向世界展示中国道教"道通天地,德贯古今"的风范,2017年5月在湖北十堰武当山由中国道教出面主持召开了第四届国际道教论坛,来自30多个国家的600多名代表积极参会。这一论坛让世界各国代表真正领略了我国宗教中国化的色彩及特点,对中华文化

走出去起着启迪和示范作用。中国道教协会于 7 月召开了其成立 60 周年纪念大会，使其中国意识更为明确。11 月，中国道教进而又开展了坚持我国宗教中国化方向的系列活动。

佛教是融入中国、实现其中国化最早的外来宗教，并且在其中国发展的悠久历史中已经成为中华文化的有机组成部分，在坚持我国宗教中国化方向上具有典型意义和示范作用。佛教在人间佛教的发展上更加注意与现代中国社会发展的积极适应和结合，在党和政府的指导下自觉抵制"宗教搭台、经济唱戏"的倾向，纠正寺庙"被承包"、烧高香等乱象，以公益慈善事业、关爱生命等积极举措来面向社会，服务社会。为了使其教义教规更加符合现代社会主义中国的国情，佛教界组织了佛教中国化的系列讲经活动，并于 9 月在浙江杭州召开了中国佛教讲经交流十年总结经验交流暨 2017 年中国佛教讲经交流会。

天主教在坚持中国化方向发展上在 2017 年有了新的进展，更加突出并落实中国天主教坚持独立自办的原则，在中国天主教第九次全国代表会议召开之后，2017 年 7 月中国天主教一会一团又举行了中国天主教爱国会成立 60 周年纪念大会，并于 11 月进而开展了坚持中国化方向的系列活动。

2017 年对于基督教是非常重要的一年，即马丁·路德宗教改革 500 周年，我国基督教界结合对宗教改革 500 周年的纪念而组织召开了中国基督教坚持中国化方向的系列研讨会，特别是 10—11 月相关活动频繁，学术讨论热烈，并以史为鉴来反思古今中外宗教改革对本土化、处境化发展的推动，从而强调我国基督教坚持中国化方向的必要性和必然性，加强对"三自"（自治、自传、自养）原则的落实，推动教会中国化神学思想建设。12 月底，在北京召开了中华基督教青年会女青年会代表会议，选举产生其第二届理事会，其间的一个重要内容亦是对中国基督教的新生代进行坚持中国化方向的教育和指引。

中国伊斯兰教在 2017 年积极应对新挑战而开创了新局面，自 7—12 月，中国伊斯兰教协会组织召开了坚持中国化方向、推动"一带一路"建设的学术研讨会等系列活动，并把重点放在"去极端化"、防范

"三股势力"渗透和治理"清真"概念泛化上，以弘扬正信、倡导中道、反对极端来引领广大穆斯林群众维护民族团结、宗教和谐及社会稳定，突出中道、和谐、实现中国梦的主导思想，取得了很好的效果，赢得了国际社会的尊重。

2017年9月上旬，中央社会主义学院举办了中华文化与宗教中国化论坛，各大宗教领袖和学界代表出席了这一论坛，并对坚持我国宗教中国化方向的理论及实践作了精彩发言。

此外，我国宗教界在2017年还积极参与"一带一路"国际合作，主动开展对外交流交往，推动世界宗教和平运动，扩大了中国宗教的国际影响，获得了众口赞誉的口碑。在各宗教的自身建设及发展方面，其在2017年对各宗教院校的发展及相关工作尤为关心，并于12月初专门召开了宗教院校工作座谈会，提出了许多建设性的意见和构想。

总之，2017年中国宗教工作乘党的十九大胜利召开的强劲东风而取得了突破性进展，我国宗教界也在"积极引导"这一主旨的领引下展示出其新的面貌和主动适应中国当代社会的积极发展。

（本文为《中国宗教》所撰写的对2017年中国宗教工作及研究的回顾概括）